数学教育教学研究

朴春子　庄昕　邓书明◎著

吉林出版集团股份有限公司
全国百佳图书出版单位

图书在版编目（CIP）数据

数学教育教学研究 / 朴春子, 庄昕, 邓书明著. --
长春 : 吉林出版集团股份有限公司, 2023.9
ISBN 978-7-5731-4252-8

Ⅰ.①数… Ⅱ.①朴…②庄…③邓… Ⅲ.①中学数
学课—教学研究—高中 Ⅳ.①G633.502

中国国家版本馆CIP数据核字(2023)第172501号

数学教育教学研究

SHUXUE JIAOYU JIAOXUE YANJIU

著　　者	朴春子　庄　昕　邓书明
责任编辑	孙　璐
助理编辑	牛思尧
开　　本	787 mm × 1092 mm　1/16
印　　张	13.25
字　　数	310千字
版　　次	2023年9月第1版
印　　次	2023年9月第1次印刷
出　　版	吉林出版集团股份有限公司
发　　行	吉林音像出版社有限责任公司
	（吉林省长春市南关区福祉大路5788号）
电　　话	0431-81629679
印　　刷	吉林省信诚印刷有限公司

ISBN 978-7-5731-4252-8　　定　　价　48.00元

如发现印装质量问题，影响阅读，请与出版社联系调换。

前　言

　　目前，我国已全面进入知识经济时代。在知识经济时代，世界科技的发展速度正在加快，知识更新的速度也正在加快，从技术到产品的周期正在缩短。因此，是否掌握不断推陈出新的知识的能力，是否拥有大量高素质的人才资源，决定着一个国家和民族今后能否在知识经济占主导地位的时代中立于不败之地。在知识经济时代，公众对数学的认识提高到了一个新的深度和广度：第一，高新技术是保持国家竞争力的关键因素，其基础是应用科学，而应用科学的基础又是数学；第二，数学对经济发展和竞争起着十分重要的作用；第三，高新技术本质上是一种数学技术。数学是一种关键的普遍适用的，并赋予人能力的技术。

　　可见，数学在当今世界各国高科技的较量中有着特殊的地位与作用。普遍认为，谁既能培养出合格的劳动者，又能造就出一流的杰出科学技术和经济管理人才，谁就能占有 21 世纪。因此，提高国民素质是当务之急，而数学素质的高低直接影响着人的整体素质。随着高科技成果的普及，迫使未来的社会公民必须具备与之相适应的数学知识和能力。

　　本书从数学与数学教育的基础介绍入手，针对高中数学课程理论基础、高中数学教学方法与实践、培养高中生数学核心素养的教学策略进行了分析研究；另外对高等数学教育的认识和高等数学教学的基本原理做了一定的介绍；还对高等数学教育思想与数学能力培养、高等数学教育中创造性思维的培养、高等数学教育教学实践做了研究。可以引导学生认识数学，培养学生对数学的兴趣，激发学生学习数学的热情。本书适合作为各类院校数学专业课程的参考用书，也可为从事数学教育行业的相关人员提供参考。在撰写过程中，由于笔者水平有限，书中难免有不足之处，真诚地希望得到各位读者和专家们的批评指正。

目 录

第一章 数学与数学教育

第一节 数学对人类文明的贡献

一、数学的概念

发展到了现代，通常认为数学是指研究数量、结构、变化以及空间模型等概念的一门科学，它包括纯粹数学和应用数学两大分支。纯粹数学也叫基础数学，以数学本身的内部规律为主要研究对象，纯粹研究事物的数量关系和空间形式，而不去关注研究对象的具体内容。例如研究圆柱体的体积计算公式，大家关心的只是蕴含在这种几何图形中的数量关系，至于它是应用于大型机械容器的体积计算，还是应用于某个圆柱体零部件的体积计算，都无关紧要。数学学科的另一个重要分支是应用数学，它与纯粹数学一起共同构成了整个数学学科领域的主体知识体系和理论框架。从概念上剖析，应用数学顾名思义，是指这样一些数学理论和方法：它们有明确的应用目的，即如何把数学知识运用到其他自然科学和社会科学领域中去，最大化地实现数学的实用价值。它主要包括微积分方程、复变分析、数理统计、概率论、运筹学、数值方法等数学学科分支同时也涵盖了产生于应用领域的相关数学问题的研究。甚至有学者认为应用数学的内容还应该包括计算数学。从这个层面上来看，应用数学着眼于说明自然现象解决实际问题，它有效地搭建了纯粹数学与科学技术之间的桥梁。

二、数学文化的本质属性

数学文化是人类文化的有机组成部分，具有一般人类文化的共性。除了这些共有属性以外，数学文化还具备其独有的特征。正是这些独有特征，才使得数学文化与其他文化形态区别开来，使得人们可以更直观地认识数学文化的本质。概括地讲，数学文化的本质属性主要包括以下几点：

首先，数学文化是传播人类思想的一种基本方式。数学文化是人类智慧的光辉成果，可以说，数学文化的产生、发展和完善的历程，就是以数学视角展示人类在经济社会发展的过程中的历史文化形态的过程。许多历史学家通过数学这面镜子，了解了古代其他主要文化的特征。回顾数学史，会发现不同历史时期、不同民族之间的文化传播，在很大程度上影响着古代数学的发展和交流。反过来，因为数学语言系统的统一性特点，尤其是数学结构体系构建以后，数学语言逐渐发展为一种世界甚至宇宙通用的语言，这就使得数学文化得以广泛传播。例如，科学家们相信数学是宇宙中关于空间和量的普遍科学，因此将数学符号和公式广泛运用于对外太空生物的探索方面。

其次，数学文化包含了人类语言创造的高级形式。语言是一个社会中最重要的指导体系，它具有最强的明确和传递主观意义的能力。发展到了现代，因为数学语言是相对独立的语言系统，具有形式化、符号化、精确性、简洁性等特点，直接推动了计算机和人工智能技术的产生。

再次，数学文化具有相对的稳定性和连续性。数学文化因为其特殊的语言体系和发展规律，相对于其他文化形态而言，具有一定的相对独立性。虽然在数学的发展过程中，不断有理论和思想的更新和替换，但是数学体系的协调性和独立性一直得以维护和保持。因此，稳定性和连续性是数学文化的一项本质属性。

最后，数学文化具有高度渗透性和无限的发展可能性。数学文化的渗透性主要包括内在和外显两种方式。数学发展过程中的每一次突破都极大启迪着人类的思维，影响着人类的认知。人们试图凭借数学理性精神来回答与人类自身存在有关的问题。数学文化无限的发展可能性体现在人类社会发展的无限可能性，具体到数学这一学科，人们对数学规律的探索也是不断发展的，所有数学问题的解决和规律的认知都具有相对的意义。

三、数学文化对人类文明发展的作用

数学产生于人类的实际需要，而成为一门最早发展起来的科学。数学历来是人类文化的一个重要组成部分。科学家培根说过："知识就是力量。"并且指出："数学是打开科学大门的钥匙，……轻视数学必将造成对一切知识的损害。因为轻视数学的人不可能掌握其他科学和理解万物。"回顾科学发展和人类进步的历史，事实确是如此。

数学不仅是一种理论方法或一种形式语言，更主要的是一门有着丰富知识体系的学科，其内容对自然科学家、社会科学家、哲学家、逻辑学家和艺术家都十分有用。数学可以影响政治家和神学家的学说；可以满足人类探索宇宙的好奇心和对美妙音乐的冥想；甚至可能以难以察觉到的方式但无可置疑地影响着现代历史的进程。

（一）数学文化帮助人们培养数学情怀和素养

一般来说，科学上升到了文化层面之后，就不再仅仅是一种生产生活工具了，会对人们的思维方式造成深远影响，并最终促进人类文明的进步和发展。数学就是这样一门学科，兼具科学、文化双重身份。数学以其独特视角揭示了自然和社会的发展规律，它的思维方式和运行模式在人类思想领域刮起了理性思维的风暴，启迪了人类的智慧，这是其他大部分学科所不能达到的高度。从文化发展的角度来看，数学思想中处处充满了辩证法，数学文化也因此充满了辩证法的光辉。这就大大提高了人们抽象思维的能力，帮助人们强化逻辑思维和辩证推理，从而极大地拓宽了人类的视野、丰富了人类的文化内涵。反过来说，数学本身也是人类社会实践活动和理性思维的产物，不可能脱离整个社会的人文环境和历史传承来探讨数学的文化价值。换句话说，数学对人类文明所起的促进和推动作用只有通过数学文化这个载体才能得以彰显。

数学文化能够培养人的数学情怀和素养，大多数情况下都是通过学校教育来实现的。"学好数理化，走遍天下都不怕"，这句耳熟能详的顺口溜就是人们对数学乃至数学文化重要性的朴素认识。从数学教育的本质来讲，学习数学的知识体系只是最基本的要求和技能，更深层次的目的是数学文化和数学思维的培养，帮助人们提高自身的数学情怀和素养。或许很多人结束学校教育之后几乎不再用到具体的数学专业知识，但头脑里已经形成的数学思想和思维模式会一直伴随着人们工作生活的点点滴滴。这主要表现在，具有数学情怀和素养的人通常更善于抓住事物的本质，具有更强的逻辑推理能力和创新能力，能够以更加严谨准确的科学态度去构建各个领域的理论体系和知识框架。这就是数学文化的魅力。数学教育只有渗透到了数学文化的层面，才能真正达到提高人们数学素养和综合素质的教育目的。

（二）数学文化在人类思想解放的历史过程中发挥了独特的功能

纵观整个人类文明的发展历史，其实就是人类不断追求真理、探索真理的历程。而数学文化在这个过程中扮演了举足轻重的角色，对引领人类的思想解放大潮发挥了革命性作用。正是数学文化的理性光辉，照亮了人类探索真理的道路，帮助人们摆脱愚昧和无知。

从欧几里得的《几何原本》开始，数学文化的理性光芒已经开始在人类思想解放的道路上大放异彩。到了欧洲"文艺复兴"时期，数学已然成为科技革命的一面大旗，当时数学界的主题是："认识宇宙，也认识人类自己"，这无疑是一股清风，吹散了当时人类思想中愚昧和落后的尘埃。牛顿大展拳脚的时代，占据科技革命指导思想地位的是机械唯物主义，而微积分就是机械唯物主义最重要的武器。以万有引力定律为研究基础，牛顿通过微积分等数学计算工具展开了严格的计算，成功推演出太阳系的天体运动轨迹。甚至在数学逻辑推理的引导下，成功找到了海王星，以"不可抗拒的逻辑说服力"和"无可争辩的计算精确性"，用科学的姿态强势支持了哥白尼的"日心说"。这是人类在探索世界的过程中取得的划时代的胜利，为"日心说"而付出鲜血和生命的伽利略和布鲁诺也终得世人的承认和尊重。"日心说"取得重大胜利，其中数学无疑起到了关键性作用，数学文化对人类思想解放所起的作用不言而喻。

数学文化对人类思想解放的另一个重大事件就是非欧几何的创立。非欧几何突破了欧几里得几何几个世纪的统治，甚至动摇了牛顿提出的绝对时空观，为爱因斯坦相对论的提出奠定了理论基础，是人类认识史上的伟大成果。欧式几何和非欧几何给人们带来的思想风暴正是数学文化促进人类思想解放的缩影。人们开始思考，既然可以在认识和改造世界的过程中创造出新的工具和事物，在思维层面为什么不能利用数学知识体系来发现和探索自然规律呢？正是因为数学文化中充满了理性的探索精神，才能不断帮助人们发现全新的理念和思维，促进着人类的思想解放。

（三）数学文化对人类文明的发展做出了卓越的贡献

毫不夸张地说，数学文化对人类文明的影响已经达到了前所未有的高度，潜移默化地改变了人们赖以生活的世界。数学文化因为其独特的理性精神，帮助人们摆脱习惯、风俗甚至宗教的固有束缚，渗透到人们生产生活的方方面面，为人类文明的发展做出了卓越的贡献。

数学文化的独特之处就在于它一直都在试图解决人与宇宙的基本问题，所以数学一直有"科学的皇后"之美誉。也正是数学文化的这一特点，使数学在人类历史发展史的三次科技革命中都发挥了举足轻重的作用，对人类社会在文化、政治、经济等各个领域的进步和革新都起到了巨大的推动作用。数学文化对人类文明发展的影响还远不止如此，它深刻地影响了人类的生产生活方式和思维模式，对绘画、建筑、音乐、文学等艺术形式都产生了深远的影响。

数学文化的繁荣程度很大程度上能够体现一个国家和地区的经济文化发展水平。从人类历史的发展来看，经济文化的中心往往也是数学文化的中心。追随人类经济社会发展的脚步，人类社会的历史文化中心不断发生转移，数学文化的中心也随之转移：从古巴比伦到古希腊，从文艺复兴之前的古代中国、古印度和阿拉伯到文艺复兴之后的欧洲和美国。可以说，人类文明的每一次腾飞都有数学文化的身影。

数学的应用越来越广泛，即使在自然科学方面，数学早已不只有力学和物理学这样的基本用户了。现在，数学在生物科学各分支的成功应用尤其突出。数学生物学已成为应用数学中最振奋人心的前沿之一，正是数学帮助人们把生物学的研究推到了研究生命和了解智力这样的新前沿。

近些年来，科学家们常说的 21 世纪将是生物学的世纪，这样的见解也是和生物学得益于数学而日趋兴旺成熟分不开的。就连一些过去认为与数学无缘的学科，如考古学、语言学、心理学等现在也都成为数学能够大显身手的领域。至于研究社会现象的各门科学，特别是经济学、社会学更是大量地并且卓有成效地运用着数学。数学方法在深刻地影响着历史学研究，帮助历史学家做出更可靠、更令人信服的结论。

第二节　数学教育的本质与发展趋势

数学教育的意义在于帮助学生从科学的角度去认识和了解世界的发展规律，以理性的方式去思考生活问题，在这个基础上不能忽视美的教育和对形式美感的认知和享受，也就是说，数学是一门以理性思考为基础，同时不忽略感性理解的学科。

一、理性思维的提炼

理性思维是一种科学的思考方式，是帮助学生以最直接有效的方法理解和分析问题的思维习惯。数学学习过程实际上就是理性思维方式的建立和运用过程，然而在实际教学过程中，会出现许多问题。

首先，根据不同学生的不同特点，有些学生不擅长理性思考，更倾向于感性理解，因而他们在数学学习中经常无法掌握要领，同时还容易因此而丧失数学学习的兴趣，对数学产生抵触情绪，不愿意进行数学的学习。对此，教师应当从根本上开发和引导他们理性思考的意识和习惯。比如在讲解"函数的概念和性质"时，既往的教学方法都是在兴趣上对学生进行引导和启发，希望他们能主动发掘知识本身的趣味性并愿意进行积极思考，但实际上这种方法并不奏效，因为在高中教学阶段，知识内容已经不像小学数学那样，可以在形式上体现出趣味性，因而教师应当转换方法，忽视趣味，以纯粹理性的方式启发学生对于思考行为本身的追求，以思考能力为荣誉性的追求，通过激励和荣誉感来提升学生的参与愿望，对于高中学生而言，比较可行。

其次，面向高中教育整体环境，学生会习惯性地以提高成绩、提升解题能力为学习目标，因而在学习中会出现目的性、功利性的状态，即便一些学生已经具备了较高的数学水平，但实际上他们并没有真正意识到理性思维的意义和价值，因此，教师应当在观念上帮助学生建立理性思维的意识。比如在"函数模型及其应用"这一节，教师在帮助学生理解知识内容时应该明确这是一种理性的思考过程，与感受、情绪等因素无关，启发学生忽略自身在学习中的情感因素，努力以理性客观的姿态来面对知识和习题，并确定这是一种正确的数学学习态度，使学生具备驾驭思维的能力，不仅能更好地面对数学，对于今后其他学科的学习也能产生帮助。

总的来说，理性思维能力的提炼和启发不仅对学生的数学学习有所帮助，对于个人的成长与发展也有重要的意义，对于学校教育工作而言，是一项值得提倡的举措。

二、形式美感的体现

数学作为一门理性的学科，到了高中阶段便以"枯燥""乏味"著称，然而近年来，大批社会上的学者开始挖掘和展示数学的形式之美，使得许多原本对数学不感兴趣的人开始关注数学、了解数学，这对于教学工作有很大的启示意义。

首先，针对某道烦琐的习题，学生在解题时会在草稿纸上进行演算，这个过程是相对凌乱和潦草的，虽然承载着思考的内容，但在形式上会或多或少地影响心理感受。因此教师应当鼓励学生优化习题演算的过程，具体形式类似于正式解题，将每一个步骤、每一个思路都以正式的方式呈现出来，按照规范的格式去进行，这样一来，原本枯燥的解题过程就被赋予了一定的美感。同时，这种习惯一旦养成，对于习题训练而言，即便解题失败，学生也能明了地洞悉自己的思路错在何处，进而有所调整；如果成功，整个过程就可以被当作一份解题的范本，供他人学习和借鉴，实现数学学习中的价值。另外，面向考试而言，这一习惯可以帮助学生得到阅卷老师的良好印象，对提升成绩会产生帮助。

其次，就高中数学教学过程而言，教师可以在形式上提升教学行为的美感，改善学生的学习状态。比如在演示习题算法时，既往的教学习惯都是有针对性地按步骤进行，在重点处适当停顿，务求使学生真正理解。但这种做法在一定程度上消磨了数学的美感，教师应当更注重演示过程的流畅性，在形式上获得学生的心理认可，从而激发他们学习、思考的主动性，这样一来，教学工作也会事半功倍。

总的来说，在数学教学中凸显形式美可以帮助学生端正学习态度、优化学习习惯，在本质和现象上都能对数学学习产生帮助。

三、科学观念的建构

在当前信息技术普及的时代，人们的生活习惯几乎建立在对科技产品的应用与理解上，因此，不具备科学观念的人很难适应时代的发展和社会的进步。我国教育领域的趋势已经开始面向未来社会提出要求，主张培养具备科学素养和综合能力的新型人才，因此在高中数学教育中应当努力帮助学生建构科学观念，迎合未来社会的需求。

首先，数学本身作为一门科学，并且是一切科学的基础，教学内容中自然具备科学的理念，只是需要教师在教学中进行呈现。比如在"对应、映射与函数"这一节，教材末尾就涉及"计算机编程语言中的函数"思考，目的就是使学生明确这部分知识内容在实际生活中具备何种价值和意义，同时也能使学生理解自己身边的应用程序等现代资源是如何产生并运行的，这便是科学观念的一种灌输与启蒙。教师可以适当借用一些计算机基础课程的知识来对这部分思考内容进行更多讲解，使学生正视数学的意义和价值，建构基本的科学观念，提高其今后的学习质量。

其次，教师应当在教育信息化趋势的基础上深入开发现代化的学习和教学方式，使学生更加正确和深入地理解科学技术对生活的切实作用。比较可行的方法有：借用微信来建立交流平台，实现教学中的在线即时互动交流，随时进行疑难问题的解答；推荐一些有价值的教学 APP 为学生的学习提供帮助；鼓励学生利用互联网资源去寻找更多的数学信息；等等。如此一来，学生可以更好地理解数学与科学的关系，同时建立起牢固的科学观念。

综上所述，在现代社会不断地发展下，社会对学校教育提出的要求也在不断变化，帮助学生尽可能地适应社会、符合社会需求才是高中数学教育的宗旨，因此必须在教学中突显数学教育的本质意义，实现数学教育的价值。

四、数学教育的发展趋势

未来的数学教育会是怎样的呢？初看，这好像是在预测未来，但实际上已是迫在眉睫的问题，是每个数学教育工作者都十分关心的问题。

由于社会文化背景和数学教育发展历史的差异，对于这个问题，每个国家所作的回答不尽相同，甚至互相对立。不过，既然处于同一个时代，国际的交往又如此频繁、快捷，从众多的回答中，还是能够找出一些较为共同的看法的。

（一）数学为大众

实现普及中等教育，即使在工业发达国家，也只不过是近几十年的事。在 20 世纪 50 年代之前，各国的教育基本上仍是西欧工业革命以后的产物。它是为当时一小部分能够接受正规学校教育的人而设计的，所以，根本不适合今天大众教育的形势。虽然 20 世纪 60 年代数学教育进行了改革，但在为所有学生服务方面并无任何改善，对大多数学生的关心反而减少了。

"数学为大众"的英文原文是"Mathematics for All"，即数学要为所有人，这就是说数学应该为优秀学生、为普通学生、为后进学生。这一思想最早是由荷兰著名的数学家、数学教育家弗赖登塔尔提出的。随着数学与其他科学技术之间的相互影响越来越多，随着"机会均等"的口号越喊越响，随着"每个人在给予一定的指导条件下都能学会数学，甚至自己创造数学"的论点不断得到实验的验证，随着联合国教科文组织的文件《数学为大众》在世界各地的传播，这一思想已得到许多国家的赞同。数学教学的根本目的是满足学生今后的生活、就业和进一步学习与培训方面对数学的需要。面对 21 世纪和信息时代的到来，以及受国际竞争的驱使，要实行七个转变，其中第一个转变就是高中数学的目标应从双重目标——为多数人的数学很少，为少数人的数学很多。转变为单——目标：为所有学生提供重要的共同的核心数学。"数学为大众"的思想不仅在高中数学教育界引起了积极的反响，大学数学教育界也在研究"作为服务性学科的数学的教学"。看来，"数学为大众"，或称作"数学应该属于所有人""数学是一门服务性学科"的口号正迅速地在世界各地传播，并将极大地推动着数学教育的实践。

（二）知识技能与应用均衡发展

数学的知识、技能、应用这三者是互相联系、互为发展基础的。学习某一技能要从学习有关的知识开始，应用要以熟悉有关知识、技能为前提，达到自觉应用境界，更要求对有关知识和技能熟练到可以信手拈来。当然，应用也有助于加深对知识和技能的深入了解。因此，从理论上说，知识、技能、应用三方面均衡发展是合理的。而且，数学教育的发展历史也从实践上证明了这一点。过分注重数学的逻辑结构与演绎体系，而忽视数学的应用也行不通。实践证明，这样做挫伤了大部分学生学数学的积极性，使很多学生无论就业或升学都有困难，甚至不会运用学到的数学知识去解决哪怕是日常生活中的简单问题。经过 20 世纪 70 年代和 80 年代的调整，许多国家已注意到应均衡发展知识、技能和应用。数学思维的提高与知识和技能的培养不同，不能单独孤立地学习，要借助问题求解，并将培养数学思维贯穿数学教育之始终。

（三）加强数学的内在联系和外部联系

在传统的数学教育中，数学被划分成许许多多的学科，每个学科都有其独特的思想方法。例如，代数中有些问题就是要尽量地把式子化简，以达到解方程或不等式的目的；几何中有些证明就是要从已知条件出发，逐渐向求证的结论靠拢。这些做法很难揭示数学知识的内在联系。与此做法截然相反的是美国的"新数学"运动，它追求统一，一切从集合出发，使用现代数学语言，结果使学生在还未理解数学，看到数学的力量之前，就跌入了术语、符号堆，被迫做着自己也不明白怎么回事的运算，结果遭到不少严厉的批评。因此，割裂知识的内在联系，或仅仅强调数学的内在联系而忽视数学与现实世界的外部联系，均是不足取的。只有同时加强数学的内在联系和外部联系方是理想的出路。

目前，美国最新课程标准很重视数学的这种联系，它指出：这是数学教学中必须强调的一项重大任务。只要学生有了对数学的了解和掌握，就能领会数学是一个有机的整体而不是一堆孤立凌乱的东西；对事物的考察就能多角度、多方面地进行，思路就会更加活跃，解决问题的手法就会更加灵活多样，数学能力就能得到提高；同时，能加深对数学在科学、文化中的地位和作用的认识，激发对数学学科的兴趣。

（四）新技术进入课堂

自从 20 世纪 40 年代末第一台电子计算机诞生，70 年代第一架袖珍电子计算器问世以来，计算机、计算器等新技术正在越来越快地改变着人们的日常生活和工作，以至于在许多人的观念中，计算机已成了生活和工作现代化的一个表征。这一变化是巨大的，究其原因，恐怕与计算机（器）的功能越来越多，而售价却越来越便宜有关。现在的计算机已不再是只会做数字运算的机器，它还能进行式的化简、因式分解、解多元线性方程组、求方程的近似解、求导、求积等代数运算；能在屏幕上模拟汽车风洞等试验；能通过人机对话进行辅助教学。在这种个别化的学习环境中，学生可进行操作与练习、接受个别辅导、向计算机提问、观察计算机所做的模拟实验、在计算机上做寓教于乐的教学游戏等。即便是手掌大小的计算器，在数学教育中也具有极大的潜力。近年来各国采取的已不再是完全摒弃新技术的态度。

当然，就此认为新技术是万能的也不合适。比如，计算器能代替计算，协助探索，但不能代替理解。如果学生不先认真用纸和笔做许多练习，就不能真正理解所学的知识，对计算器给出的答案也不会评判其合理性。使用新技术还有一个"度"的问题。学习材料一般可以分成两类：实质性材料和非实质性材料。学习前者不能完全依赖计算机（器），而对后者，因为它们只是理解实质性材料所必需的工具，所以可以依赖计算机（器）。

这就好比不允许一年级的小学生用计算器做加减法，而允许大学生使用一样，这既不会妨碍学生对实质性材料的深入理解，又不会使学生不恰当地把注意力集中在非实质性材料上。

由于每个国家的经济基础、社会文化不同，所以各个时期发展的侧重点也会不同。但是，对数学教育的本质，在认识上应该是一致的。

数学教育本质上依赖于教育者对数学教育价值的深刻理解与认识。从教育的角度来看，可以把数学看作为解决实际问题而提供的知识和技巧的一种实用的实体，如果这样来认识数学的教育价值，那么数学教育所依赖的仅是它的教学职能，这时数学教育只需要将组成数学这个实体的知识和技巧传授给学生以满足社会需要。然而，如果把数学作为描述客观现象（自然的或社会的）的思维和语言模型的一种主要工具来理解，那么在数学知识、技能的背后却蕴含着数学精神的、思想的和方法的无穷无尽的源泉，从而迸发出数学科学的巨大的文化教育价值。数学思维变成一种按一定逻辑步骤进行的经济性思维；数学方法便成为各门科学数字化普遍使用的方法。照此说来，科学工作者乃至一般普通公民，需要数学教育提供的不仅仅是传授一定的数学知识，而更需要的是数学的研究精神、数学发明、发现的思想方法，数学思维和数学能力的训练，这种数学精神、数学思想、数学方法、训练数学思维和数学能力的培养，充满了整个初等数学和高等数学，存在于各种数学教材之中。数学教育的本质在于，通过数学教育把这些价值体现出来，使之充分发挥数学科学的教育职能。

由于对数学科学的教育价值存在着不同的理解与认识，就会产生有着不同出发点的数学教育。一种是着重发挥数学教育的教学职能，着重数学知识的传授，把数学教育理解为研究数学教学任务、内容、方法和形式的科学。这种数学教育对学生对教师来说，目标都是很有限的，即仅仅满足于获得大纲和教科书所规定的知识和技巧以及在某些特定条件下运用这些知识和技巧的能力。数学教育的许多方面（如创造性思维能力的训练等）在教材和平时训练中很少有所体现；在考试中也不测试这些方面；另一种数学教育注重发挥数学科学的教育职能，在传播数学知识的同时，着重数学精神、数学思想、数学方法、数学思维和数学能力的训练与提高。这两种数学教育虽然有一定的联系，但应当看到，它们之间却有着质的区别。即使是学生把教给他的所有知识都忘记了；但还能使他获得受用终身的东西的那种教育才是最高最好的教育。显然这里所说的"最高最好的教育"绝不是指以单纯传授知识为主的传统教育，这里所说的"受用终身的东西"也绝不仅仅是指知识，由此可见，单纯的知识传授不能算最高最好的教育。正如爱因斯坦所指出的："发展独立思考和独立判断的一般能力，应当始终放在首位，而不应当把获得专业知识放在首位。"

数学教育过程是教师、学生、教材、环境等相互作用与相互适应，从而实现把知识、能力、思维转化为适合学生特点的认识过程，其目的是达到发展和创造。数学教学法的奠基人裴斯泰洛齐指出，教育的目的在于发展人的一切天赋力量和能力，认为这种发展是全面发展和潜发展。这种全面发展、和谐发展，对数学教育来说，是指通过数学教育使学生在知识教养、情感教育、智能发展和数学美育等多方面的发展。最重要的是应该鼓励人们自己去学习，并且允许他们自由发展，必须从生活本身去寻找发展思考能力的手段。鼓励、促进和加强这个发展，永远是教育的目的，因此，数学教育的重点应当改变，就是说，从大纲、内容到方法以及新的课堂环境都需要在广泛的意义上，为培养、发展学生的创造力服务。创造性应该成为数学教育的灵魂。著名数学教育家波利亚指出："什么是数学技能呢？数学技能就是解题能力 —— 不仅能解决一般的问题，而且能解决需要某种程度的独立思考、判断力、独创性和想象力的问题。"现代数学教育最关心的乃是改善对学生的整个教育，教师的工作是教育，而不仅仅是讲课。数学教育的首要目标是通过数学教育使学生获得发展和创造。传统教学不是这种创造型或发展型数学教育的最好途径，数学教育的根本途径是为学生获得发展和创造准备一个适宜的环境。这种探索型或发展型的数学教育与作为职业或日常生活提供数学技巧或数学工具的教学型数学教育，虽然有着明显的区别，但它们又有着统一性的一面，实际上它们是相互联系的又是相互补充的。正是这样一种数学教育，它刻画了数学教育这一概念的科学实质，奠定了本学科所阐述的数学教育教学体系的理论基础。

第三节　数学教育的提升——教育教学

在中国改革开放的大环境下，数学教育也必须"与时俱进"地进行改革。改革是硬道理，但是矫枉不要过正，通过实践检验真理，前途一定是光明的。对于新的课程标准和教育模式来说，批评固重要，建设价更高。

古埃及的一位国王曾跟欧几里得学习几何。国王被一连串的公理、定义、定理弄得头昏脑涨，便向欧几里得请求道："亲爱的欧几里得先生，能不能把您的几何弄得简单一些呢？"这位伟大的学者严肃地回答说："几何无王者之路！"

后人常借这个故事嘲笑国王的无知，但是仔细想想，国王的要求也不无道理。从教育的角度说，作为学生，总是希望老师能把课讲得精彩些、明白些，总是希望教科书编得更容易看懂。国王的要求，正道出了几千年来数学老师和学生的心声。

怎样才能把繁难的数学知识用简单的方法教授给学生呢？在教学中出现的难点如何攻克呢？在《从数学教育到教育数学》一书中，作者采用系统面积法的基本原理，改造了初等几何的教学内容，同时介绍了"教育数学"。这一解决教学难题的"独门武器"，不失为一种现代教学思想。

数学教育学面临着教什么（数学内容）和怎样教（教学方法）的两大问题，其中"教什么"的问题又相对重要，因为肯定了"教什么"才能研究"怎样教"的问题。但是数学前辈几千年来流传和积累下的数学成果并非尽善尽美，为了数学教育的需要，对数学研究成果进行再创造式的整理；提供适于教学法加工的材料，往往需要数学上的创新。

为了完成这一任务而进行的研究活动，如果发展起来形成方向和学科，就是教育数学。

数学教育和教育数学两者在文字表述上十分相近，很容易使人产生混淆。事实上，数学教育是对数学材料进行教学法的加工使之形成教材，而教育数学是对数学研究成果进行再创造式的整理，提供适合教学法加工的数学材料；数学教育不承担数学上的创造工作，而教育数学则需要数学上的创新。数学教育着眼于教学法和如何对数学材料进行教学法的加工，是为了数学而做教育，并不承担数学上的创造工作，也就是并不做数学；教育数学则实实在在是要做数学。

数学成果具有三种不同的形态：原始形态、学术形态和教育形态。原始形态是指数学家发现数学真理、证明数学命题时所进行的繁复曲折的数学思考。它具有后人仿效的历史价值；学术形态是指数学家在发表论文时采用的形态：形式化、严密地演绎、逻辑地推理，它呈现出简洁的、冰冷的形式化美丽，却把原始的、火热的思想淹没在形式化的海洋里。教育形态是指通过教师的努力，启发学生高效率地进行火热的思考，把人类数千年积累的数学知识清楚明白地传授给学生，使学生更容易接受。

把数学的学术形态化为教育形态，是所有数学教师的责任。教育形态和原始形态有相同的地方，即火热的思考。不同的是思考要有高效率，使学生容易接受。这里，可以顺便提到师范院校的"师范性"。师范院校和其他大学一样，要做科学研究，要做教学。但是，师范院校的老师，包括所有讲授高等数学课程的老师，都要努力呈现所讲内容的教育形态。潜移默化，就能为未来的数学教师做出榜样。遗憾的是，师范院校教师的讲课，呈现得更多的还是学术形态的数学，更坏的教学则是抄黑板：把书本上的形式演绎过程冰冷地抄在黑板上。

数学中充满着问题。问题是数学的心脏。但是数学问题多种多样。有些问题是波利亚式的——纯粹数学课题，有明确的条件和结论，找准解题策略之后，依靠技巧获得解决；还有一种问题是数学本原问题，着重数学本质，建立数学概念，构造思想体系，形成数学思想，从数学解题规律提升为数学本质的揭示。

两千多年前的欧几里得，对当时的几何学研究成果进行再创造，写成了《几何原本》这一有着深远影响的教程，这是教育数学的第一个光辉典范。一百多年前的法国数学家柯西，对牛顿、莱布尼兹以来微积分的研究成果进行再创造，写出了至今还在影响着大学讲坛的《分析教程》，成为高等数学教育发展途中的一座里程碑。这是教育数学的又一杰出贡献。当代的布尔巴基学派，把浩繁的现代数学纳入"结构"的框架，出版了已达 40 余卷的百科全书式的巨著《数学原理》，对数学从头探讨，并给予完全的证明，这是为数学家准备的高级教程。应当说，布尔巴基是当代的教育数学大师。

一百多年来，极限的严格定义"语言"始终占据着微积分的课堂。要真正掌握微积分的原理，就不得不过"语言"这道关。但这一关，不仅使理工科学生望而生畏，就是数学专业，也把它当作教学上的重点和难点。极限的"语言"既是打开微积分宝库的钥匙，但也是阻拦人们获取宝库珍宝的关卡。

通过数列的无界、不减等高中数学知识定义出无穷大数列，利用倒数关系定义出无穷小数列，然后给出极限的一般定义：

设 $\{x_n\}$ 是无穷数列。如果有一个实数 a 和一个无穷小列 $\{a_n\}$，使得 $x_n=a+a_n$，则称数列 $\{x_n\}$ 以 a 为极限。

这样，便利用比较直观易懂的概念，给极限理论打下了坚实的基础。可以证明，这个定义与"语言"定义是等价的。

大学数学基础课的主要作用之一是其作为培养学生理性思维的载体。通过数学思维的训练来培养学生的理性思维，无疑对于启迪学生的创新意识，加强分析能力，提高数学乃至全面素质都是至关重要的。但目前大学数学教学大多偏向于授受式方法，教师将知识以系统的定论呈现给学生，学生则满足于弄懂、记牢知识和方法（很多人甚至是只记公式和套路）以期必要时再现。这种教学模式束缚了学生思维的发展，有碍于学生能力的培养，从而也无法培养学生探索问题的态度、行为和方法。因此，改变学生被动接受学习的现状，培养学生的思维能力应是当前教学改革的一个重要问题。

作为大学数学主干基础课之一的微积分，是人类思维的伟大成果之一，其内容蕴含了极为丰富的数学思想。让更多的人知道和掌握微积分的思想方法，应成为当代数学教育的首要任务。

第二章 高中数学课程理论基础

第一节　基于课程论的高中数学

一、高中数学课程目标

（一）确定高中数学课程目标的依据

1．国家的教育方针和基础教育的任务

教育是为社会培养人的，一定社会在一定时期内对人才的总要求集中反映在教育方针和其他相关政策里。教育方针决定着教育的性质、目标及实现其目标的根本原则，确定了我国教育系统应该把青少年培养成什么样的人才这个总目标，各级各类学校都必须以这个总目标为依据，结合学校自身的特点来确定各自的具体培养目标。按照我国的规定，基础教育包括九年制义务教育和后续的高中教育。义务教育是一种全民基本素质教育，应突出体现基础性、普及性和发展性。高中教育仍然是公民素质的基础教育，但受教育普及面目前还不能遍及全民，因而暂不具备义务教育那样的普及性，至于基础性和发展性，则体现出高一层次的要求。基础教育的共同任务是根据国家的教育方针，为现代社会培养符合基本素质要求的劳动后备力量，为高一级学校输送合格的新生。

2. 数学的特点和作用

为了实现基础教育课程的培养目标，各分科课程必须依据自身的特点和作用确定各自的具体目标。数学的特点应从两个角度来认识。数学既可以看作人类进行数学活动的结果，又可以看作人类数学活动本身。作为数学活动的结果，指的是已经成熟的数学理论。它的基本特点是：严谨的逻辑结构，形式化的抽象内容，精确、简洁、通用的数学语言。由这些基本特点还派生出数学的其他一些特性。比如：由数学的严谨性派生出数学独特的逻辑系统性；由数学内容的形式化抽象派生出数学应用的广泛性；等等。数学活动实质上就是指数学思维活动。因此，数学活动的特点即数学思维活动的特点，其中尤其是创造性数学思维活动的特点。数学思维活动的第一个显著特点，就是思维对象的抽象性以及思维过程中抽象方法的特殊性。数学思维的对象不是客观实在事物的本身，而是形式化了的思想材料。比如"点""自然数""方程""函数"等，就是数学思维的思想材料，客观世界中并没有这样的实物。数学活动过程中抽象方法的特征是逐级抽象（层次性）和逻辑建构。比如，数、式、函数、关系等思维对象是经逐级抽象依次由前一个对象得到后一个对象的。所谓逻辑建构即指借助于明确的定义构造出相应的量化模式，而量化模式完全舍弃了实际背景的具体意义，只剩下纯粹的形式结构。

数学思维活动的第二个特点是严谨与非严谨的结合。一切数学结论都是经过严谨的逻辑建构或逻辑论证的，逻辑建构和逻辑论证的过程属于数学思维活动。但是，数学思维活动远不只单一的逻辑建构或逻辑论证过程，它还包括数学结论的发现过程以及寻求逻辑建构或逻辑论证途径的过程。在这些过程中需用到直觉、顿悟、似真推理、审美感、形象思维以及制定策略、发散探索等非严谨的数学思维活动。任何一个善于创造成果的数学家，其数学思维活动必然是严谨与非严谨的结合，由非严谨思维活动产生新的想法，设计新的策略，从宏观上把握新的数学理论，然后才是严谨的逻辑建构或逻辑论证。数学思维活动的第三个特点是自然语言与数学符号语言相结合。在进行严谨的逻辑建构或逻辑论证时，使用数学符号语言；在进行非严谨的创造思维时，自然语言和数学符号语言结合使用。如果按数学活动的三个阶段的划分来分析语言使用的情况，那么，可以这样认为：在经验材料的数学组织化阶段，其任务是将自然语言转化为数学符号语言；在数学材料逻辑化阶段，其任务是数学符号语言的逻辑建构；在数学理论应用阶段，其任务则是把数学符号语言又翻译成自然语言。

总之，在数学思维活动中，这两种语言相互交替，结合使用，其中的核心是数学符号语言。数学的上述特点是研究数学教育的一个重要基础，在考虑数学课程目标时，必须以它为依据，它决定着在哪些方面可以培养和发展学生的基本素质。除了数学的特点外，数学的作用也是确定数学课程目标的重要依据。数学是研究空间形式和数量关系的科学，是刻画自然规律和社会规律的科学语言和有效工具。数学科学是自然科学、技术科学等科学的基础，并在经济科学、社会科学、人文科学的发展中发挥越来越大的作用。数学的应用越来越广泛，正在不断地渗透到社会生活的方方面面，它与计算机技术的结合在许多方面直接为社会创造价值，推动着社会生产力的发展。数学在形成人类理性思维和促进个人智力发展的过程中发挥着独特的、不可替代的作用。数学是人类文化的重要组成部分，数学素质是公民所必须具备的一种基本素质。

数学教育作为教育的组成部分，在发展和完善人的教育活动中，在形成人们认识逻辑的态度和思想方法方面，在推动社会进步和发展的进程中起着重要的作用。在现代社会中，数学教育又是终身教育的重要方面，它是公民进一步深造的基础，是终身发展的需要。数学教育在学校教育中占有特殊的地位，它使学生掌握数学的基础知识、基本技能、基本思想，使学生表达清晰、思考有条理，使学生具有实事求是的态度、锲而不舍的精神，使学生学会用数学的思考方式解决问题、认识世界。

学生的认知和心理特征必然影响和制约着数学课程目标。一方面，考虑学生思维发展的阶段性，数学课程目标也应是分阶段的，不同阶段的数学课程目标应与学生可能的发展水平相适应。另一方面，考虑学生可塑性大，智力发展有潜力，在同一个教育阶段又可以提出某些有弹性的要求。

（二）高中数学课程目标分析

1. 义务教育阶段数学课程目标

这一阶段的数学课程目标分为三个层次：总体目标、学段目标、各大块数学内容的具体目标。其中总体目标是通过义务教育阶段的数学学习，学生能够获得适应未来社会生活和进一步发展所必需的重要数学知识（包括数学事实、数学活动经验）以及基本的数学思想方法和必要的应用技能。初步学会运用数学的思维方式去观察、分析现实社会，去解决日常生活中和其他学科学习中的问题，增强应用数学的意识。体会数学与自然及人类社会的密切联系，了解数学的价值，增进对数学的理解和学好数学的信心。具有初步的创新精神和实践能力，在情感态度和一般能力方面都能得到充分发展。

在总目标的框架下，学段目标再把四个方面的要求按三个学段分别进行分解，进一步具体化。而在教学内容目标中，则在每个学段按数与代数、空间与图形、统计与概率、实践与综合应用四大块细列出每一项具体内容的具体目标。三个层次的目标构成一个完整的目标体系。这里有几点值得注意：

（1）关于目标体系的总体理解

目标体系是一个有机总体，它包含了四个方面，既体现了数学素质教育的全面要求，又体现了数学活动结果与数学活动过程统一的数学教学要求。知识与技能目标属于对数学活动结果的认知目标，数学思考、解决问题以及情感与态度三个方面的目标属于对数学活动过程的认知以及情感目标，也可把它们统称为过程性目标。知识技能目标与过程性目标合并起来，就是对整个数学活动的教学要求。

（2）关于具体目标的层次与水平的体现

目标体系中，就知识技能目标而言，不同的知识或技能，对学生的要求不尽相同，同一项知识或技能，在不同学段对学生的要求也是不同的，这种对学生要求的不同就体现出目标的层次性。为了刻画知识技能目标的层次性，课程标准使用了"了解（认识）、理解、掌握、灵活运用"等目标动词，这四个动词刻画的目标层次依次由低到高，具体

15

含义如下：了解（认识）——能从具体事例中，知道或能举例说明对象的有关特征（或意义）；能根据对象的特征，从具体情境中辨认出这一对象。理解——能描述对象的特征和由来；能明确地阐述此对象与有关对象之间的区别和联系。掌握——能在理解的基础上，把对象运用到新的情境中。灵活运用——能综合运用知识，灵活、合理地选择与运用有关的方法完成特定的数学任务。

再就过程性目标来说，不同的数学活动过程对学生的要求不尽相同，同一（或类似）的数学活动过程，在不同学段对学生的要求也不相同，这种对学生的不同要求体现出数学活动水平的高低。为了刻画过程性目标中所体现出的数学活动水平，课程标准使用了"经历（感受）、体验（体会）、探索"等目标动词，这几组动词体现出的过程性目标水平也是依次由低到高，具体含义为：经历（感受）——在特定的数学活动中，获得一些初步的经验。体验（体会）——参与特定的数学活动，在具体情境中初步认识对象的特征，获得一些经验。探索——主动参与特定的数学活动，通过观察、实验推理等活动发现对象的某些特征或与其他对象的区别和联系。

2. 普通高中数学课程目标

与义务教育阶段数学课程接轨的普通高中数学课程，其课程目标在我国制定的课程标准中有明确的规定。高中数学课程的总目标是：使学生在九年义务教育数学课程的基础上，进一步提高作为未来公民所必要的数学素养，以满足个人发展与社会进步的需要。具体目标如下：

①获得必要的数学基础知识和基本技能，理解基本的数学概念、数学结论的本质，了解概念、结论等产生的背景、应用，体会其中所蕴含的数学思想和方法，以及它们在后续学习中的作用。通过不同形式的自主学习、探究活动，体验数学发现和创造的历程。

②提高空间想象、抽象概括、推理论证、运算求解、数据处理等基本能力。

③提高数学地提出、分析和解决问题（包括简单的实际问题）的能力，数学表达和交流的能力，发展独立获取数学知识的能力。

④发展数学应用意识和创新意识，力求对现实世界中蕴含的一些数学模式进行思考和作出判断。

⑤提高学习数学的兴趣，树立学好数学的信心，形成锲而不舍的钻研精神和科学态度。

⑥具有一定的数学视野，逐步认识数学的科学价值、应用价值和文化价值，形成批判性的思维习惯，崇尚数学的理性精神，体会数学的美学意义，从而进一步树立辩证唯物主义和历史唯物主义世界观。

随后，在内容标准中分知识块详细提出要求。关于这一课程目标，有几点值得注意：第一，高中数学课程目标与义务教育阶段数学课程目标在陈述形式上有区别。前者分总目标、具体目标以及各项教学内容的具体要求；后者分总体目标、学段目标和各项知识内容的具体目标。其实，教学内容的具体目标与具体要求本质相同，只不过是用词不同。至于义务教育有学段目标，这是必要的，因为三个学段的课程内容虽是整体统一设计，但要求是逐段提高的。第二，两个课程标准对课程目标领域的划分有区别。义务教育阶段数学课程目标划分为知识与技能、数学思考、解决问题、情感与态度四个方面，并又将其归并为两大目标：知识技能目标和过程性目标；普通高中数学课程目标则划分为知识与技能，过程与方法，情感、态度与价值观三个方面。这种区别其实也不是实质性的，大同小异而已。第三，两个标准中使用的目标动词也不尽相同。义务教育阶段数学课程标准使用"了解（认识）、理解、掌握、灵活运用"四级刻画知识技能层次的目标动词，高中数学课程标准则将这一目标分成"知道/了解/模仿、理解/独立操作、掌握/应用/迁移"三级，并在每一级中列出刻画该水平的多个行为动词；义务教育阶段数学课程标准使用"经历（感受）、体验（体会）、探索"三级刻画数学活动水平的过程性目标动词，高中数学课程标准则将过程与方法分成"经历/模仿、发现/探索"两级水平，并在每一级中列出刻画该水平的多个行为动词，另外再将情感、态度与价值观分成"反应/认同、领悟/内化"两级水平，并同样列出刻画多水平的多个行为动词。

总的来说，高中数学课程目标与义务教育阶段数学课程目标虽有某些提法不同，但体现出的实质精神是一致的，即都是全面反映数学素质教育的要求，充分体现数学教学是数学活动的教学这一现代数学教学观念。

二、高中数学课程内容

（一）影响高中数学课程内容的因素

1. 社会方面的因素

教育是一种社会现象，它作为社会大系统的一个子系统，必然受到社会诸因素的影响。在影响课程发展的诸因素中，社会因素的影响最大。

（1）社会生产的需要

在古代，数学是生活、生产的产物。当时的数学只是一些简单的测量和计数法，数学是作为一种有助于解决各种实际问题的技术而传授给后代的。后来，由于思辨的需要，人们赋予数学以一定的逻辑内容，把数学作为训练学生思维的工具。直到18世纪中叶，由于社会生产基本上是以自给自足的小农经济为主，生产力的发展水平决定了对数学的需求极为有限，数学课程的内容一直很简单。第一次技术革命后，资本主义大工业代替了手工业生产，促使社会对劳动者的数学知识的要求相应提高，数学课程不仅成了主科，而且内容有了相应发展。在当今社会里，数学在生产领域的用途越来越广，这就要求数学课程的内容做相应的调整和改变，以便适应这种发展的需要。数学课程中的传统内容在今后仍占有重要地位，但其中有些内容可以适当删减、削弱；同时应增加一些近代和现代数学初步知识，课程内容应有不同的层次，属于共同需要的部分可作为必修内容，只有某些领域需要的部分则可作为选修课或课外活动小组的内容。这些结论将是我国21世纪数学课程改革的重要依据。

（2）科学技术的发展

它在两方面影响着数学课程的内容：一是科学技术越是发展，应用数学的程度越高，人们就越要通过数学才能掌握其他的科学和技术，数学课程就应当反映这一点。二是科学技术的发展直接或间接地影响着数学课程内容的改变。课程只能吸收最有价值的科学成果，而科学技术的发展，最有价值的标准也随之改变了，这是对数学课程内容的直接影响；科学技术的发展，现代教育技术与学科课程结合，也会引起课程内容的改变，这是对数学课程内容的间接影响。

（3）社会文化、哲学思想的影响

数学是人类文化的一部分，数学课程必然注意本国文化背景和国情。此外，从课程理论的产生背景分析，各种课程理论都是在一定的哲学思想指导之下提出的。

2. 数学本身的因素

随着数学科学的发展，新的数学理论将不断充实到高中数学课程中，影响数学课程内容。欧几里得几何的诞生，大大地冲击了欧几里得以前的数学课程，一直到17、18世纪还不能动摇欧几里得几何在学校数学课程中所占的主要地位。到19世纪末和20世纪初数学有了很大发展，欧几里得几何在学校数学课程中的地位开始动摇，数学课程内容有了很大的变化。20世纪，数学教学产生了惊人的变化。集合论成为各个学科的共同基础，纯粹数学转向研究基本的数学结构；数学抽象化的势头越来越大，分科越来越细，数学的内在联系揭露得越来越深；电子计算机进入了数学领域，大大推进了数学的发展；应用数学像雨后春笋一样蓬勃发展。数学中观察、实验、发现、猜想等实践活动和任何自然科学一样普通，尝试和错误、假说和调研以及度量和分类是数学家常用的部分技巧。数学的这些发展，直接或间接地影响高中数学课程。现代数学的一些初步思想、内容和方法渗透到高中数学中，成为高中数学课程的有机组成部分，这是直接影响。高等学校数学课程改革，现代数学的基础课程逐渐替代古典高等数学课程，这种趋势必然导致高中数学课程作相应的变革，这是间接影响。

3. 教育方面的因素

（1）教育理论的发展

新的教育理论是课程改革的动力之一，每一时期的课程内容及其体系安排是由相应的课程理论决定的。例如，20世纪60年代，布鲁纳提出"结构"的课程理论，西方国家的"新数学"就是按这种理论建构起来的。在当今，"以人为本""素质教育""创新教育""建构主义"等教育理论，在我国新的数学课程标准和实验教材中都有所反映。

（2）教师水平的改善

课程教材是教师教学的依据，教师是把课程内容转化为学生个体的知识经验的直接指导者，教师只有清晰地、深刻地理解课程标准和教材，才能真正贯彻实施课程的理念，增强教学的主动性。因此，教师的水平影响着高中数学课程内容的落实，这表现在两个方面：①教师的知识水平。教师从事数学教育，其知识水平必须达到一定的要求。目前，我国的高中数学课程中逐渐增加了一些现代数学的初步知识和一些计算机科学方面的知识，相当一部分教师由于长时期没有接触这些内容，对它们感到生疏，教学时心中无底。为了适应课改的需要，近几年来国内开展了大规模的在职教师培训工作，而且在今后还将继续这种在职培训，以便教师在接受"终身教育"的过程中不断提高自己的知识水平。②教师的教学水平。课程设置中，不仅课程内容的选择要与教师的知识水平相适应，而且课程内容的体系安排也要与教师的教学水平相适应。一般说来教师的教学体系（经过处理后的知识体系）不同于课程教材中的知识体系，教师教学水平的高低决定了教材的知识体系转化成教学体系的难易。因此，在设计数学课程内容的体系安排上，应尽可能考虑一般教师的教学水平，以便有利于教师对内容作教学法加工，有利于实际教学。

（3）学生水平的发展

高中数学课程的服务对象是学生，学生主要是通过教材来获取知识的。因此，学生也是影响高中数学课程内容的重要因素。具体说来，涉及以下四个方面：①学生已有的知识水平。影响学习的最重要的因素是学生已经知道的东西。在设计课程时，需要仔细地考虑学习者所具有的与新的学习任务相结合的概念和技能。学习的顺利进行受背景知识的强烈影响。②学生的思维水平（能力水平）。课程教材是学生学习的依据，因此，在安排数学课程时，应考虑各年龄段的学生思维发展水平，既不要超出学生的思维发展水平，又不要迁就学生的接受能力。③学生的认识兴趣。兴趣是成功之母，学生的认识兴趣能大大促进学习。所以，要让学生学好数学，首先要激发学生的学习兴趣，而激发学生学习兴趣的最有效的办法，就是对于学习材料本身感兴趣。因此，在课程内容的选择和呈现方式上，应考虑学生的认识兴趣，加强趣味性，激发学生学习数学的兴趣。④学生的认知特点。教学实践和实验表明，学生的认知结构有其固有的特点。如果课程内容和编写顺序符合学生的认知特点的话，无疑能促进其学习。

影响数学课程内容的因素除了以上三个大的方面以外，还有数学课程的历史因素。高中数学课程有其发展的历史，至今已经历过多次改革。但是，这些改革都是渐变过程。每次新的数学课程都是在原有数学课程的基础上作相应的变革而产生的。因此，现在的高中数学课程内容必须继承传统数学课程内容的精华，更新观念，适当增添适应社会发展需要的新内容。

（二）选择高中数学课程内容的原则

1. 基础性原则

基础性原则指的是，选择的高中数学课程内容应是数学科学的基础知识。什么叫数学基础知识？这是一个没有确切定义需要辩证地分析和理解的概念。它通常指的是数学科学的初步知识，即在理论上、方法上、思想上是最基本的知识，而不是指数学科学的逻辑基础。根据基础教育的培养目标，学生必须掌握的数学基础知识应该包括以下几方面：第一，作为现代社会每一个合格公民都应具备的基本素质包括最初步、最基本的数学知识；第二，为基础教育阶段学习相邻学科提供工具的数学知识；第三，为进入高等教育阶段的学生进一步学习打基础的数学知识。

数学基础知识的概念是相对的、发展的。因此，学生应该掌握哪些数学基础知识不是一成不变的，而是随着数学自身的发展，随着其他科学和技术的发展以及社会对人才要求的变化而发展、变化的。例如，从70年代后期开始，把过去作为高等学校数学基础课之一的微积分，也将其初步知识列为高中的基础知识。近百年内才发展起来的概率统计学的一些简单知识，由于在现代生产实际中经常被用到，也放到高中学习。高中数学基础知识的内容和范围都有新的进一步变化发展。还应值得注意的是，数学基础知识包括数学中常用的基本的数学思想方法。因此，根据这一原则选择数学课程内容时，不仅要考虑选用数学中哪些概念、性质、法则、公式、公理、定理，还要关注这些内容反映出来的数学思想和方法。

2. 应用性原则

应用性原则指的是，高中数学课程内容应精选那些在现代社会生活和生产中有着广泛应用的数学知识。数学的源头本来就是人类社会的生活和生产实际。在古埃及、古巴比伦、古代中国和古印度等古代文明国家，由于人们生活和生产的需要，最早产生了数学的一些初步知识。数学的发展历程，虽然不能说无处不与人类生活或生产相关，但总的来说，最根本的动力依然是社会的需要。而且今日数学应用的广泛性，已使得它渗透到了现代社会的各个角落，几乎无处不用数学、无人不用数学。基础教育阶段数学课程目标之一，就是要让学生逐步认识数学的应用价值，发展数学应用意识，并能运用数学知识分析和解决简单的实际问题。因此，在确定数学课程内容时，应从有利于落实这一课程目标考虑，选择适合于相应学段学习的数学建模、数学实验以及数学应用等方面的课题，同时还要提供抽象出数学概念、性质法则、公式、公理、定理等数学基础知识的多样的、丰富的背景材料。这也是体现应用性原则的一个重要方面。

3. 可接受性原则

可接受性原则指的是，所选择的高中数学课程内容应与高中生的认识水平和接受能力相适应。根据这一原则，高中数学课程的内容必须难易适中，有一定的深度和广度，不论是必修还是选修的内容，既要确保学生能达到课程目标体系中预定的具体目标，又要适当留有余地，有利于学生追求更高目标，使得每一个学生尽可能地达到最大的发展。

4. 教育性原则

教育性原则指的是，选择的高中数学课程内容应该是对于发展学生的数学思维和数学能力，并对学生形成辩证唯物主义世界观有重要作用的数学知识；同时还要求体现数学的文化价值，即"数学课程应适当反映数学的历史、应用和发展趋势，数学对推动社会发展的作用，数学的社会需求，社会发展对数学发展的推动作用数学科学的思想体系，数学的美学价值，数学家的创新精神。数学课程应帮助学生了解数学在人类文明发展中的作用，逐步形成正确的数学观"。

5. 衔接性原则

衔接性原则指的是，选择的高中数学课程内容应与本学科已学内容以及后继学习的内容衔接；所选内容之间衔接；与有关的相邻学科衔接。数学是一门系统性很强的学科，高中只是学校教育的一个阶段。因此，必须使小学数学、中学数学、大学数学衔接为一个和谐的有机整体。高中数学内容又涉及数学的多个分支学科，无论是分科编排或是综合编排，都要注意各分支内容的相互联系与知识的综合运用。在高中教育阶段，物理、化学等自然科学的学科要以数学作为工具，因此，数学内容还必须与物理、化学的内容互相配合、协调一致。

6. 灵活性与统一性相结合的原则

灵活性与统一性相结合的原则指的是，选择高中数学课程内容时，既要考虑国家规定的所有高中生都必须达到的基本要求，又要有弹性，满足学生的不同数学要求，照顾不同地区的差别。根据这一原则，义务教育阶段的初中数学课程可以在统一课程目标的前提下，允许有多种适合于不同地区的数学教材；在高中阶段，数学课程则可以由必修课程和选修系列课程组成。其中必修课程满足所有学生的共同数学需求，选修系列课程满足就业意向或升学方向各异的学生的不同数学需求。

7. 可行性原则

可行性原则指的是，选择的高中数学课程内容经过实践检验，应该被证实在高中教学计划规定的时间内，绝大多数学校能够按教学要求完成教学任务，达到课程目标。根据这一原则的要求，当课程内容需要做较大调整时，必须先试行一段时期，经验证确实可行时，才能正式确定。

第二节　基于心理学的高中数学

一、数学知识的学习

（一）数学知识的有意义学习过程

1. 数学认知结构

认知是认知心理学理论中的一个中心概念，它是为了一定的目的在一定的心理结构中进行的信息加工过程。其心理活动包括感知、记忆、思维、想象、判断推理、解决问题、形成概念以及语言使用等。对数学教学而言，认知也可以说是掌握数学知识与技能的过程，其中包括知识的学习、记忆与提取以及知识技能的运用，简言之，包括获取数学知识与运用数学知识的过程。认知结构是人们在认知过程中组织起来的经验的整体，人们接触到外界事物，获得对外界事物的经验，从而形成关于该事物的概念，单个概念或若干个概念以及有关的认知因素按一定关系联结起来的构想，即所谓认知结构。数学认知结构就是人们头脑里的数学知识，按照自己理解的深度和广度，结合自己的认知特点，组合成的一个具有内部规律的整体结构。数学认知结构是数学知识结构和学习者的心理结构相互作用的产物，是学习者大脑中已有数学知识经验经自主建构而形成的。因此，认知结构不同于它所包含的知识结构，学习同一数学知识的不同学习者所形成的数学认知结构可能不同。

数学认知结构既可以是学习者头脑里所有数学知识、经验的组织，也可以是特殊数学知识内容的组织。每一个数学概念都可形成一个认知结构，它又是构成更复杂认知结构的基本成分。由于数学知识的逻辑性、层次性，人们的数学认知结构同样有一个层次的阶梯，最高层次是由所有数学知识经验有机结合而成的认知结构，不同层次的内容逐渐分化成不同层次的数学认知结构，如代数认知结构、有理数认知结构等。良好的数学认知结构在教学上有两个显著的功能。首先，它能使已学的知识得到完整的认知，一旦完整的认知结构形成了，学习者获得的将不是支离破碎的知识系统。例如，学生学习有理数的概念、四则运算及有关知识，其中各项目之间的内在联系稳固地建立起来，学生有了这样一个完整的认知结构，在考虑关于有理数方面的问题时，它就能提供他们所需的一切。其次，它是继续学习新的数学知识、创造性地解决数学问题的基础和有力工具。例如，学习解整式方程必须以多项式的因式分解的认知结构为工具，没有它，对于解一元二次方程中广泛用到的十字相乘法就用不上，也不可能建立这种方程的求根公式。

人类的认知过程力求认知与现实的平衡，为了求得平衡，人们在认知过程中将经验转换成适合新情况所需的认知结构时，必须适应数学认知结构正是按照适应的需要来发展的。适应有两个途径：顺应（也称调节或调整）与同化。顺应是改变自己原有的认知结构以适应新的情况，同化则是融合新的情况于现存的认知结构之中。在适应的过程中，如果同化起主要作用，则过程容易完成。例如，把菱形同化到平行四边形，把直角三角形两锐角之和为 90° 同化到三角形内角和定理。如果是顺应起主导作用，则学习要困难得多。原因在于：第一，如果面临的新情况是学习者凭他们的生活经验易于理解的，他们情愿保留现有的认知结构而抗拒做出改变来适应新情况；第二，要建立一个新的认知结构并使原来的认知结构成为其一个部分，需要做出很大努力，而且往往要克服一系列困难才能完成。

2. 获得意义时新旧知识的相互作用

对于个体来说，数学知识的有意义学习，就是数学知识获得意义并保存下来的过程。在新知识的学习中，认知结构中原有的适当观念起重要作用，它与新知识相互作用；将新知识固定到认知结构的适当部位，导致有潜在意义的新观念转化为实际的心理意义，同时原有的认知结构也会发生变化。

（二）获得数学概念的心理分析

从新旧知识相互作用的过程来说，获得概念就是新概念的内容同原有认知结构相互作用，形成新的认知结构的过程。根据新概念与原有认知结构中的相关知识的作用方式的不同，获得数学概念可分为归属学习、总括学习、并列结合学习三种类型。这里从心理活动过程方面作一些分析。获得数学概念，或称掌握数学概念，实质上就是掌握一类事物的共同本质属性，使符号代表一类事物而不是代表特殊事物。具体地说来就是能够辨别概念的本质属性和非本质属性，能够概括表示为定义，能够举出概念的正反例子，并能由抽象回到具体，运用概念解决有关问题。学生获得概念有两种基本的方式：概念形成与概念同化。结合数学概念的特点来分析学生用这两种方式获得数学概念的不同心理过程。

1. 概念形成

学生从大量具体例子出发，从他们实际经验的肯定例证中，以归纳的方式概括出一类事物的共同的本质属性，从而获得概念的方式就是概念形成。以概念形成的方式获得数学概念的心理活动过程大致可分为如下几个阶段。

（1）观察概念的不同正面实例

教学中的实例大多是由教师提供的，是学生自己生活经验中所感知过的事物。例如要形成平行线这一概念，可举出一段铁路上两条笔直的铁轨、黑板的上下边缘、直走的拖拉机两后轮留下的痕迹等实例，给学生以平行线的形象。还可以在黑板上画出平面上一对平行直线可能出现的各种位置关系，带领学生一起观察图形。

（2）分析各实例的属性，并综合出各实例的共同属性

比如上例中各实例的共同属性有：可抽象地看成两条直线；两直线处于水平位置；两直线间距离处处相等；两直线没有交点；两直线可以向两边无限延伸；等等。

（3）抽象出各实例的共同本质属性

严格地说，这一阶段还只是提出个本质属性的假设。如上例中有在同一平面上的两直线没有交点，在同平面上两直线之间的距离处处相等。

（4）比较正反实例确认本质属性

可举出平行直线、相交直线和异面直线的例子确认并强化本质属性，排除非本质属性。

（5）概括出概念的定义

把本质属性从具体的实例中抽象出来，推广到一切同类事物并给出概念的名称，概括出概念的定义。这时还需要进一步区分各种本质属性的从属关系，找出关键的本质属性作为概念的定义。上例中可以选取"同一平面内两直线不相交"作为平行线的定义。

具体运用概念。通过举出概念的实例或在一类已知事物中辨认出概念的实例或运用概念解答数学题等各种方式实际运用概念，使学生完成由抽象到具体的认知活动，自觉地把所学的概念及时纳入相应的概念体系，使有关概念融会贯通形成整体结构。概念形成是以学生的直接经验为基础，在教师指导下自行发现数学概念的本质属性的一种有意义学习。它对学生的心理水平要求不高，但比较耗时。因此，这种方式较适合抽象层次较低、处于概念体系的基础核心位置的少数重要概念的学习。

在概念形成的学习过程中，起主要作用的智力活动方式是观察、分析综合、抽象概括、比较、形式化和具体化。其中观察、分析综合是基础，抽象概括是关键。学生能否在观察分析的基础上抽象出概念的本质属性并概括出定义，是这种学习方式成败的关键，也是区分学生的学习是否为有意义学习的关键点。部分学生由于没有成功地进行抽象概括，或因抽象概括能力不强而不能进行抽象概括，只好死记定义成为机械学习者。为了提高学习的质量，教师应注意选择那些刺激性强、典型、新颖的实例，引导学生进行深入细致的观察，进行科学的抽象和概括，避免非本质的属性得到强化，还应及时引导学

生对新旧概念进行精确区分、分化，以形成良好的认知结构。

2. 概念同化

利用学生认知结构中原有的概念和知识经验，以定义的方式直接向学生揭示概念的本质属性，从而使学生获得概念的方式叫概念同化。以概念同化方式获得数学概念的心理活动过程大致可分为如下几个阶段。

第一，观察概念的定义、名称和符号，揭示概念的本质属性。

第二，对概念进行特殊的分类。讨论各种特殊情况，进一步突出概念的本质属性。

第三，把新旧概念系统化，把新概念同化到原认知结构中。

第四，辨认、比较正反实例，确认新概念的本质属性，使新概念与原有有关概念精确分化。

第五，具体应用概念。通过各种形式运用概念，使学生进一步加深对新获得的概念的理解，完成由抽象到具体的认识过程，使有关概念融会贯通形成整体结构。

概念同化是以学生的间接经验为基础，以数学语言为工具，直接接受和理解教师（或教材）所提供的概念的定义、名称和符号的一种有意义学习，它要求学生具备较为丰富的知识经验，并具有积极思维的能力和较高的心理活动水平，但比较省时，是学习一般数学概念的最主要的方式。在概念同化的学习过程中，起主要作用的智力活动方式是观察、分类、系统化、比较、具体化，其中系统化是关键。学生能否在观察新概念的定义、名称和符号的基础上，明确新旧概念内在的关系并精确分化，建立起与原有相关概念的联系，融合到原有认知结构之中形成一个新的知识系统，是学习成败的关键。这种学习必须以新概念对学习者构成潜在意义为前提，否则不能构成有意义学习。在实际教学过程中，无论是在初中还是在高中，都不能单纯使用某一种方式来学习概念。只用概念形成方式来学习，显然时间上不允许；而仅用概念同化方式来学习，由于数学概念的高度抽象性和概括性特点，学生也难以把握形式化的数学概念背后的丰富材料，难以把握概念的本质属性。况且，概念形成中的智力活动是开发学生智力、提高学生数学素养的有效途径。因此，教学中应把两种获得概念的方式综合使用，扬长避短，互相补充，使教学效果达到最佳状态。

（三）掌握数学定理的心理分析

为方便起见，可以人为地把掌握数学定理划分为两个阶段。首先是相应命题意义的获得，这一阶段的学习与概念的获得相似，只是复杂程度有明显提高。因此，有关获得概念的心理分析对获得命题意义也是大致适用的。其次是定理的证明，数学解题包含解证明题，即定理证明这样一种特殊类型。因此，有关数学解题教学的心理分析对数学定理证明也是基本适用的。这里仅针对掌握数学定理的特殊性作一些分析。

1. 获得命题意义的心理分析

获得命题意义其实质就是新命题的内容同原有认知结构相互作用，形成新的认知结构的过程，获得命题意义的过程同样可用新旧知识相互作用的有意义学习理论来解释。

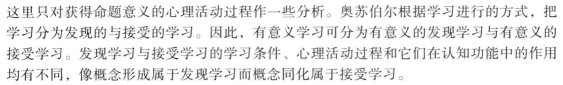

这里只对获得命题意义的心理活动过程作一些分析。奥苏伯尔根据学习进行的方式，把学习分为发现的与接受的学习。因此，有意义学习可分为有意义的发现学习与有意义的接受学习。发现学习与接受学习的学习条件、心理活动过程和它们在认知功能中的作用均有不同，像概念形成属于发现学习而概念同化属于接受学习。

（1）命题发现

命题发现是学习者通过具体例子发现命题从而获得命题意义的一种学习方式。命题发现包括如下几方面的心理活动：首先是观察具体例子并辨别正、反例子的特征（实际教学时，往往是先明确学习任务，再进行观察）。其次是进行抽象概括，提出有关结论的假设。再次是进一步观察正、反实例，检验与修正假设。最后是发现结论，形成命题。

（2）命题接受

命题接受是把命题的内容以定论的形式呈现给学习者，学习者结合实例接受新知识获得命题意义的一种学习方式。命题接受包括如下几方面的心理活动：首先是观察新命题，并在认知结构中找到同化新知识的原有有关观念。其次是分析新知识与原有起固定作用的观念的相同点，将新知识纳入原有认知结构。再次是分析新旧知识的不同点，使新旧知识与原有观念之间有清晰的区别，发展原有认知结构。最后是结合观察实例（或证明）获得命题的完整意义。例如学习平行线的判定定理，在教师讲述或教科书直接向学生呈现这一命题后，学生便在认知结构中找到平行线的定义，并分清判定定理与定义之间的相同点（都是揭示平行线概念的本质属性）和不同点（各自反映的侧重面不同），使原有关于平行线的认知结构获得发展。最后，结合教师或教科书提供的具体例子或证明过程，学生获得了这一命题的完整意义。为了使命题接受进行得顺利，学习者必须先掌握构成命题的有关概念。平行线判定定理中包括"平行线"与"三线八角"的有关概念。若学习者认知结构中已获得了有关概念，则能较容易同化这一新命题。若学习者认知结构中的有关概念模糊不清，甚至是错误的，或者根本不存在，则会带来机械记忆命题的危险，甚至无法使学习过程继续下去。

与概念学习一样，命题发现有利于培养学生的发现能力，而命题接受则有利于学习者快速获取数学命题。在实际教学过程中，往往要把这两种学习方式搭配使用，充分发挥它们各自的作用，促进数学教育质量的全面提高。对于命题（定理）的理解有一个逐步深入的过程。理解具有不同的层次，无论是命题接受还是命题发现，获得命题意义都只是初步的，随着命题的证明（成为定理）与定理的广泛应用，对命题的认识将会更加全面、准确、深刻。由于命题意义的获得与概念的获得的相似性，获得命题意义的智力活动方式与影响其学习的主要因素都大致相同，这里不再重复。

2. 数学定理证明的心理分析

数学定理证明可以归入数学问题解决，但由于定理证明在定理学习过程中处于核心地位，还是先运用长时记忆的扩散激活理论对其作一些心理分析。从逻辑学的角度来看，对数学命题 A 的证明可以理解为找到一个满足下列条件的有限命题序列：$A_1, A_2, A_3 \cdots A$。

第一，A_1（$1 \leqslant i \leqslant n$）或是公理，或是定义，或是前面已证明过的定理，或是假设（命题 A 的条件），或是由前面的命题按照推理规则之一得到的结论。

第二，A_n 是命题 A。由此不难理解，数学定理证明的心理过程就是把待证定理的条件与原有认知结构中的有关公理、定理、概念关联起来，通过对它们的重新组合，综合运用各种推理形式而使新定理的结论得以确立的过程。

从记忆网络激活的扩张模式来看，证明的机制就是学习者在论题的刺激下，记忆网络中某些知识被激活，并且不断地沿着界线向外扩展，依次激活相应的知识；学习者对被激活的知识进行选择、组织，经过推理又激活了新的知识并扩展开来；如此不断地继续下去，直到在定理的条件和结论之间出现了通道，建立了严密的推理关系。这里知识被激活是通过感知、识别、回想等心理过程来实现的，是指学习者在感知论题后，在论题的前提和结论的刺激下，经过识别、辨认其有关特征，回忆起已有认知结构中与之相关的知识。

在证明过程中，以下几个因素影响证明能否顺利完成：

（1）思路点的准确性

记忆网络中首先被激活的那些结点，叫作思路点。思路点是证明的开始，它决定着证明的方向。如果思路点正确，那么就能形成下一步该做什么的正确期望，在正确期望的指导下就有可能进一步搜寻到有用的信息，从而形成指导进一步行动的新的正确期望，如此继续，就有可能在前提与结论之间找到一条通道。反之，如果思路点不准确，那么就会形成不正确的期望，在不正确的期望指导下，搜寻到的信息很可能都是无用的，这样就难以在前提与结论之间形成通路。

（2）扩展力

扩展力是指记忆网络中各结点之间的激活能力。扩展力反映在量和质两个方面。量的指标是指一个结点能够激活其他结点的个数。质的指标是指由一个结点激活其他结点的正确性、清晰性。如果扩展力越强，那么被激活的知识就越多、越正确，就越能满足信息的选择、组织和推理的需要。

（3）推理能力

证明是由一系列推理组成的，从心理学的角度看，推理的作用就是使记忆网络中的结点之间发生逻辑联系。推理能力强的学生，就能对处于意识状态之中的知识进行迅速地排列组合，推出新的结论，激活新的结点，并能不断地继续下去，直到定理的条件与结论之间出现通路。因此，推理能力是影响证明顺利与否的重要因素。

（4）证明的方法与思考的方法

证明方法与思考方法的作用在于使学生产生某种有效的期望，使他们据此去有计划地搜寻信息，激活思路。例如，运用综合法思考证明途径，学习者就是从前提形成的期望出发激活思路点；采用分析法寻求证明途径，学习者就是从结论形成的期望出发去激活思路点；分解或扩充的思考方法，学习者可从新旧图形之间的联系出发去激活思路点。是否熟练地掌握各种证明方法和思考方法，也是影响学习者能否顺利进行证明的重要因素。

二、数学技能和数学问题解决的学习

（一）数学技能的形成

1. 技能的含义

技能是通过练习而形成的顺利完成某种任务所必需的活动方式或心智活动方式。这里的"活动方式"是指一系列外部可直接观察到的操作的有序组合方式。"心智活动"则是指借助于内部语言在头脑中进行的认知活动，包括感知、记忆、想象和思维等，但以抽象思维为它的主要成分。技能是习得的，表现于迅速、精确、流畅和娴熟的身体运动之中。

数学技能是在数学学习过程中通过练习而形成的顺利完成数学任务的一种活动方式或心智活动方式。例如，根据运算法则进行运算，运用圆规、直尺、量角器、三角板等工具画图，使用计算器或计算机按步骤进行推理、论证等，它们都可以按照一定的程序和方式一步步完成。这些活动方式都是数学技能，有了一定的数学技能，就能准确、协调、熟练地进行数学活动。数学技能是一种复杂的技能，它含有较多的认知成分。因为数学技能所要完成的数学任务中认知因素的作用较大，所以完成这种数学任务不能依靠单纯的肢体动作，而需辅以心理活动的指导。例如，解方程的技能就不是一种单纯用手书写的活动。这种手的书写活动包括活动的程序都需要大脑根据具体情况进行调节与控制。数学技能与一定的数学知识相联系，表现为一定的数学知识的运用。例如多项式运算的技能与多项式的概念及其运算法则相联系，表现为多项式的概念及运算法则等知识的运用。证三角形全等的技能与三角形及其全等的知识相联系，表现为三角形全等的判定等有关知识的运用。

数学技能具有连贯系统性，表现为一系列局部技能的恰当组合。一项新技能的形成往往依赖于原有相关技能的发展水平。例如，复数的代数形式的运算技能以多项式的四则运算技能为基础，复数的这种运算技能表现为实部运算、虚部运算、对分母中复数的处理等一系列局部技能的恰当组合。高中数学中有关的数学技能范围很广，可以说，凡是有学生参加、有数学活动的地方都有数学技能的体现。在高中数学中要求学生掌握的基本数学技能是能算（如数的计算、式的变形解方程等）、会画（如运用作图工具作图、绘制图表等）、会推理（如逻辑论证中的简单推理、归纳、类比推理等）。按技能本身的性质和特点将数学技能分为动作技能和心智技能两大类来加以讨论。

在完成一项任务中，所涉及的一系列实际动作，以合理的、完善的方式组织起来并顺利进行就是动作技能。它表现为一系列可直接观察到的肢体动作，如运用工具绘画的技能、测量的技能、使用计算工具的技能等。在认识特定事物、解决具体问题中，一系列心智活动以某种合理的、完善的方式进行，就是心智技能。它表现为一系列不可直接观察到的大脑活动，如数的计算技能，式的恒等变形的技能及推理、论证的技能，运用数学方法的技能等。这两种数学技能既有区别又有联系，在数学活动中既有各自的功能，常常又必须联合发挥作用。

2. 形成数学技能的心理分析

新行为主义心理学的刺激 —— 反应理论认为，形成技能的实质就是系列的刺激与反应的联结的形成。

（1）数学动作技能的形成过程

数学动作技能的形成过程一般可分为如下四个阶段：①认知阶段。即教师讲解示范，学生认真倾听和观察，然后记忆、想象的阶段。学习重点是注意应予反应的线索。这一阶段的学习也称为知觉学习，认知的内容包括知识和动作两方面。学生要了解与某种数学技能有关的知识性能与功用，了解动作的难度、要领、注意事项及动作过程。例如，要形成解整式方程的技能，在认知阶段就是通过感知教师（或课本）的讲解示范，了解整式方程、移项、合并同类项、分解因式等概念以及相应的操作，了解解整式方程的步骤等。②分解阶段。指教师把数学技能所包含的整套动作分解成若干个局部动作，让学生逐个学习。学习重点是使适当的刺激与反应形成联结。以上述解整式方程的技能为例，整套动作可分解为移项、合并同类项、分解因式、求解等四个局部动作，学生在这一阶段就是逐个学习（或复习），掌握这些动作，形成相应的刺激与反应的联结。③动作定位阶段。在掌握分解动作的基础上，将整套动作的顺序通过多次练习和局部动作的协调使之固定下来。学习的重点是建立动作连锁。例如，学生分别掌握了解整式方程的四个局部动作后，通过练习协调这些动作，组成一个有顺序的整体。④自动化阶段。使全套动作达到自动化的程度，根本不用考虑每一个局部动作及其组合，无须特殊注意和纠正，而是全套动作融为一体自动地完成了。学习重点是熟练性训练。例如，学生在解整式方程时，根本不用有意识地考虑这一动作是移项还是合并同类项，而是自觉地知道怎样做，整套动作融为一体相当熟练，这时就称已掌握了解整式方程的技能。

动作技能的形成是一系列局部的实际动作的掌握（或回顾）并将它们连接成完整的外部动作系统使各动作之间的互相干扰现象逐渐减少直至消失的过程。它表现为动作速度的提高和准确性、协调性、稳定性、灵活性的加强，表现为视觉控制的减弱和动作控制的增强，表现为基本动作的自动化和动作紧张的消失。

（2）数学心智技能的形成过程

数学心智技能的形成过程也大致分为下述四个阶段：①认知阶段。让学生了解并记住与技能有关的知识及事项，形成表象，了解活动过程和活动结果。在这一阶段实际上是知识学习，为形成技能奠定知识基础，并为形成外部技能的活动及其结果定向。例如，要形成用待定系数法分解因式的技能，必须先了解多项式因式分解的含义、多项式恒等定理，以及了解用待定系数法分解因式的步骤等知识。②示范、模仿阶段。学生在教师的示范下，领会与理解某项数学心智活动，并根据教师的示范模仿进行该项数学活动。③有意识的口述阶段。学生进行某项数学心智活动时自己进行言语表述，往往是边说边做，完成这项活动是在有意识的言语指导下进行的。这一阶段的主要标志是学生不再依靠具体模式表象的依托就能应用待定系数法进行因式分解运算，并且由教师的言语指导转化成了学生自己的言语指导。学生在做课堂练习时明显地表现出这一阶段的特征。

④无意识的内部语言阶段。学生完成某项数学心智活动时，不再需要有意识的言语指导，而是刺激与反应几乎同时发生，即学生完成该项数学心智活动达到了熟练的程度。也就是说在后继的学习活动中，一旦遇到类似的数学活动，就能立即进行运算，运算过程的进行和运算法则的应用完全自动化了，这就标志着该项数学心智技能已经形成。

心智技能的形成是一系列心智活动的领会并将它们连接成内部心理活动系统，内部言语趋于概括化和简约化的过程。它表现为思维的敏捷性、灵活性的提高和思维的深度、广度、独创性等品质的改善，表现为心智活动和内部言语的熟练化，表现为主体意志的减少。

（二）数学解题教学的心理分析

1. 数学解题过程

要了解解题的心理过程并不容易，但对于数学教学者是非常重要的。对于问题解决的复杂过程，许多研究者从不同角度，用不同方法进行了研究和探索，提出了各自不同的模式，企图将这一过程清晰地呈现出来。

（1）杜威的模式

心理学家杜威早在20世纪10年代就提出了解决问题过程的五步模式：感觉疑难、确定疑难（识别问题）、提出可能的答案（假设）、考虑各种结果（检验）选择解答的方法（包括应用）。

（2）纽威尔和西蒙的模式

纽威尔和西蒙用计算机模拟模型研究人类解决问题的思维过程，提出了以信息处理系统说明问题解决的心理过程模式：问题（刺激）→接纳者（神经系统）→处理者（策略程式）→记忆（短时记忆、长时记忆）→处理者（策略程式）→作用者（动作技能）→解答（反应）。

（3）奥苏伯尔模式

奥苏伯尔以几何问题解决为原型，提出了一个解决问题的模式。这个模式不仅描述了解题的一般阶段，而且指出了原有认知结构中各成分在解决问题过程中的不同作用，为培养解决问题能力指明了方向。这个模式表明，解决问题一般要经历下述四个阶段：①呈现问题情境命题。②明确问题的目标与已知条件。③填补空隙过程。这是解决问题过程的核心，学生看清了已知条件和目标之间的空隙或差距，并运用有关背景命题推理规则和策略努力缩小填补问题的固有空隙。④解答之后的检验。问题一旦得到解决，通常便会出现一定形式的检验，查明推理时有无错误、空隙填补的途径是否最为简捷等等。

（4）波利亚的模型

著名数学家、教育家波利亚曾以数十年时间醉心于研究数学方法论和数学教学，在他著名的"怎样解题表"中提出了解决数学问题的四步骤模式：弄清问题、拟定计划、实现计划、回顾。结合现代教学论与心理学的研究成果，较一致的观点是把解题过程分成四个阶段：理解问题、制订解题计划、完成解题计划、回顾。

2. 数学解题过程的心理分析

学生在解数学题时，能看到题目和他们给出的解答结果。从解答中可以了解学生在解题过程中应用的一些已有知识和方法，但不能从所给的解答中完全了解实际的解题过程。当在观察解题过程时也可看到学生的一些行为反应以及情绪反应，有时还见到他们自言自语，可见从学生接受问题到提供解答结果之间，其心理活动和思维活动是相当复杂的。目前已有大量实验和理论研究探讨这些复杂的心理过程且对解题行为已有一定的了解。

（1）理解问题的过程

解题的第一步是理解问题。当解题者面对一个数学问题时，首先阅读它，通过感知题目的条件和目标，在头脑中形成有关问题初始状态的表象（问题表象），现代认知心理学家把这一过程称之为问题表征。表征是解题的一个中心环节，它说明问题与解题者认知结构中的哪些知识相联系，在头脑里如何呈现，如何表现出来。

（2）解法发现过程

对于开拓—探究试题，尽管解题者能建立正确的表征，也有可能解决不了，这取决于解题者是否能找到一个合适的解题方法。在数学学习过程中，这些问题对于学生而言，都是合理的、可解的。也就是说，解题过程中所需用到的知识和运算都是在学生的记忆中可以找到的。即使这样，解题者也还要有相当多的搜索过程和发现过程，并且一般来说解决一个数学题，需要对已有的知识和运算进行新的联结。因此，解法发现过程也是一个相当复杂的过程，这个过程与解题者认知结构中的知识经验基础和思维策略水平紧密相连，知识和策略是这一过程中的两个重要因素。

在解法发现过程中，有些问题一出现在眼前，就能通过问题的已知信息轻易地联想起相应的知识和解法程序。但另一些问题则不同，需要经历一系列的甚至艰苦的探索过程。探索的方式有试误式和顿悟式两种。所谓试误式是对由知识与策略的作用产生的解题途径进行尝试，纠正尝试中的错误，直至发现解题途径。这种方式在高中生中较为常见。所谓顿悟式是经过长时间的激烈思考，由于受到某种情境的启发而突然出现灵感，一个仿佛偶然的思想在心里瞬时冒了出来，问题便得到了解决。顿悟式解题要求问题的初始状态和目标状态与解题者的经验、认知结构有着非人为的、实质性的联系，这种联系建立得越牢固，顿悟越易产生，它是直觉思维能力在解题过程中的体现。尝试错误与顿悟并不能绝对分开，在同一探索过程中，这两种方式常常交替进行，相互补充。波利亚的解题教学思想中，提出了一系列一般性的解题建议，正是为了减少试误，促使顿悟的产生，才形成系统的解题计划。

三、数学能力的培养

学生数学能力的形成和发展需要在长时期的实践活动过程中不断积累，教师在日常教学中应把培养学生的数学能力摆在一个重要位置，并主动去做，应坚持不懈地努力，不断为学生创造条件，提供各种实践活动机会。

（一）数学注意能力的培养

引起注意的因素包括客观相对强烈的刺激和主体的内在因素。最基本的因素是学生主体的内在学习动机和兴趣。因此，培养学生的数学注意力的根本措施是想方设法强化学生的学习动机，培养他们对数学学习的浓厚兴趣。培养学生的数学注意力，主要应培养学生内在的良好的注意品质。

1. 提高注意的广度和紧张度

注意的广度也叫注意的范围，是指在同一时间内意识能清楚地把握对象的数量。注意的紧张度就是注意的专注程度，是指心理活动对某个事物的高度集中，而同时离开其余的一切事物。注意的广度大、紧张度高就能较快地阅读学习材料，排除干扰，提高学习效率，而且能较好地把握数学问题的本质。在教学中要引导学生从整体上注意观察材料的结构，养成整体把握材料的习惯。

2. 提高注意的稳定性

注意的稳定性是指注意长时间地保持在感受某种事物或从事某种活动上。学生注意的稳定与教学的内容和方法有关。教学中教师应根据学生的年龄特征，提供丰富多彩的教学内容，采用灵活多样的教学方法，充分调动学生学习的积极性和主动性，培养学生注意的稳定性。

3. 改善注意的转移和分配

注意的转移是指注意主动地从一个对象或活动转到另一个对象或活动上。注意的分配是指把注意指向不同的对象或活动。注意的转移力和配置力强，有利于学生快速深刻准确地把握数学问题，防止思维进入死胡同和出现丢三落四的现象，提高学习质量。

（二）数学观察能力的培养

学生的观察能力来自观察活动，在数学教学中，教学生观察虽然很有困难，高中数学课程基础与教学方法研究也很麻烦，但应该也很值得主动去做，去引导学生的观察活动。

1. 引导学生掌握正确的观察方法

教学中教师应通过实例引导学生掌握正确的观察方法。如从整体到部分，再由部分到整体的观察方法；按照一定顺序如从上到下、从左到右进行观察的方法；从特殊到一般（特征、特例）观察方法；结构观察方法；等等。

2. 注重培养学生的观察品质

第一，在教学中教师应引导学生主动感知，培养观察的目的性。确立了明确的观察目的，才能使观察不为无关信息干扰，提高观察效率。第二，应注重实践检验，培养观察的客观性。通过实践检验，才能克服和消除观察中产生的错觉，保证观察的客观准确。第三，应注意观察程序，培养观察的全面性。结合观察对象的组成特点和结构确定观察顺序，以保证通过观察反映出事物的全貌以及各个组成部分的相互联系。第四，应揭示事物的特征，培养观察的准确性。抓住了事物的特征才能认识事物本质，使观察结果与客观事物相符合。第五，应发掘隐含条件，培养观察的深刻性。只有进行深刻的观察，才能概括出事物的发展变化规律，达到观察的目的。

3. 促进学生养成良好的观察习惯

在教学中教师应有意识地为学生提供观察素材，引导学生不断地进行观察，养成观察的习惯。应激励学生学会提问，提出好问题。问题从观察中来，想提问、肯提问、敢于提问正是促进学生深入观察的动力。概念教学中，可引导学生观察具体的感性材料，概括出概念的本质属性。命题及演算的教学中，可引导学生对条件和结论或式子进行观察，把握其特征，找到简洁的解题方案。

（三）数学记忆能力的培养

为培养学生的数学记忆能力，提高记忆效果，数学教学应注意以下几个方面。

1. 要求学生明确记忆的目的和任务

记忆的目的越明确，就越容易记忆牢固。因为明确了某知识的记忆任务，学生就形成了这种知识和原数学认知结构应建立密切联系的心向，记忆的同化过程就进行得顺利。在数学教学中明确记忆任务，并不是一上课就把最终目标任务毫不保留地告诉学生，而是把最终目标任务经过具体加工后，以当前任务的形式给学生明确。

2. 引导学生从集中注意做起

记忆与注意是紧密相关的，没有注意就不能记忆。因为瞬时记忆必须受到注意才能形成短期记忆，而长期记忆又是由短期记忆发展起来的，所以，只有对需记忆的知识集中注意，才能提高记忆的效果。

3. 要使学生透彻理解所记忆的内容并加以系统化

理解是使记忆牢固的前提，而概括数学知识使之系统化，则是理解基础上的操作。系统化的材料便于在记忆中组成知识"块"，不仅可以增加短时记忆的容量，而且还适合储存在长期记忆里。

4. 督促学生合理安排复习与反复运用

数学记忆过程是导致意义获得的同化过程的继续，因此学习新知识后要进行适时适量地复习与反复运用，通过复习使得记忆结构中新旧知识的联系更加稳固，通过运用使得这种联系更加深刻。事实上。通过反复运用来记忆正是数学记忆的重要特点，数学中的许多概念、定理、公式法则、思想方法正是在反复的运用中被逐步深入地理解，从而被牢固地记忆下来。

5. 让学生掌握一套适合于自身的记忆方法，依靠指引保持对材料的记忆

长期记忆中的材料能在需要的时候被提取出来必须具备两个条件，首先是材料必须在记忆系统里可以得到，其次在系统里的材料有办法接近和提取。对那些无法立即回忆的材料常依靠指引来提取。数学记忆中常以实物或实物的表象、图形或图像、逻辑层次关系，压缩语句等作为指引，这就形成了多种记忆方法。如逻辑记忆、块体记忆、对比记忆、简化记忆、形象记忆等。教学时，不宜要求学生机械套用各种记忆方法，而应鼓

励学生借鉴各种方法形成或创造一套适合自身的记忆方法。

6. 应注意培养学生良好的记忆品质

数学记忆在大多数情况下需要的是意义记忆。记住了数学概念、定理、法则不等于学好了数学。因此，在数学教学中应注意培养学生数学记忆准确、系统、深刻、灵活的优良品质。

（四）空间想象能力的培养

高中数学学习中，空间想象能力主要包括熟悉基本的几何图形，能正确识图、画图；能借助图形来反映事物的空间形式及位置关系；能用语言或式子表达图形的空间形式及位置关系。培养学生的空间想象能力可从以下几个方面入手。

1. 使学生学好有关空间形式的数学基础知识

掌握平面图形的基本性质是理解空间图形性质的基础；掌握投影的基础知识是绘制和识读空间图形的基础；掌握数轴、坐标法、函数的图象轨迹、方程与曲线的概念等基本知识是由数量关系想象空间形式的基础。因此，使学生扎实地学好这些基础知识是培养学生空间想象能力必须具备的先决条件。

2. 用对比和对照的方法进行教学

在教学中采用对比和对照的方法，有助于学生建立空间观念和数与形的对应关系，从而培养学生的空间想象能力。例如，在立体几何教学中可由平面图形的性质类比猜想空间图形的性质，通过检验、修正、证明等环节确定了空间图形的性质以后，再回头与相应的平面图形性质对比，找出它们之间的异同。又如，在立体几何教学中，可将实物或模型与它们的直观图进行对照、分析，使学生理解图形中各元素的相互位置关系和度量关系的真实背景；在视图的教学中，可通过活动影片或幻灯片与视图进行对照，分析视图的性质；在解析几何教学中，可将数或式与图形对照，使学生理解各种曲线的性质。

3. 加强空间想象能力的严格训练

加强空间想象能力的严格训练是培养学生空间想象能力的有效途径，训练的形式和内容是多种多样的。例如：对实物进行观察解剖、分析；根据直观图自制简易模型；绘制实物、模型的直观图；根据题目中的文字和符号画出表示题意的图形，然后想象该图形反映的模型；把空间图形（直观图）中位于某个平面内的局部图形分离出来，按真实的位置关系和度量关系单独画出来等。空间想象能力的培养不限于平面几何与立体几何，在三角、代数、解析几何中也有充分的体现。教学时应重视数形结合，使学生能真正做到数学语言、数学表达式和图形之间互译，逐步完善和提高空间想象能力。

（五）抽象概括能力的培养

数学是按照抽象与概括方向发展的。学会了抽象与概括，学生就能较好地认识数学对象的本质和规律，从而由感性认识上升到理性认识，从生动直观上升到抽象思维。培养学生的抽象概括能力有以下基本途径：

第一，在循序渐进地学习数学知识的过程中，引导学生逐渐学会数学抽象概括的方法。几乎每一个数学概念、命题都是数学抽象概括的结果，几乎每一道数学解题都伴随数学抽象概括的过程。教师应高度重视数学科学这一特点，在指导学生循序渐进地学习数学基础知识时，要求学生有意识地去领会、理解并逐步掌握数学抽象概括的基本方法，应教给学生相应的逻辑知识，培养学生的概念及命题抽象概括能力和模式、方法抽象概括能力。

第二，教学中充分展现抽象、概括的思维活动过程，并要求学生独立地进行抽象概括的训练。教学时，在形成概念、发现命题、建立公式、归纳法则、得出解题模式和方法的过程中都可充分展现其抽象概括过程。

第三，为学生创设独立进行抽象、概括的机会并进行严格训练。培养学生抽象、概括的能力需要通过严格的训练才能达到目的。教师应把握教学中的一切机会，进行严格训练。在概念教学中可引导学生从实例或具体素材中抽象概括出概念的本质属性；在命题教学中应引导学生从一类问题中抽象概括出定理、公式，完成由特殊到一般的概括过程；在解题教学中应要求学生从现实问题中抽象概括出具体的数学模型，抽象概括出一个问题的多种解题模式、方法；在学完一章一节内容之后，可要求学生进行知识体系、解题程序和解题方法的概括整理。这些训练对培养学生的抽象概括能力是十分有益的。

四、积极心理学在高中数学中的应用策略

在高中数学教学中运用积极心理学就要求教师要以开放、平等、尊重等多种心理来发现学生的潜能与闪光点，教师应该使用多种手段激发学生的积极学习心理与积极学习情绪，使其从积极的角度来面对学习难题，让每个学生都能够在数学学习中重新找到乐趣，获得成功。因此，在高中数学课堂中应用积极心理学要有效落实"以生为本"的教学思想。从尊重学生的思维与认知、多展开探究活动、展开激励性教学评价三个层面，讨论积极心理学在高中数学课堂中的应用策略。

（一）尊重学生的思维与认知

要想真正利用积极心理学在高中数学中的积极作用，教师就必须尊重高中生的思维与认知特点，并在此基础上展开教学活动，才能够引起高中生的学习兴趣。积极心理学认为，教师应该尊重学生的思维特点与认知水平，研究学生的"最近发展区"，这是激发他们学习兴趣与探究热情的基本前提。因此，教师必须尊重高中生的思维与认知特点，站在学生的角度来教授数学，帮助高中生找到学习数学的规律，使其形成正确的数学思维。

（二）多展开探究活动

教师要多展开探究性数学教学活动，让高中生亲自体验发现、生成、解决问题的过程，使其感受到数学的奥妙与神秘，而实际上，这种心理也能够轻易调动起他们的学习热情。高中生经过多年的数学学习，能够掌握基本的数学知识，也积累了一些学习心得与学习方法，他们需要教师为他们提供机会，让他们多参加一些探究活动，才能够真正

落实这些方法，也才能使其有所思、有所想、有所获，也才能够真正诱发他们的积极学习心理。比如，以"请问我校教师的工资水平是多少"为主题，让学生们亲自采访教师，展开样本调查。学生们可以以两种方式进行调查：一种是调查全校老师，另一种是调查一些具有代表性，或者是职称相同的教师的工资水平。在这两种调查活动结束之后，学生们可以根据自己的实践结果探究出"用样本估计总体"的科学性与必要性。

（三）展开激励性评价

"没有教不会的学生，只有不会教的老师"，积极心理学也认为教师应该充分挖掘高中生的潜能，从积极的角度来判断与评价，因此，教师应该在高中数学课堂中展开激励性评价，用赏识、鼓励的语言与方法来肯定每一个高中生所做出的努力，认可他们的每一分每一秒的付出，同时，也用客观、正面的语言来指出学生的错误，并且帮助学生找到解决问题的方法。在实际的数学课堂上，教师要十分注意教学语言，时时刻刻谨记要常常鼓励学生、表扬学生。同时，观察学生，随时记录每一个学生的进步，希望他们产生被重视的心理感受。在学生数学成绩后退，或者是在课堂表现的积极性下降的时候，不要立即批评他们，而是与他们谈心，了解他们退步的原因，同时也会帮助他们找到原因，对症下药。

总而言之，积极心理学要求教师从积极的层面来看待教学问题与教学过程，这就为高中数学教育指出了新的方向，也能够让越来越多的高中生克服学习数学的困难，使更多的学生在数学学习中感到快乐与轻松。因此，教师必须深入分析与钻研积极心理学的相关理论知识，以便将其落实在实际教学中。为此，教师必须尊重高中生的思维与认知特点，保证数学教学活动能够引起学生的好奇心，激发出他们的求知欲；教师要多为学生创设探究学习活动的机会，为高中生应用数学知识、发现问题、解决问题等活动提供用武之地；教师要展开激励性教学评价，帮助高中生重塑自信，使其获得成功。

第三节　基于逻辑的高中数学

一、数学概念

（一）概念的意义和结构

1. 概念的意义

概念是反映事物本质属性的思维形式。例如客观现实中存在着各一种球状物体：排球、乒乓球、铅球、钢球、玻璃球等。这些物体有各自的一些属性：形状、大小、颜色、重量、质地、硬度……这些属性中只有形状是共同的，其共同的本质特征就在于：同一物体表面上任一点到其内部某点的距离都相等。"球"的概念正是对这一共同本质属性的反映。至于其他属性就当作非本质属性而舍弃。数学概念是一类特殊概念。其特殊性就表现在它所反映的本质属性只是关于事物的空间形式与数量关系方面的。概念和语词是密切联系着的。语词是概念的语言形式，概念是语词的思想内容，两者紧密联系，不可分割。但是，概念和语词之间并非一一对应。概念一般用名词表达，同一个概念可能有不同名词表达，比如"等边三角形"和"正三角形"表示同一概念。概念是发展、变化的。这是因为：一方面事物的本身是发展、变化的，因而反映事物的概念也要随之发展、变化；另一方面，由于人们的认识是不断深化的，因而关于事物的概念也随之起变化。例如高中数学中关于数的概念、式的概念、函数的概念等都是如此。

2. 概念的结构

任何概念都有确定的含义并反映确定的对象范围。例如，"平行四边形"这个概念，它的含义就是揭示平行四边形的如下本质属性：两组对边分别平行、两组对边分别相等，两组对角分别相等，对角线互相平分等等。它所反映的对象范围包括具有上述属性的一切平面图形。概念的含义，即概念所反映的事物的本质属性称为概念的内涵；概念所反映的对象范围，即具有概念内涵的对象的全体，称为概念的外延。很明显，概念的内涵是对概念的质的描述，它表明了概念所反映的事物是什么样的；概念的外延则是对概念的量的描述，它表明了概念所反映的是哪些事物。这两方面结合起来，共同确定概念，就使得每一个概念都界限分明，不同的概念之间能互相区别。概念的内涵和外延的关系，除了表现在上述的共处于概念的统一体中构成的概念的两个方面以外，还表现在它们变化时的相互制约性中。

当概念的内涵增多时，就会得到使原概念的外延缩小了的新概念；当概念的内涵减少时，就会得到使原概念的外延扩大了的新概念。例如，在"平行四边形"概念的内涵中增加"有一个角是直角"的属性时，就得到外延缩小了的"矩形"概念；在"平行四边形"概念的内涵中去掉"两组对边分别平行"的属性，就得到外延扩大了的"四边形"概念。反之，当概念的外延缩小时，概念的内涵反而增多；概念的外延扩大时，内涵反而减少。概念的内涵和外延之间的这种变化关系，称为反变关系。利用概念内涵与外延之间的反变关系，可以对概念进行"限制"或"概括"。通过增加概念的内涵，可使得由较大外延的概念过渡到一个较小外延的概念。这种逻辑方法称为概念的限制。通过减少概念的内涵，可以使只有较小外延的概念扩张为具有较大外延的概念。这种逻辑方法称为概念的概括。概念的限制有助于从认识事物的一般形式过渡到认识它所包含的特殊形式。概念的概括则有助于从特殊认识一般。数学教学中常用概念限制的方法给新概念下定义，而用概念概括的方法从一些概念概括出高一级的更为抽象的概念。

3. 概念间的关系

概念间的关系是指某个概念系统中一个概念的外延与另一个概念的外延之间的关系。依据它们的外延集合是否有公共元素来分类，任何概念的外延都是非空集合。

（1）相容关系

如果两个概念的外延集合的交集非空，就称这两个概念间的关系为相容关系。相容关系又可分为下列三种：①同一关系。如果两个概念的外延集合相等，则这两个概念之间是同一关系。例如矩形与长方形概念间就是同一关系。②属种关系。如果一个概念的外延集合是另一个概念的外延集合的真子集，则这两个概念间是属种关系。其中外延大的概念称为属概念，外延小的概念称为种概念。例如平行四边形与矩形概念间就是属种关系，平行四边形是属概念，矩形是种概念。需要注意的是，属概念和种概念是相对的，如平行四边形是矩形的属概念，同时却又是四边形的种概念。③交叉关系。如果两个概念的外延集合的交集非空，且同时是这两个外延集合的真子集，则这两个概念间的关系是交叉关系。例如，菱形和矩形就是具有交叉关系的概念。

（2）不相容关系

如果两个概念是同一个属概念下的种概念，它们的外延集合的交集是空集，则称这两个概念间的关系是不相容关系。不相容关系又可分为两种：①矛盾关系。如果两个种概念的外延集合的交集是空集，而它们的外延集合的并集与它们的属概念的外延集合相等，则这两个概念间的关系是矛盾关系。例如，有理数和无理数对实数来说就是矛盾关系。②反对关系。如果两个种概念的外延集合的交集是空集，它们的外延集合的并集是其属概念外延集合的真子集，则这两个概念间的关系是反对关系。例如，锐角三角形和钝角三角形相对三角形来说就是反对关系。

（二）数学概念的定义

1. 定义的作用

概念是由它的内涵和外延共同明确的。由于概念的内涵与外延的相互制约性，确定了其中一个方面，另一方面也就随之确定。概念的定义就是揭示该概念的内涵或外延的逻辑方法。揭示概念内涵的定义叫作内涵定义，揭示概念外延的定义叫作外延定义。在高中数学中，大多数概念的定义是内涵定义，只有少量是外延定义。任何定义都是由三部分组成：被定义项、定义项和定义联项。被定义项是需要明确的概念，定义项是用来明确被定义项的概念，定义联项则是用来连接被定义项和定义项的。例如，"有两边相等的三角形叫作等腰三角形"。在这个定义中，"等腰三角形"是被定义项，"有两边相等的三角形"是定义项，"叫作"是定义联项。

2. 定义的方式

（1）邻近的属加种差定义

在一个概念的属概念当中，内涵最多的属概念称为该概念邻近的属。一般地，邻近的属加种差的定义方式可用下面的公式来表示：被定义项＝种差＋邻近的属，需要指出的是，对于同一个概念，可以选择同一个属的不同的种差，作出不同的定义。当被定义的概念的邻近的属概念不只有一个时，也可选择不同的属及相应的种差下定义。高中数学中最常用的定义方式就是邻近的属加种差的定义。

（2）发生式定义

发生式定义是邻近的属加种差定义的特殊形式，它是以被定义概念所反映的对象产生或形成的过程作为种差来下定义的。

（3）关系定义

关系定义是邻近的属加种差的另一种特殊形式，它是以被定义概念所反映的对象与另一对象之间的关系，或它与另一对象对第三者的关系作为种差的一种定义方式。

（4）外延定义

外延定义是用列举属概念下的所有的种概念的办法来定义属概念的。外延定义还有一种特殊形式，即外延的揭示采用约定的方式，因而也称约定式定义。

3. 定义的要求

为了使概念的定义正确、合理，应当遵循以下一些基本要求。

（1）定义要清晰

即定义项所选用的概念必须完全已经确定。循环定义不符合这一要求。所谓循环定义是指定义项中直接或间接地包含被定义项。

（2）定义要适度

即定义项所确定的对象必须纵横协调一致。同一概念的定义，前后使用时应该一致不能发生矛盾；一个概念的定义也不能与其他概念的定义发生矛盾。要符合这一要求，如果是事先已经获知某概念所反映的对象范围，只是检验该概念定义的正确性时，可以用"定义项与被定义项的外延必须全同"来要求。

（3）定义要简明

即定义项的属概念应是被定义项邻近的属概念，且种差是独立的。

（4）定义项一般不用负概念

负概念是指反映对象不具有某种属性的概念。从纯逻辑观点看，定义项用负概念是允许的，高中数学中有些概念的定义项也用负概念，但是，从教学的角度考虑，负概念较难理解。因此除了非用不可的少数概念以外，大多数数学概念的定义项都不宜用负概念。

4. 原始概念

按定义的第一条要求，对某概念下定义时，定义项选用的必须是先前已被定义过的概念。这样顺次上溯，终必出现不能用前面已被定义过的概念来下定义的概念。这些概念称为原始概念。数学中，点、直线、平面、集合等都是原始概念。在高中数学教材中，虽然对原始概念也有解释，但这种解释并不是定义。

（三）概念的分类

1. 概念分类的含义

概念的分类是揭示概念外延的逻辑方法。它是将一个属概念按照某一属性分成若干种概念。被分的属概念叫作分类的母项，分成的基本种概念叫作分类的子项，分类时所依据的属性叫作分类的标准。对同一概念，可以选择不同的标准作不同的分类。通过分类，可以使有关概念的知识系统化、完整化，同时也能对被分概念的外延认识得更深刻。

2. 概念分类的要求

第一，分类后各子项互不相容。

第二，各子项外延的并集等于母项的外延。这两项要求结合起来就是要求分类不重不漏。

第三，每一次分类的标准唯一。根据不同的目的，分类可以选用不同的标准。但是，在同一次分类中不能同时采用不同的标准。

第四，分类不要越级。即每次分类的子项应取母项最邻近的种概念。

3. 两分法

两分法是把母项分为两个具有矛盾关系的子项，再继续按此方法进行的特殊分类方法。两分法比其他分类方法易于掌握，且不容易出错，因此在数学教学中常用。例如，在进行复习时，常将同一属概念下的诸种概念按两分法做分类整理；在解一些需要分情况讨论的数学问题时，也常采用两分法进行讨论。

二、数学命题与数学中的推理

（一）判断与命题

1. 判断

判断是对思维对象有所断定的一种思维形式。判断所断定的东西可以是指某属性是否属于某思维对象，也可以是指各思维对象间的关系等等。判断有真假之分。正确地反映了客观现实的判断是真判断，否则就是假判断。判断可按不同的标准进行分类。按判断本身是否还包含其他判断可分为简单判断和复合判断。对于简单判断，又可按其所断定的是对象的性质还是关系而分为性质判断和关系判断。对于复合判断，则可按照组成它的各个简单判断之间的结合情况而区分为负判断、联言判断、选言判断、假言判断。每类判断都有其特有的结构。性质判断由主项、谓项、联项、量项组成。主项即表示判断对象的概念，用"S"表示。谓项即表示判断对象的性质的概念，用"P"表示。联项即主项与谓项之间的连词，常用"是"或"不是"表示，一般又称为判断的"质"。量项即表示判断中主项数量的概念，一般称为判断的"量"，有全称量项与特称量项之分。全称量项用"所有"表示，在判断的语言表达中可以省略；特称量项用"有些"表示，在判断的语言表达中不能省略。

性质判断的基本结构是"所有（有的）S是（不是）P"。按"质"和"量"的不同搭配又分成以下四种：

全称肯定判断：所有 S 都是 P。

全称否定判断：所有 S 都不是 P。

特称肯定判断：有 S 是 P。

特称否定判断：有 S 不是 P。

2. 命题

判断是用语句表达的。表达判断的陈述语句称为命题。命题是数学的基本组成部分。数学中的命题往往用符号的组合来表示。

（二）逻辑规律

逻辑规律反映科学思维的一般特点和要求。在形式逻辑范围内，各种思维形式本身、思维形式之间的联系都要分别符合某些特定的要求，所有这些逻辑要求都属于逻辑规律。

1. 基本规律

在众多的逻辑规律中，通常是把同一律、矛盾律、排中律和充足理由律分出来，这四条规律叫作形式逻辑的基本规律。除了充足理由律外，其余三条规律都可以表达为恒真命题。

（1）同一律

关于任何对象的思想的外延和内涵，在对该对象进行论断的过程中应当严格确定和始终不变。

（2）矛盾律

在对任何一个特定的对象的论断过程中，不能在同一方面既肯定什么又同时否定什么；否则，这两个判断就不能同时都真。

（3）排中律

在论断的过程中，必须对问题作出明确的肯定或者否定。这时，两个相互否定的判断中必有一个是真的。对思维要求的侧重面不同。矛盾律只是不容许思维有逻辑矛盾，指出互相否定的思想不同真；排中律则要求人们在相互矛盾的判断中承认其中必有一真。

从命题的真假值方面来说，任何一个命题，如果它是真的，它就是真的；它不能既是真的又是假的；它或者是真的或者是假的。因此，以上三条规律就是关于命题真假值的规律，而命题的真假值是命题与命题之间的逻辑关系的基础，因而它也是一切推理形式的基础。

（4）充足理由律：在论断过程中，只有可以提出充足理由证明其为真的那些判断，才可以认为是确实可信的。充足理由律是一切推理和证明必须遵循的最基本的逻辑规律。

2. 推理规则

（1）推理的意义

推理是从一个或几个判断中得出一个新判断的思维形式。在推理中，所根据的已知判断叫作推理的前提，得出的新判断叫作推理的结论。以上三个判断构成一个推理，前两个判断是这个推理的前提，最后一个判断是推理的结论。

（2）规则

推理必须遵循一定的规则。推理规则即正确的推理形式，也就是当前提为真时能保证结论必真的那种推理形式。

三、数学证明

（一）证明的意义和结构

证明就是根据已经确定其真实性的命题来确定某一命题的真实性的思维过程。任何证明都由论题、论据、论证三部分组成。论题是需要确定其真实性的命题；论据是用来证明论题的真实性所引用的那些真实命题，如定义、公理、定理等；论证就是根据论据推出论题真实性的一系列推理过程。在高中数学中，一个完整的证明分为已知、求证、证明三部分，其中"求证"的内容就是论题，"证明"的内容则是论证，"已知"的内容则是论据的一部分，因为论据中除了已知条件外，还需要引用其他真实命题。

（二）证明的规则

为了明确起见，把任何一个证明都必须遵守的逻辑要求作为证明规则列出如下：

1. 论题必须确切

即论题必须是确定的、明白的判断，不能含糊其词、模棱两可。

2. 论题应当始终统一

即在论证过程中，论题必须始终保持不变；否则，就要犯"偷换论题"的逻辑错误。

3. 论据必须真实

论证是由一系列推理组成的，每一个推理的前提就是论据。只有论据真，按照推理规则得出的结论才会真。若论据假，即使按照推理规则推理得出的结论也不一定真，因而整个论证失效。违反这一规则的逻辑错误是引用假论据或其真假未经证明的论据。

（三）证明方法及其逻辑基础

证明方法可以从不同的角度进行分类。下面结合高中数学中常用的证明方法作简要介绍。

1. 直接证法与间接证法

由命题的条件以及已学的定义、公理、定理等，直接推出命题的结论，这种证明方法称为直接证法。但是，有些命题不容易直接证明，转而证明命题的否定假，或者在特定条件下，证明与命题同值的命题成立，这种间接地证明原命题真的证明方法，称为间接证法。下面只介绍间接证法。

（1）反证法

通过证明命题的否定命题假，从而肯定命题真的方法，叫作反证法。

（2）同一法

在一般情况下，一个命题与其逆命题不一定同真。但是，如果一个命题的某一个条件和某一个结论所指的概念是具有同一关系的概念，此时，交换那个条件与结论所得的逆命题与原命题同值，称这样的命题符合同一原理。如果一个命题符合同一原理，当直接证明该命题有困难时，可以转为证明与它同值的那个逆命题为真，从而肯定原命题真，这种证明方法叫作同一法。

2. 综合法与分析法

要证明一个命题，既可以从条件入手思考，也可以从结论开始思考。根据思考的方向和推理顺序不同，证明的思考方法可分为综合法和分析法。

（1）综合法

综合法是一种"由因导果"的思考方法。即从命题的条件出发，经过逐步的逻辑推理，最后得到待证的结论。

（2）分析法

分析法是一种"执果索因"的思考方法。即从待证的结论出发，寻找它成立的充分条件，再进一步寻找这个条件成立的充分条件，这样一步步地追溯，最后要找的条件就是已知条件。分析法的逻辑依据与综合法完全一样，因为它们只是思考顺序不同。对于比较复杂的证明题，往往把分析法与综合法结合使用，在分析的基础上综合，在综合的指导下再分析、再综合，一般比较容易找到证题途径。还有一种情况是，思考的同时从已知及结论出发，逐步分别进行推理及追溯，直到推理所得的中间结论与要寻求结论成立的充分条件相同。这种思考方法叫作分析综合法。

第三章 高中数学教学方法与实践

第一节 高中数学教学方法

一、高中数学教学方法的选择依据

近年来，国内外很多教育专家和同行在深入研究传统教学方法和当今数学实际的基础上，推出了很多教学方法，诸如"教""学"结合法、协同教学法、暗示教学法、座谈法、类比法、讲授法、目标控制教学法等等。在这些教学方法面前，高中教师该如何合理地选用从而进行有效的教学，就成为必须认真探讨的问题。选择教学方法的依据如下：

（一）依据学生年龄特征选择教学方法

高中学生年龄一般在 16～19 岁，这时学生身体各器官基本发育成熟，脑机能基本达到成人水平，学习潜力增长，注意力比较集中，自我控制能力增强，基本能把逻辑思想和直观形象结合起来，逻辑思维也基本形成。这时，教学方法的选择应激发学生思维的积极性，可有计划不断地采取"自学法""读启法"等一些教学法。

应该指出的是，在教学中使用一种教学方法，会使学生产生"惰"性。同时，课堂气氛显得单调、呆板，不利于提高教学效果，也不利于学生的个性发展。因此，教学方法尽可能交替运用，这样可保持学生的注意力和对学习的浓厚兴趣。

（二）依据教材内容选择教学方法

不同的矛盾必须用不同的方法去解决。每节课、每章教材内容不同，选用的教学方法也不可千篇一律，而应该根据教学的具体内容作相应的调整。例如，高二代数中对等差数列和等比数列这两个重要概念的教学，由于它们几乎没有多少道理可讲，因此，这样的课采用"直接讲授法"，学生对概念的印象比较深刻且容易记忆，采用其他方法反而不太合适。

教材中能够运用教具的地方要充分利用，这样既可加强教学的直观性，也可激发学生的思维，同时，有利于提高学生的注意力。例如在高一立体几何中学习地球的经度概念时，首先进行教具演示，学生会发现，地球上某点的经度就是经过该点的经线与地轴确定的半平面与本初子午线与地轴确定的半平面所成二面角的度数。这里，如果不借助于教具，学生就很难理解经度这个概念。

教材中有的例题课可采用"演示法""启发法"和"讲练结合法"；有的概念、公式或定理课可采用"自学法"；有的习题课可采用"提问法"或"剖析发现法"，引导学生逐步探索或剖析发现解决问题的方法，从而达到解决问题的目的；复习课可采用"自学法"或"归纳法"。这样，有利于学生了解教材内容的系统性和知识的框架结构，同时，培养学生的归纳综合能力等等。

（三）依据学生基础选择教法

由于教学是师生的共同活动，因此，教学方法的选择直接影响着教学效果的好坏，最优教学方法的选择就尤为重要。而教学方法是否最佳也是相对学生基础而言的，它应根据学生的实际水平而加以综合运用。教师在选择教法时，必须十分注意学生的基础，若学生学习基础很差，而运用"自学法"或"练习法"是不合适的，而学生学习基础较好，采用"直接讲授法"反而会限制学生能力的提高。原则上，在学习基础较差的班级里，要多采用"座谈法""启发法"，这在一定程度上会减轻学生的学习负担，同时减轻或消除学生对学习的厌恶感，有利于激发学生的学习兴趣。而在学生基础较好的班级里，可多采用"自学法""暗示教学法""引导发现法"等，这些方法会起到事半功倍的教学效果，同时更有利于学生创造性思维能力的提高。

教学中，很多时候都需要把教学内容和学生的实际结合起来，恰当地选择教学方法。例如，当某教材内容与学生已掌握的旧知识内容类似时，可选用"类比教学法"，高中教学中的复数加减法的几何意义就可类比物理学中的矢量关系进行类比教学。当教学内容与学生已掌握的内容基本道理或理解步骤大致一样，但又有个别关键性的地方不一样时，可采用"对比教学法"。例如，在高一立体几何中常常用到同一法和反证法进行对比教学，这样学生就更容易理解两种方法的异同点。

"教有常规，但无定法"，教师在选择教法时，要充分考虑如何更好地把教师的主导作用和学生的主体作用有机地结合起来和发挥好。同时，各种教学方法虽各有特点和用途，但它们又是互相联系、互相补充、相辅相成的。因此，教师在教学中，应根据教材内容特点、教学任务及学生的知识水平，对教学方法进行精心选择或巧妙搭配，紧紧围绕提高教学质量的总目标，努力做到多种教学方法的最优结合，丰富教学研究成果，为培养一代新人多做贡献。

二、常用的高中数学教学方法

（一）数形结合思想方法

1. 数形结合思想方法的含义

数学的研究对象是现实世界的数量关系（数）和空间形式（形）。"数"体现了数量的关系，而"形"体现了空间的形式，数和形常常相互依存，抽象的数量关系常有直观的几何意义，而直观的图形性质也常用数量关系加以描述，数和形在一定条件下互相转化。在研究数量关系时，需要借助图形直观地去研究，而在研究图形时，需要借助数量关系去探求。数和形是研究数学的两个方向，数无形，少直观；形无数，难入微。数形结合可以使数和形统一起来。数形结合是高中数学所蕴含的最基本的思想方法，运用数形结合解题就是在解决有关数量的问题时，根据数量画出相应的几何图形，将其转化为几何，即"由数化形"。解决有关几何图形的问题时，根据图形写出相应的代数信息，将其转化为代数问题，即"由形化数"，从而利用数形的辩证统一和各自的优势得到的解题方法。

数形结合是数学中非常重要的思想和解决问题常用的方法，数形结合根据数学问题的条件和结论之间的内在联系，分析其代数含义的同时，又揭示了其几何直观。数形结合方法在解题的过程中应用十分广泛，它给解决问题带来一个全新的思路，由形想数，利用"数"来研究"形"的各种性质，寻求规律，可以从不同的角度培养思维的灵活性，简化解题的思路。用此方法常常可以使所要研究的问题化难为易、化繁为简、思维广阔。

2. 数形结合思想方法应用的原则

（1）掌握数形结合思想方法应遵循的原则

①量变到质变的原则

数形结合方法的教学，应当通过精心设计教学过程，有意识地潜移默化地引导学生领会题中的数形结合思想，又由于数学思想方法是表层知识的本质和内在联系的反映，它具有更大的抽象性和概括性。为了概念与概念之间的联系和转化，力求学生准确地掌握概念，认识本质，使学生在获得基本知识的同时，还能够善于发现各种数学结构、数学运算之间的关系，建立和运用它们之间的联系、转化和变换，领悟数学思想方法，以提高其思维能力，数形结合就难找到一种固定的形式，它体现的意识或观念也不统一。只有反复练习，才能不断上升；日积月累，才能水到渠成。

②启发性原则

教师要引导学生循序渐进，注意向学生讲清概念的形成过程，有意识地利用启发性原则，用发展的眼光有目的地指导学生参与教学过程，从学生实际出发，由简到繁，由此及彼。启发学生形成科学的思维方法，激发学生的探索精神，掌握自我探究知识的方法。数形结合的启发性原则的关键就是鼓励学生提出问题、思考问题，正如两千多年前中国伟大的教育家孔子所说的"不愤不启，不悱不发"。运用数形结合方法启发教学是为了倡导学生独立思考。

（2）应用数形结合思想方法解决问题时应遵循的基本原则

①等价性原则

等价性原则是指"形"的几何性质与"数"的代数性质的转换过程应该是等价的，即对所说问题的图像表示与数所反映的数量关系应具有一致性。用图形解题是有一定的局限性的，在构图时经常存在着误差，若所画出的图不准确就会造成所讨论的问题解题失误。

②双向性原则

双向性原则是指既对其进行代数的抽象探索，又对几何图形进行直观分析，代数关系的表示及运算比几何直观的图形结构更具有优越性，避免了几何构图的许多局限性，反过来图形表示又更直观，这就体现了"形"与"数"的和谐之处。

③简洁性原则

简洁性原则是指数形转换时尽可能使构图简单合理，即使几何作图完整直观，又使代数计算简洁、明了，避免复杂烦琐的运算，缩短解题时间，降低难度，从而实现"化难为易，化繁为简"的目的，使之符合数学简洁美的要求，也体现解决问题的艺术性与创新性。

④直观性原则

直观性原则是指不仅要求充分利用坐标及图形，还要在应用数形结合图形高中数学教学方法研究与实践演示或者模拟列表的数学实验时，使抽象的数学概念直观化、具体化和模型化。例如，学习积分时，为学生介绍积分即面积的思想，以及黎曼用分割法求积分的思想，使得学生对积分有直观明了的理解和掌握。

⑤实践创新原则

数学思想方法比数学知识更抽象，不可能照搬、复制，因此创新实践原则就是教师在教学中要改革传统的教学内容、教学形式，提出符合学生数学认知水平和规律的适度问题，悉心引导学生积极主动地开展探索活动，不断地经历直观感知、观察发现、归纳类比、空间想象、抽象概括、符号表示、运算求解、数据处理、演绎证明、反思与建构等思维过程。这些过程是数学思维能力的具体体现，有助于学生对客观事物中蕴含的数学模式进行思考和做出判断。学生要亲自提炼数学思想，活用数形结合思想方法。

（二）问题导学法

1. 问题导学法的定义

高中数学"问题导学"教学法是指教师在课堂教学中以问题为载体，通过启发、引导学生解决问题，达到以学生"学习"为根本目的的高中数学教学方法和策略。

高中数学"问题导学"教学法要求教师在组织教学活动中，要精心设置出符合教学目标和学生实际的恰当的问题，激发学生积极的思维，并通过课堂教学中教师的有效引导，促进学生将学科知识、技能、方法、思想相互渗透，学习过程、结果与情感相互整合，促进学生认知的主动发展，培养学生的数学素质，提高学生的数学能力；同时，也促进教师不断提高和完善自身的教学素养，使"教师主导，学生主体"的师生关系得到充分地构建。

2. 问题导学法的理论基础

（1）基于"问题解决"的基本理论

问题通常是指要求回答或解释的题目，或者说需要研究讨论并加以解决的矛盾、疑难，是数学研究最重要的内容。定理、证明、概念、定义、理论、公式、方法中的任何一个都不是数学的心脏，只有问题是数学的心脏。只要一门科学分支能提出大量的问题，它就充满着生命力，而问题的缺乏则预示着独立发展的衰亡或中止。正如人类的每项事业都追求确定的目标一样，数学研究也需要自己的问题。正是通过这些问题的解决，研究者锻炼其钢铁意志，发现新方法和新观点，达到更为广阔和自由的境界。"问题解决"就一直成为数学研究与数学教育关注的一个热点问题。

"问题"与"问题解决"犹如因果关系：有了"问题"，就为"问题解决"提供了一个研究的指向；而"问题解决"的思想方法反过来又为"问题"的合理性、可解性提供了检验的标准。就像既可以"执因寻果"，也可以"执果寻因"一样，要研究如何设置"问题"，可以从"问题解决"的内涵上去寻找和思考，为更好地进行"问题设置"打下良好的基础。

（2）基于多元智能的学习理论

多元智能理论由加德纳提出，强调以下几个基本观点：

第一，智能的情境性与社会性。在不同的社会和文化环境下，被人们所认定的智能标准也是不同的，智能的表现形式也各有千秋。某种能力在一种文化背景中被视为有价值，这种能力就该被列为智能。

第二，智能的核心是解决问题的能力体现在解决特定情境中的问题，特别是解决主体所面临的实际问题的能力上。这是人的生理潜能被问题情境激活所表现出来的效能。

第三，创造不仅体现在解决新问题、创造新产品上，也应体现在创造性地解决问题上，而这种创造应是有价值的，即是符合某种特定文化与社会价值标准要求的。

多元智能学习理论为"问题导学"提供了丰富的理论基础。首先，多元智能认为智能的确定是依靠问题情境来决定的，只有在具体的解决问题过程中才能知道这个人的智力水平。而"问题导学"大力倡导的就是要通过设立的问题情境，引发学生展开积极的思考，为学生提供开发多元潜能解决问题的平台，促进学生多元智能的发展，从而从根本上发展学生的智力。其次，多元智能的评价具有强调多元多维、发展性与重过程的特点。在测量与评价领域，多元智能理论除了强调从多种角度来辨识个人能力之外，更主张智能必须经由发现与解决问题的过程来获得验证，不仅要评价结果，更要评价过程。

"问题导学"鼓励学生在思考、解决问题的过程中，充分发挥主观能动性，这与多元智能在教学评价的理念上是相通的，在实践中也是相互依赖的。再有，多元智能使学生通过自己的智能优势解决问题，最终实现教育教学目标。"问题导学"充分鼓励教师遵循学生认知规律，注重从学生学情出发去组织教学，为学生智能的发展提供空间，为具有不同智能类型的学生提供各展其长、获得成功的机会。可以说，努力创造适合每个学生的教育，实现每个学生具有特色的全面发展，是多元智能理论与"问题导学"教学共同的追求。

（3）基于奥苏贝尔的认知学习理论

奥苏贝尔是当代著名的教育心理学家，他认为学习的最佳方式是意义接受学习。所谓意义接受学习是指符号表达的新观念与学习者认知结构中的有关观念建立实质性的和非人为联系的过程，其前提条件是：①学习材料具有潜在逻辑意义；②学习者认知结构中具有同化新观念的相应知识结构；③学习者具有意义学习的心向。奥苏贝尔主张学校应采用意义接受学习法，把有意义的讲解式教学作为课堂教学的主要形式。满足以上条件的意义接受学习是一种主动的学习，他坚信学生已有的先备知识在其后继学习中具有重要的作用，同时，教师对学生经验能力的了解并给予清楚的讲解引导，是形成有效教学的必要条件，教师必须想方设法让学生了解所学内容的意义并配合学生的能力与经验开展教学，学生才会产生意义接受学习。

高中数学"问题导学"教学法将问题的提出和解决作为教学的基本环节，追求满足教学目标和学生基础的双重要求，致力于激发学生学习的主动性和积极性。对问题的设置，强调要遵循学生的认知基础，以"先行组织者"组织学生先于课堂教学前进行知识铺垫，面对生活、实验情境结合已有认知发现问题，提前进入学习状态。同时，要以确定的教学目标来组织富有逻辑性的学习材料，以例题的规范解析和变式拓展吸引、调动学生意义学习的兴趣。对于疑难问题，不放弃集中的讲解，既关注学生的主体地位又要发挥教师的主导作用，既提供精确的分析，又全面展示规范的解答过程，让学生的认知从分化走向协调整合，实现主动的意义接受。"问题导学"的这些教学思想深受奥苏贝尔认知学习理论的影响。

（4）基于最近发展区理论

最近发展区理论为"问题导学"提供了重要的理论支撑。"问题导学"对问题设置有一个重要的要求，就是一定要考虑不同层次学生的学习需求，有针对性地区别对待和指导。对于学有余力的优秀生，问题设置可以深入、拓展得更多，并提供展示与辅导同伴的机会，以促进其进一步提高，也可以提供问题作为课下的个性任务，促进其内在的提升；对于基础有些困难的学生，问题设置要重在基础知识、基本技能的落实，把握教学节奏，增加反应时间，提供个性化辅导。这样，既区别对待又面向全体学生组织教学活动，把握好问题的针对性，才能真正地提高课堂教学的效率。

另外，除了上述理论外，问题导学法的理论基础还包括基于建构主义的学习理论和启发式教学理论。

3. 问题导学法在高中数学教学中的应用方法

（1）创设合理的问题情境

课堂教学要体现学生的主体地位，激发学生的学习兴趣和求知欲。创设合理的问题情境可以充分调动学生的积极性，使其较好地参与到课堂教学活动中，教师在情境中营造轻松、愉悦的求知氛围，可激发学生的潜力，不断锻炼和提高学生的自主学习能力。因此，为了能创设合理的问题情境，教师一定要对教材进行深入的研读，了解学生的认知水平和心理特点。

（2）引导学生自主思考

高中数学教学中，教师可以这样运用问题导学法：①针对不同的数学问题，采用旁敲侧击的方式来启发学生，让学生对这些问题进行深入的思考；②如果遇到与之前所教知识、题型类似的问题，可以引导学生找到这些问题与知识间的联系，最终找出解题的方法；③要引导学生灵活运用知识解决问题。

（3）给予适当的点拨

问题导学法最主要的是把有一定联系的问题有效地融合在一起，有些数学知识内容在教材中一般都杂乱无章、没有规律，没有一定的系统性，而教师最重要的任务就是找出知识的难点及重点，并对其进行分析，找到其内在联系。

（4）把数学知识与生活实际结合起来

数学是一门比较抽象的学科，但它与生活有着紧密的联系，有句话说得好："数学知识大部分来自生活。"所以，高中数学教师在教学时应利用问题导学，把数学知识与生活实际结合起来，使抽象的数学知识具体化，让学生对数学知识有更深刻的理解，进而能够运用数学知识解决实际生活中的问题。

（三）自学辅导教学法

1. 自学辅导教学法的定义

自学辅导教学法是中国科学院心理研究所与各省、市、地区教育部门合作研究的。它是在操作条件反射说的基础上，结合我国的教学实际提出的。自学辅导法还强调学生的主观能动性，注重培养学生自主学习的能力。

2. 自学辅导教学法的原则

自学辅导法应遵循以下几个原则：

（1）班定步调与自定步调相结合的原则

这条原则就是把"班集体"与"个别化"这一对矛盾体统一起来，克服了以往程序教学的单纯自定步调而使老师无法起到辅导作用的缺点。

（2）在教师指导下以学生自学为主的原则

这条原则就是把教师的"教"与学生的"学"统一起来，彻底克服在传统教学中学生始终处于被动地位的弊病，进一步调动学生的学习主动性和积极性，也就是要强调自学。

（3）启、读、练、知、结相结合的原则

教学模式应当适应特定的教学方法，更应当适应于某些特定的教学情景。

（4）利用现代化手段来加强直观性原则

随着现代科学技术的迅速发展，投影、电视、电脑、CAI（计算机辅助教学等现代化教学辅助手段被广泛应用，使得教学更加生动形象，大大提高了学生的学习兴趣。实践证明，采用现代化教学技术是提高学习效率的必由之路。

（5）采取变式复习加深理解与巩固的原则

根据心理学研究，学生学过的知识、技能和技巧还是会遗忘的，用机械的方法不断地重复不如用变式复习效果好。

（6）强动机、浓兴趣原则

学习动机是直接推动学生进行学习活动的内部动力，学习的自我需要更为重要，需要可以表现为兴趣、意向、信念等多种形式。

（7）自检与他检相结合的原则

自我检查能力是自学能力的重要组成部分，在教学中要有目的、有意识地培养学生的自检能力和自检习惯。随着自检能力的增长，他检与自检能力的比重就会逐步发生变化，到了完全能自检的时候，学生自学能力也就差不多形成了。

3. 自学辅导教学法的教学模式

经过长期的实验教学，卢仲衡教授总结了"启、读、练、知、结"的教学模式。该教学模式最大的特点是能培养学生的自学能力，调动师生双方的积极性，提高学生的学习兴趣，形成自学信心和自学习惯。所谓"启"就是每节课教师的开头语，由教师向全班学生进行启发，就是从旧知识引入新问题，明确本课学习的目的，其功能主要是激发学生学习的动机，使他们有迫切需要阅读课本和解决问题的要求，大约5分钟。所谓"读"就是让学生根据自学提纲，以粗读、细读、精读的方式阅读、理解和钻研课本，回答自学提纲上的问题，一是为了充分调动学生的学习积极性，对新内容发生兴趣并集中注意力，二是为了确定并发现学生与新内容相关知识水平及存在的问题。一般分为三个阶段：第一阶段是教师领读；第二阶段是提纲导读；第三阶段是独立阅读。所谓"练"就是学生通过动脑动手在练习本上做练习，尽量做到落笔准确。在学生阅读课本回答了自学提纲的问题之后，教师校正答案、解释重难点之后，使学生将自学到的知识进行运用并检查自学情况，加深对知识的理解和巩固。所谓"知"就是当时知道结果，校对答案，自我纠正错误。学生的"读、练、知"交替进行，教师积极巡视课堂，个别辅导，不打断大家的思路，占30分钟左右。所谓"结"就是对本节课的总结，可以让学生进行总结，老师或其他学生进行补充；也可以由老师向全体学生进行小结，将本课主要内容概括地向班集体讲授，指出上课时发现的问题，让大家进行讨论，大约10分钟。

（四）引导发现法

1. 引导发现法的定义

根据"发现说"及最近发展区理论，上海师院附中提出了引导发现法。该教学法要求教师根据教材的结构特点及学生的思想、知识、能力水平，将教学过程演变成一个一个的发现过程，引导学生通过思考、讨论等各种途径去研究问题，总结知识规律，从而达到获取知识、发展能力的目的。

2. 引导发现法的特点

教师是引导发现法必不可少的一项内容。引导发现法教学有三个动词，即引导、发现和教学。引导指教师的引导作用，包括引导学生提出问题，引导学生实践，引导学生解决问题，引导学生归纳总结，等等。其实数学概念的内涵和外延是不断变化的。如积分的扩充，简单积分—无穷积分—三重积分，等等，每次的扩充都要有新的积分知识加入，并在原有的知识的基础上加入新的运算法则，这样才能逐渐完成积分的理论。由此教师在指导学生学习的过程中一定要强调，在归纳总结时一定要注意：一是在原有知识的基础上，要有扩充前的合理想象；二是在原有知识的基础上加进新的知识和新的规则；三是扩展后的新规则要适应原有知识内容。教师的引导作用是在教学过程中，教师必须正确地组织学生、指导学生、激发学生、辅导学生，客观地评价学生，以学生为中心，激发学生学习动机，指点疑难问题，真正让学生的身心结合，真正做到知识与能力、情感与价值观的统一。"发现"是学生在学习过程中发现新问题、新知识。这就体现了学生的主体地位，学生必须通过独立思考，在学习和实践中发现并提出新问题，进而分析问题、解决问题。无论是通过小组讨论的方式，还是个人实验研究的方式，最终是要解决新问题，并在老师的引导下归纳总结知识。"教学"毋庸置疑指的是教师的教学，而教师的教学不能只是单纯地传授知识，必须创设情境，引导并启发学生，不断探索，以实践为基本出发点，在学生动手动脑的过程中培养学生的思维能力和创新能力，使学生树立正确的人生观、价值观和世界观。

（五）单元教学法

1. 单元教学法的定义

传统的数学教学方法，大都是按先具体后抽象、先特殊后一般、先局部后整体的顺序，这样的教学无疑是比较精细的，但学生却并不能系统地掌握知识。单元教学法即把一个单元的知识看成整体，依据其中概念、定理、公式间的关系进行教学，这样可以使学生系统地掌握数学知识，符合培养学生数学能力的要求，这应该是高三复习课中常用的教学方法。

2. 单元教学法的特点

数学单元教学设计完成了由静态到动态、由个人到集体的过渡，其表现的特征主要集中在以下几个方面：

第一，整体关联性。数学单元教学的整体关联性主要体现在知识内容、教学安排等方面。知识内容：数学单元教学设计将碎散的数学知识通过单元式主题进行整合，有利于学生从整体上掌握学习内容，形成知识结构的整体性，明确每个单元的内容与学习目标在学期中的地位；教学安排：数学单元教学设计是基于整体思维的教学设计方式，纵览全局，把教学活动分解成为具体的环节，并且落实到数学教学活动的整体系统中。

第二，动态发展性。数学单元教学设计是始终处于动态发展过程当中的。在数学单元教学设计的实施过程中，教师必然根据教学过程中出现的问题或状态，采取新的教学方案或新的教学计划，并对原有的教学方案进行适当的调整。

第三，团队合作性。如果要求一位或两位数学教师来完成数学单元教学设计，则难度较大，因此，在单元教学设计过程中，学校通常会借助教研组或年级学科备课组，并且邀请相关专家、学者一同参与。在教学设计的前期准备、设计实施以及评价修改阶段，都需要数学单元教学设计团队一同完成。

第二节　学生学习方法及实践

一、合作学习

（一）合作学习的概念

合作学习是目前世界上许多国家都普遍采用的一种富有创意和实效的教学理论与策略体系。20世纪70年代初兴起于美国，70年代中期至80年代中期取得实质性进展。由于它在改善课堂内的社会心理气氛、大幅提高学生的学业成绩、促进学生形成良好非认知品质等方面实效显著，很快引起了世界各国的关注，并成为当代主流教学理论与策略之一，被人们誉为"近十几年来最重要和最成功的教学改革"。

合作学习是指学生为了完成共同的教学任务，有明确的责任分工的互助性学习。合作学习鼓励学生为集体的利益和个人的利益而一起学习，在完成共同教学任务的过程中实现自己的理想。鼓励合作学习，促进学生之间的相互交流、共同发展，促进师生教学相长。由此可见，国家决策部门对合作学习的重视。合作学习不仅可以培养学生的合作精神、交往能力、创新精神、竞争意识、平等意识和承受能力，而且可激励其主动学习。

（二）合作学习的理论基础

合作学习有着较为厚实的心理学渊源，它以当代社会心理学、教育社会心理学、认知心理学等理论为基础。将心理学理论与教学实际相结合，大大提高了教育教学效果，得到世界各国大部分教育学者们的好评，至今已成为一种主流的教学方式。

其中，在现代社会心理学理论内又包含有动机理论和集体动力理论；教育社会心理学理论内又包含有课堂教学工学和选择理论；认知心理学理论内又包含有精制理论和发展理论。

通过心理学的研究证实，学生之间的友好关系可以有助于从不同层次提升他们的三种心理学状态，即认知、行为和情感。

该教学方式给学生构建了一个可以通过小组合作学习方式来增进同学之间感情交流的平台，为培养学生的良好心理技能打下了基础。

学生之间的互相配合和相互作用，能够促进彼此认知水平的提高。因而，学生的道德观、价值观、语言能力等社会经验和知识是在和其他同学的相互作用中习得的，而合作学习恰恰能够提供这样的平台，以满足学生的发展需要。

从心理学角度分析，人的内心深处，总有一个强烈的求知欲望，这一点，在学生身上体现得更加淋漓尽致。学习过程本身就应该是一个主动探知的过程，而不应该像传统教学当中所体现出的被动的形式。小组合作学习恰是以一种合作的精神和力量，最大限度地保住了学生那原本天生、自然的求知天性。

1. 教育学理论

教师要高度尊重学生，要一切为了学生的发展而考虑。教师要在学生的基础能力之内，通过对问题的提出把学生带领到一个小组讨论式的学习活动教学中，充分发挥学生的潜能，才能真正有效地培养学生解决实际问题的能力。期间，教师根据情况可以给予学生适时的需要性指导，从中也表明了学生在课堂教学中的主体地位。在整个教学活动中，教师所起到的角色是活动的组织者和问题的引导者，这都体现了现代教学论的观点。

教师需要对学生的四种需要进行认真关注，即归属的需要、力量的需要、自由的需要和快乐的需要。这些好比每天生活的必需品一样，所以对于这四个需要一个也不能忽视。若能满足其中的一个需求，都会给学生带来很大的快乐。他还认为，学校是学生满足需求的重要地方。学生来学校学习和生活，需要满足的是个人的归属感和自尊感，因为，如果有了归属感和影响力，幸福便自然而成。

在人内心深处最大的驱动力就是希望能够在周围的伙伴们面前体现自己的重要性。好比许多学生在传统的课堂上没有得到认可，而在小组合作学习活动中却显得积极。这可能是学生希望在平时的小组合作过程中获得组员们的肯定与赞赏，此现象恰好解释了他们对尊重、理解和肯定的需要。

虽然现在的校本教育显得有些压抑，学生没办法轻松地学习，但他相信，只要学校能够给予学生人文的关心与温暖，并能站在学生的立场去分析问题，能重新建立一种有利于学生人性化发展的教学方式，一切都会好起来的。只有满足了学生内心的需要，他们才会认真开心地学习。此做法无论是对于学生，还是对于教师的身心健康的发展都是很有必要的。

2. 建构主义学习理论

建构主义是学习理论中行为主义发展到认知主义的产物，代表着当今教育心理学领域发展的主流和方向。所谓建构主义学习理论是指，学习者在一定社会文化背景下，借助与他人（包括教师和学习伙伴）的合作活动，通过查阅相关的资料和讨论的方式获得知识的理论。因此，情境、建构、合作、交流组成了小组合作学习中的四大重要因素。

建构主义注重有关学生积极寻求知识的情境，强调学生的主观认识。建构主义观点认为，每个人都有权力决定自己对知识的认知情况。由于个人经历和体验的不同，所以对外部世界的认识也有所区别。

教师在教学过程中，不应该让学生被动地接受知识，而是应该发挥学生的潜力，发挥其主观能动性，给学生营造一个主观的学习情境，让他们建构自己学习知识的过程。

认识既不能看作在主体内部结构中预先决定了的——它们起因于有效的和不断的建构；也不能看作在客体的预先存在的特性中预先决定了的，因为客体只是通过这些内部结构中的中介作用才被认识的，并且这些结构还通过把它们结合到更大的范围之中而使它们丰富起来。换言之，学生对知识的建构过程，离不开个人的独立活动和与小团体的交往。从根本上讲，人的知识是社会生活中不同主题之间建构的产物。

同样，建构主义学习理论可以这么理解：学习过程是个体积极建构知识的过程，而不是学习者被动地接受知识。建构主义学习理论是小组合作学习的重要理论基础，该主义教学思想旨在以学生为中心，鼓励学生的自主学习、自主探究。在建构主义教学中，学习应是一个合作与合作的互动过程，教师与学生以及学生之间都是一种相互合作的关系。

每个人观察事物的角度不同，通过小组合作学习，可以增进学习者之间的交流，让学习者看到不同于自己的观点，从而完善对事物的理解，促进学习任务的完成。

3. 动机理论

动机理论研究的是学生活动的奖励或目标结构：合作性结构、竞争性结构和个体性结构。约翰逊兄弟觉得，建立"利益共同体"是促进动机形成的最为有用的方法，因此在课堂教学过程中要尽量有意识地培养学生们建立这样的关系。成立这样的共同体能够通过对目标的建构，以及对于学生学习的资源共享、分工、角色分配互换、责任到人和集体的奖励等其他方式来实现。

比如，个人的成功与失败都与小组紧密相连，这样使得个体与小组之间形成了一个"利益共同体"，这也就是合作性学习目标所提出的设想基础。实际上，当你在帮助别人的同时也在潜移默化地从不同层面提升了自己。方便了别人也服务了自己，这不就是互赢的效果吗？特别是在全员参与、分工合作的过程中，能真正体现出自己在小组当中的分量，从而使得自我的价值感得到满足。这个功劳应全体组员所有，这是集体的努力成果，单凭个人的能力是无法实现的。

学生的学习动机是影响学生学习活动的一个重要因素，它可以贯穿学习活动的始终。学习动机是基于人际关系的过程所形成的，并体现出一种人与人之间的相互依赖的关系。动机主义者认为：小组合作学习目标结构旨在一定的教学情境下，制定集体的学习目标与通过小组成员共同的努力，带领小组最终走向成功。在这个过程中个人的成功必须是以小组的成功这把尺子作为衡量的。所以，要实现个人的目标，必须要小组的各个成员团结一致、齐心协力共同实现集体的目标，因为只有集体的目标实现了，个人的目标才能得以实现。

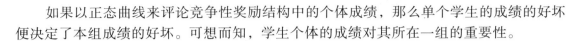

　　如果以正态曲线来评论竞争性奖励结构中的个体成绩，那么单个学生的成绩的好坏便决定了本组成绩的好坏。可想而知，学生个体的成绩对其所在一组的重要性。

（三）高中数学合作学习中存在的问题及解决办法

1. 高中数学合作学习中存在的问题

（1）教学目标的实现问题

高中数学知识内容更具逻辑性，学生在合作学习解决问题的过程中会遇到很大的难题，因此，如果教师只是简单地提出问题就会使得合作学习的困难加剧，学生茫然地开展合作学习活动，解决问题的途径就"围绕教材"和"现代化教学设备（学习机等）"进行。这样的合作学习活动失去了原来的意义，就是让学生集中起来解决问题，没有彰显出数学逻辑思维发展的培养作用。在这样的合作活动组织下，教师提出的问题虽然得到了解决，但是对学生能力的培养目标却没有实现。总之，教师赞成合作学习的理念，但却不明白合作学习的真正目的，时断时续地要学生去合作学习，这给学生的感觉是合作学习是一种可有可无的形式和手段，而不能形成合作学习的理念。

（2）合作制度的不规范

合作学习活动讲求轻松、自然，让高中生在和谐的氛围之中完成数学探索活动。这种情境要求使得多数高中数学教师认为，合作学习不需要有较为严格的课堂制度规范，只需要让学生展开讨论，解决问题就可以了。这种认知虽有值得肯定之处，但是也会导致课堂合作学习变成形式化的活动，这只是一种表面上的"假热闹"，实际上"活而无序"。究其原因，主要是缺乏小组合作学习的规则，"没有规矩不成方圆"。另外，教师提出合作学习任务后，很多学生就积极地进入讨论的环节，但是却借此机会聊天、搞乱，使得小组合作活动陷入不规范的情况之中。教师虽然也会强调整体的课堂记录，但是对于个别同学在小组内的表现情况，教师往往无法很快得知，使得教学效果不够理想。

（3）合作评价的不全面

合作评价不能只是评价小组完成任务的情况，也需要对小组内的所有同学有实质性的评价，也就是集体评价和个人评价的结合。但是，在高中数学课堂上，教师为了节约课堂时间，用来讲解较难的数学问题，就缩短了对小组及小组成员的评价，简单地以"完成得很好""还不错""这个小组做得也很好，大家要向他们学习"等等进行评价。其实，这样的评价对学生行为没有全面的记录。而且在组内的合作交流和班级内的展示汇报中，发现学生往往不知道该怎样去评价自己和他人的表现，慢慢地学生对评价就淡薄了，让评价的力量落了空。分析原因可能在于学生评价的言语贫乏，形式单一，评价往往缺少应有的精彩。

2. 高中数学合作学习中存在问题的解决办法

（1）营造适宜学生合作学习的氛围，激发他们的参与热情

高中学生的学习还是一种集体性活动，需要一定的气氛。合作学习是所有人都参与的高效学习实践活动，需要充分激发他们的参与热情。营造适合学生合作学习的良好氛

围，让学生都能积极参与其中，不断强化他们的合作意识，学生相互探讨、积极思考、共同分享。为此，教师需要精心组织安排小组成员，让有数学兴趣、组织能力较强的学生担任小组长，做好小组内部分工，引导小组之间相互合作，以此营造激烈紧张的学习气氛。

例如，学习曲线与方程的教学内容时，让学生掌握了基本的知识理论以后，给学生设置一组数学问题，要学生对这些方程进行化简，使每个方程都不含有根式。学生四人一组，每组五道试题，前四题分工到人，最后一道试题集体合作完成，先完成的学生帮助未完成的学生，看哪个小组完成正确率最高、速度最快。

① $\sqrt{(x+3)^2+y^2}+\sqrt{(x-3)^2+y^2}=10$;

② $\sqrt{(x+6)^2+y^2}+\sqrt{(x-6)^2+y^2}=10$;

③ $\sqrt{(x+8)^2+y^2}+\sqrt{(x-8)^2+y^2}=10$;

④ $\sqrt{(x+4)^2+y^2}+\sqrt{(x-4)^2+y^2}=10$;

⑤ $\sqrt{(x+c)^2+y^2}+\sqrt{(x-c)^2+y^2}=10$ 。

前四题非常相似，只是换了一个数字。小组内的学生都要完成一道习题，这样，让每一个学生都能有具体的任务。类似的习题，让学生来做，又能让他们比较各自不同的思路和方法。如果学生成员有困难，其他同学能够根据自己的思路，引导和帮助，最后在各自理解的基础上共同完成最后一道变化题，让他们能够更好地合作。这样，每个学生都能得到很好的锻炼，小组之间相互竞争，提高他们的合作积极性和热情。教师再进行必要的引导，让学生思考方程的几何意义，进而掌握曲线的定义和标准方程。不仅能够让学生掌握知识，而且能够活跃课堂气氛，激活学生的思维。

（2）精心安排学习任务，积极引导合作探究

合作学习需要为学生安排科学合理的任务，让学生能够围绕具体任务开展合作学习，以此提高学习的有效性。例如，学习概率及随机事件的问题时，教师可以设置抛掷硬币实验的学习任务。首先，将学生分成两个大组，每个大组再分成六个小组，每个小组的成员进行15次抛掷硬币试验，并记好硬币落地时正面和背面的次数，利用excel（表格软件）统计正面或者背面朝上的次数和频率。学生在实验中，通过分工合作，共同参与，每个学生都能参与其中，相互合作，做好统计，根据结果来探究硬币正面或者背面朝上的概率。他们非常积极，且实验非常认真，统计非常细致，且能逐步感知如下一些规律：①抛掷次数越多，正面或者背面朝上的概率越接近0.5；②虽然抛掷同样的硬币，但是，每次硬币落地时情况不是固定的，带有明显的随意性。这样的合作学习任务具体，

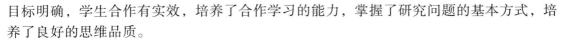

目标明确，学生合作有实效，培养了合作学习的能力，掌握了研究问题的基本方式，培养了良好的思维品质。

（3）做好多元综合评价，促进学生全面发展

教学评价是课堂教学的重要环节，也是引导学生高效学习、培养学生自信、促进学生全面发展的重要方式。高中数学合作学习需要做好综合评价，对学生合作学习中存在的问题及时加以引导，促进学生高效学习；对学习中表现出来的创新和优点，及时加以肯定。同时，针对学生的基础和能力，坚持分层评价，确保每个层次的学生都能得到指导和鼓励，引导学生相互评价。在合作学习中，小组内成员以及小组之间相互评价能够更好地指出问题、发现优点、相互学习、共同进步。

例如，学习立体几何线和面关系的内容，让学生合作学习探究这些关系时，小组内基础较好的学生能够深入细致感知这些关系，建立起空间线面关系，而基础薄弱的学生在合作学习中边讨论，边用手边用笔、书本儿搭建一定的空间结构，或者利用教室的墙体结构，把数学当中的较为抽象的线面关系转化为比较具体的实物结构。教师对于这些学生的努力和尝试应给予肯定，不能抽象理解就选用直观的实物进行直观感知，把抽象的空间问题具体化，以此鼓励更多的学生尝试操作，这对基础薄弱学生来说是莫大的肯定，也是学习方法的很好推广。

二、自主学习

（一）自主学习的定义

学习自主性是指学生培养和形成的对自己学习负责的能力。通俗地讲，自主性学习指的就是学生在学习过程中自己主动地学，能够调整掌握自己的学习，对自己的学习行为负责，使被动的学习转化为主动学习的过程。它是近20年来教育领域出现的新的教学观念，目的是培养具有独立学习能力、适应社会发展的学习者。

自主学习是一种学习者在明确学习的宏观教学目标后，在教师的悉心引导下，根据个人的特点和需求，自由主动地选择适合自身的学习目标、学习内容、学习方法并通过个人控制的学习行为完成具体学习目标的方式。

建构主义认为自主学习其实即为元认知监控的学习，是学习者依照自己的学习能力、学习任务的要求，积极主动地整合自己的学习方法和用功程度的过程。学习者必须充分调动主观积极性，自主地去发现和探索知识，将知识"同化"和"顺应"到自己的认知结构中，并且会通过其他途径尽可能地解决自己学习中遇到的"疑难杂症"，掌握解决问题的方法，最终成为独立的学习者。

（二）自主学习的理论依据

1. 维果茨基的"最近发展区"理论

在学生发展过程中，要确立学生发展的两种水平。一种是其已经达到的发展水平，即现有水平，表现为学生能够独立解决问题的水平；二是正在形成、正在发展的水平，

即可能达到的水平，但需要他人的帮助。教学不应以学生的昨天为发展方向，而应以他们的明天为发展方向，只有这样，才能加速学生的发展。有研究证明，任何学生都存在着一个适合他自己的"最近发展区"。因此，教师能否找准每个学生的"最近发展区"，就成为能否充分利用"最近发展区"理论实施教学的重要前提，也是让学生进行有效自主学习的依据。

针对学生的实际情况，找准他们的"最近发展区"，将"最近发展区"理论应用于数学自主学习学案教学时要做到：第一，设计自主学习学案的预习学案要通过课前设问去发现学生目前已有的知识水平；第二，根据学生的实际水平提出问题，让学生"跳一跳能解决问题"，让不同层次的学生在不同问题中得到不同的发展和进步。

2. 多元智能理论

一个人除了言语、语言能力和逻辑、数理能力两种基本智能之外，还有其他七种智能。每个人在不同程度上都拥有这九种基本智能，个体间的智力差异正是这些智能之间的不同组合表现出的。为此，他强调在可能的范围内使具有不同智力的学生都能受到最好的教育，这基于详细了解每个学生的智力特点的基础，即教师应该了解每个学生的背景、兴趣爱好、学习强项，确立最有利于学生学习和发展的教学方法和策略。

基于加德纳多元智能的原理，在自主学习学案的设计中，要注意做到以下几方面：

第一，设计的自主学习学案是分层次的，让不同层次的同学都有适合自己的问题思考，都有合适的题目做，为不同学生的发展提高提供充足的题材。

第二，在课后延伸学案中，明确指明是学有余力的同学思考讨论有关问题。

3. 建构主义的学习理论

学生在与外界环境的相互作用过程中，可逐步建构起关于外部世界的知识，从而使其自身知识结构发生变化。学生与外界环境的相互作用主要涉及两个基本过程："同化"和"顺应"，通过这两个过程的相互作用达到动态平衡，并且在"平衡—不平衡—新平衡"的循环中不断发展、丰富和提高。

学生的知识并不是纯粹地通过教师传授获得，而是学生在一定的环境中，借助学习过程中其他人的帮助（包括老师和同学），利用必要的学习资料，通过建构的方式获得的。从建构主义理论来看，自主学习学案教学恰是建构主义理论和现在的教学改革结合的共同产物。

在自主学习学案的设计中，要注意做到以下两方面：

第一，自主学习学案的设计中，注意问题情境的创设，以启发学生的思考，使其在认知上出现新的不平衡，并有效利用这种不平衡来刺激其学习活动，使学生在原来知识的基础上针对新知识的情况进行同化或者顺应，以形成新知识结构，达到新的平衡。

第二，在自主学习学案的反思总结设计中，为学生提供机会同时帮助学生对学习的内容和过程进行反思，使其对原有的知识结构进行调整，使其认知结构较快地从不平衡发展到新的平衡。

（三）高中数学的自主学习的模式及实践分析

1. 高中数学的自主学习的主要模式

目前国内较有特色的自主学习模式：

（1）"自学、讨论、引导"法

第一，独立自学，即学生独立地开展学习活动。其核心思想是还给学生学习的主动权，保证学生有自主学习的时间和空间，其活动形式有"阅读""倾听""演练""操作""笔记"等，关键是学生的积极思维和独立思考。

第二，群体议论。议论是指学生与学生、学生与老师之间开展小组或全班的交流讨论，是合作学习的基本形式。"合作"是"学习"的方式，"学习"是"合作"的目标和内容。

第三，相机引导，即教师运用点拨、解惑、提示、释疑等方法发挥教师的引导作用。如创设合适的情境，生成课题，激发研究兴趣，明确研究内容和研究方法。根据学生学习中出现的问题，或进行启发性的描述，使学生得到仿效和借鉴；或对有关问题的前景进行生动的描述，使学生打开眼界、拓宽思路；或列举一些矛盾现象，选编一些容易发生错误的习题，让学生深入思考、总结经验教训，等等。

通过教师引导，使学生自学有内驱力、有内容、有方法，使议论有序、有激情、有见地、有深度，最终使课堂学习达到预期目标。

（2）"六课型单元教学法"

"六课型单元教学法"由湖北大学黎世法创立。六课型单元教学法的理论基础有两点：一是教学方式一定要适合学生的学情；二是宏观教学方式与微观教学方法的统一。六课型即自学课、启发课、复习课、作业课、改错课、小结课。六种课型实际上是按照学习书本知识的六个不同的基本认识阶段将课堂教学划分的。

（3）"自学辅导教学法"

把传统课堂教学以教师讲授为主变为在教师指导和辅导下以学生自学为主。教师要保证每节课学生有连续 $30 \sim 45$ 分钟的自学时间。在此期间，教师不打断学生的思考。所用教材有三个本子：课本、练习本和答案本。学生利用这三个本子进行自学、自练和自改作业。自学辅导教学法的优点在于能更多地调动学生学习的主动性，并且能够更好地发挥教师的主导作用，从而提高学生的学习成绩和培养学生独立思考、独立学习的能力。

2. 教学分析

通过"基于问题的教学模式中培养学生自主学习能力"的尝试与研究，教师的教学能力得到了提高。另外与这学期开始相比，学生的学习出现以下改变：

（1）学习数学的动机

对照本学期初学生的表现，学生在课堂上能够积极、踊跃发言，学生能坦然地举手表达自己的观点。如果对教学内容有不同的理解或观点，他们会主动与教师交流，并且认为这是一件正常的事。课后他们能自觉完成课外作业，如果有不懂的地方，他们会主动向教师和同学寻求帮助解决疑难的办法。这种师生之间的频繁交流，体现了学生学习的主动性和教师教学的指导性的有机融合。在和同班的学生交流的过程中，期末时学生普遍认为数学是有用的，数学与实际存在很大的联系，数学就在身边，表现出对数学的兴趣、热情，对学好数学课程的自信心明显增强。

产生这一变化的原因主要是教师在教学中采用"以学生为中心"的教学方法，并通过问题情境的呈现将数学与实际生活紧密联系，这使得学生能乐学、爱学。

（2）学习数学的策略

从学生的课堂表现、课后作业完成情况来看，学生逐渐开始形成良好的学习策略。他们能认真把握学习过程的预习、课堂学习、复习、课外作业这四个基本环节。他们还能对有些公式定理等采取合适的策略，在理解的基础上进行记忆，并且，学生在后面的学习中逐渐有了做学习小结的意识。可以看出，有意识对学生进行学习策略教学，是可以在一定程度上保证自主学习的顺利进行的。

（3）提出问题、分析问题的能力

教学中所采用的是基于问题的教学模式，所以学生的思考、探究能力有所发展，学习效果明显提高。学生逐渐具备了选择和自我设计学习的活动方式和学习活动的能力，逐渐学会了发现、解决问题的一些基本策略，他们解决问题的综合能力得到增强。学生们逐渐具备了反思和自我监控能力，以及评估过程和结果的能力。一部分学生的自我认知能力逐步增强，能自己发现学习中所存在的问题。学生们在学习中会有意地注意思维方法与解题策略的积累，能关注并改进自己的学习方法。

第四章　培养高中生数学核心素养的教学策略

第一节　培养高中生数学抽象素养的教学策略

抽象是数学的一个本质特征，也是学生建构数学知识的一个必然过程。比如，由现实生活中的实际问题抽象出经络图，由力抽象出向量，由力的分解与合成抽象出向量的分解与合成等。数学抽象作为数学的基本思想之一，在学生的数学学习中具有举足轻重的作用。在培养高中生数学核心素养的过程中，要促使学生更好地理解数学知识，把握数学本质，以及逐渐养成用数学抽象的思维方式思考问题的习惯，并将其运用到其他学科的学习中。基于数学核心素养视角下的数学抽象，对于学生学习数学具有重要意义。抽象是最高的数学核心素养。比如，具体的例子是有招，从具体的例子中得出公式即学到了无招，这就是抽象。故培养学生的数学抽象能力是教师的重要任务之一。从数学概念、公理的教学方面，针对如何培养学生的数学抽象核心素养进行阐述与讨论。

一、具体结合感性，感悟抽象内涵

（一）利用概念的过程性，发展学生的数学抽象能力

概念是从一般事物中抽象出的事物的本质特征和属性。所以，形成数学概念的过程，即对不同形式的数学关系进行抽象概括总结，最终抽象概括出一般性的一个过程。在数学概念教学中，大部分教师多选择概念同化教学模式，这种教学模式简洁、有效，并且

教学过程简单明了，使学生可以直接获得数学概念。但是这种数学概念教学模式侧重于概念自身的逻辑关系，忽略数学概念所具有的现实背景以及与现实世界的联系，使数学概念的抽象性更高。在数学概念的教学过程中，教师应该注重将概念产生的背景、概念形成的过程与学生的实际生活相联系，回归到学生的现实生活中，让学生能够感受到数学概念的抽象性，至少让学生能够从具体事物的形象出发，这样学生可以更好地构建数学知识。

（二）联系概念产生的背景——以"等差数列概念"为例

在等差数列概念的教学中，教科书中给出在现实生活中经常遇到的四个数列模型，其实就是给出了等差数列的现实背景，以此来让学生感受日常生活中等差数列的广泛应用。通过四个模型得到了四个数列，接下来教科书给学生一定的思考和探索的时间与空间，让他们通过自己的观察发现这四个数列都具有"相邻两项之差为同一个常数"的特点。

通过四个模型得到的四个数列如下：

第一，0，5，10，15，20，25，30。

第二，48，53，58，63，68。

第三，18，15.5，13，10.5，8，5.5。

第四，10072，10144，10216，10288，10360。

在教学过程中，教师要充分利用这四个实例，如果有必要可以再补充一些具体的实例，先引导学生逐一观察这四个数列，尝试抽象概括出它们的共同特点。要注意的是，一方面要引导学生观察相邻两项的关系，另一方面要结合对这四个数列的具体探索，让学生发现这四个数列都具有相邻两项之差为同一个常数的特点。最后让学生尝试用自己的语言描述等差数列的特征。

教师给出等差数列的定义，让学生检验自己抽象概括出的等差数列特点是否正确。至此，等差数列的概念，就从具体实例中抽象概括出来了。另外，教师可以让学生尝试用递推公式来描述等差数列的定义，即 $a_{n+1} - a_n = d(n = 1,2,3,\cdots)$，为下面等差数列通项公式的教学做好铺垫。

（三）利用定理的过程性，发展学生的数学抽象能力

概念、定理等的讲解都比较抽象，教师可以先向学生展示大量生活中的具体实例，让学生先有一个直观的感受，再抽象出数学符号或者数学语言，这样学生接受起来就比较容易了。

数学学科的抽象性就导致了它必须以将具体的形式呈现给学生为前提。数学内容的抽象性通常使得人们不容易注意到它们与具体内容之间的联系，所以在教学时教师务必以翔实的具体内容为重中之重。高中生发展思维的能力正处于以经验型抽象思维为主慢慢向理论型抽象思维转换的阶段，逻辑思维能力还处于提高阶段中，接受能力不足，所以如果完全按照数学学科的精密逻辑性和缜密抽象性去进行教学收效甚微。因此，为了让学生更好地消化一些抽象的概念和命题，教师可以在教学过程中由具体实例启发，将

直观具体和抽象感性的事物结合起来，罗列一些学生熟悉的例子。

在攻克数学抽象问题上，直观感性始终是第一要点。"数"与"形"是描述事物本质的两个重要方面，"数"往往抽象难懂且需要理性思维，"形"一般形象直观。正所谓"数缺形时少直观，形少数时难入微；数形结合百般好，隔离分家万事休"，在数学中建立数与形之间的一一相对关系是解决问题的重要手段之一。通过"以形助数"或"以数解形"加上抽象思维与形象思维，能使复杂问题简单化，抽象问题具体化，然后达到优化解题途径的目标。史宁中先生将数学抽象划分为数量与数量关系的抽象、图形与图形关系的抽象以及虚拟与现实关系的抽象。以下从几个方面分别列举教学片段。

教学片段 1：已知函数 $f(x)$ 定义域为 R，请你说出对表达式 $f(a+x)=f(b-x)$ 与 $f(a+x)+f(b-x)$ 的理解。

设计意图：函数中有很多抽象代数式，这些式子蕴藏了函数的某些数学性质，但却让学生一头雾水。教学时教师可以从抽象代数式入手，借助图形化的手段让学生思考抽象代数式的含义，将抽象问题结合具体图像来理解，培养学生的数形结合思想，提高数学抽象素养。

分析：观察 $f(a+x)=f(b-x)$，知道 a、b 是两个常数，对于任意的 x，取自变量 $x_1=a+x$，$x_2=b-x$，它们对应的函数值相同，可以借用二次函数模型画出其图像。

当抽象代数式 $f(a+x)=f(b-x)$ 成立时，x_1 与 x_2 到它们的中点的距离相等。并且随着 x 的变换，x_1 与 x_2 的函数值恒等。从而根据其运动轨迹可得函数 $f(x)$ 关于直线 $x=\dfrac{a+b}{2}$ 成轴对称。

类似地，教师可以给学生来个变式：对定义域为全体实数的函数而言，$f(a+x)+f(b-x)=0$ 的含义是什么呢？取自变量 $x_1=a+x$，$x_2=b-x$。由表达式可以看出 $f(a+x)$ 与 $f(b-x)$ 互为相反数，所以对于任意的 x，可以进行猜想。

通过猜想可以发现，抽象代数式 $f(a+x)+f(b-x)=0$ 中所表示的含义是：x_1 与 x_2 到它们的中点 $x=\dfrac{a+b}{2}$ 等距离，且随着 x 的变换，x_1 与 x_2 的函数值恒为相反数。从而根据其运动轨迹可知函数 $f(x)$ 关于点 $\left(\dfrac{a+b}{2},0\right)$ 成中心对称。

上述分析过程不仅是图形化思路的渗透，还是由特殊到一般的化归思想的普及。学生在遇到类似这样的抽象代数式时，可以利用图像辅助学习，结合直观材料与感性素材，进而加强对抽象代数式的理解。教师还可以给出变式，促进学生思维的发散。对于函数中许多抽象的代数式，如描述对称性、周期性、奇偶性等，均可以依赖图形化思想的实践来研究。将代数式的含义理解到位，对于同类问题就能有全面的理解，从而提高数学抽象核心素养。

相反，几何图形虽然有形象、直观的优点，但在定量方面必须借助代数式的运算；反过来看，用数论形，可以让学生理解图形几何意义下的数量关系。在高中数学中用向量法解立体几何问题就是典型的例子，它通过建立空间直角坐标系把线线垂直和平行转化为向量垂直和平行的代数表达式，把线面垂直和平行转化为线面中向量平行和垂直的代数形式，进而把几何问题转化为代数问题求解。

以上，结合直观与感观的思维，感受了数学抽象在数量与数量关系、图形与图形关系上的抽象。另外，数学抽象还包括虚拟与现实之间的抽象。

教学片段 2：哥尼斯堡是欧洲一座美丽的小镇，一条河流经这座城市，河上有两个小岛，有七座桥将岛与岛、岛与岸相连接。居住在这儿的人们沿着河岸散步，由于好奇提出了问题：谁能够从岛屿及两岸任一陆地出发，不重复地走遍七座桥，最后又回到起点。居住在周围的人们每天在桥上走来走去，寻求解答却未果，数学家欧拉却就这个实际问题给出了三步抽象来解答，将具体的实际问题转化成数学问题。第一步是地图的抽象。欧拉说，要解决这个问题，和这个岛的形状、大小，七座桥的长短、弯曲，河岸的形状、走向没有关系，河岸、桥、岛的相对位置关系才是重要的。因此，欧拉将地图转化成了点线图，使相对位置更直观。他将岛屿用点表示，七座桥分别用点与点的连线来表示。

由此看来，欧拉的第一步抽象摒除了一切无关的物理属性，画出点线图突出了事物的本质，有利于问题解决。完成对图形的抽象后，欧拉开展了第二步抽象 —— 对问题的抽象。这一抽象明确了问题的核心，也被称作"一笔画问题"。第三步抽象是将问题转化为数学方面的叙述，即找到点线图可以"一笔画"的充要条件，并且对可以"一笔画"的图形给出"一笔画"的方法。将该问题转化成数学方式的叙述，便于对数学问题的理性思考。

这个抽象的问题如果放在现在来思考，可以借助一些汉字符号来类比归纳，寻求一笔画图形的规律。例如，"森""品"这类文字符号都可以看作点线图，但不难发现它们都不可以一笔画出，不禁猜想：可以一笔画的点线图必须是连通的，也就是任意两点之间均有路径相连。又发现"田""申"不可以一笔画成，但"串"可以。根据这个发现，可以尝试寻找点、线规律，用抽象的思考、有逻辑的推断来解决这类问题。所以欧拉的第三步抽象是把问题转化成数学方式的叙述，是极为关键的。

最后，欧拉给出"一笔画"图形的充要条件是奇点为 0 或 2 的连通图。在此，不再赘述"哥尼斯堡七桥问题"的最终答案，但欧拉的三步抽象，即用"数学抽象"的手段、"数学抽象"的思考解决现实问题，是值得后人感悟和学习的。

学生在知识与技能维度出现错误，多数是因为不会用所学知识构建知识体系框架。例如，公式记忆错误，已知每一行的规律可就是联想不到数列，这些都是典型的前置知识没有消化的现象。数学抽象素养不是一朝一夕培养的，由于数学本身的抽象性和数学抽象的综合性，数学抽象在高中数学教材中的体现更是凤毛麟角，这就导致学生难以适应高中数学的抽象部分，没有办法在学习新知识的同时建立它与所学知识之间的联系。

这时，教师应该加强引导，制造机会让学生在学习新知识前先巩固相关的前置知识。习题课便是一个很好的平台。教师在讲解前可先给出一道等比数列和解不等式的例题，让学生在经历了一次简单的知识复习之后再来看这道题，这样学生脑海中的图式会更易生成，学生也更能理解建立数列模型的作用。

二、注重观察、分析、类比等活动经验的积累

数学概念的掌握、数学法则的建立、数学规律的探索、数学定理的归纳、问题策略的提炼往往都需要学生经历完整的抽象活动。教师应该尽可能地引导学生进行观察、分析、类比、猜想、概括，这有助于学生思维的开阔和发散，有助于学生在综合的情境中去构建数学知识与现实世界的模型。观察、分析、类比有多种来源，可以结合具体的情境，可以结合图像，也可以在活动中进行。在具体的课堂教学中，教师可以多开展数学建模活动与数学探究活动，在数学活动中充分调动学生的积极性与自发性，让学生经历抽象的全过程，以培养其数学抽象素养。例如，讲解幂函数、等比数列等抽象概念时均可以引导学生观察、分析、类比得出。

例如，在等比数列的学习中，教师给出数列 1，2，4，8，…，学生观察可发现数列中的各项在增大，且每一项与前一项的比值为 2。再给出数列 $1, \frac{1}{2}, \frac{1}{4}, \frac{1}{8}, \cdots$，学生又可发现这一数列中各项在减小，每一项都是前一项的一半。此时学生感知、观察、辨别这两个数列的共同属性，发现数列各项在增大或减小，每一项都是前一项的相同倍数。接着教师再列举数列 1，-2，4，-8，…，此数列的各项不是呈规律性地增大或减小，而是像钟摆一样做简谐运动，且每一项与前一项的比值为 -2。归纳、类比、抽象出这三个数列的本质属性，即每一项与前一项的比为一个定常数，且常数比不同，数列单调性不同。此时将等比数列推广到一般，概括形成数学概念，用数学语言表达，看学生能否观察和分析得出等比数列定义所隐含的条件，即各项都不能为 0。练习时可结合实际生活中存在的问题和现象，如细胞分裂、病毒传播、银行利息等，加强学生抽象能力的锻炼和加深学生对等比数列本质属性的理解。

三、结合其他数学素养，实现共同繁荣

高中生的认知结构已经进入形式运算阶段，思维发展到可以脱离具体内容和现实的影响，而达到抽象逻辑推理水平。因为数学各个核心素养之间相互交融，形成一个有机整体，所以在培养数学抽象素养的同时结合其他数学素养，会产生事半功倍的效果。

（一）数学抽象与数学建模

数学建模就是对现实问题进行数学抽象，用数学语言表达问题，用数学知识与方法建构模型解决问题。通俗来说，就是选取并使用一定的模型对客观现实对象进行分析处理的过程。关于模型，模型是一个对象的表述性和规定性的体现，人们可以通过具体的

模型获得抽象的感性认知。所谓数学模型，也是这样的一种对事物某种特性的体现，只不过在其建构过程中使用更多的是数学的语言和方法，对现实问题的抽象与简化也更多表现在量的关系上。虽然数学模型只是实际对象的一种近似反映，并且这种反映只能体现在一些数量关系上，但正是这种反映实现了由现实问题向数学问题的转换，为相关数学工具的运用以及实际问题的深化奠定了坚实的基础，所以数学抽象可以被看作数学建模的前提。要想培养高中生的数学抽象素养，从重要的模型入手不失为一个好方法。数学抽象素养在函数教学中的培养离不开从重要函数模型入手，加强重要函数模型中相关问题的理解和运用，从而提高其抽象素养。

（二）数学抽象与数学推理

数学抽象与数学的逻辑思考能力之间有着密切的关联，如果一个人不具有清晰的逻辑是不可能具备抽象思考能力的，但数学的抽象思考概念又与直观逻辑思维观念有着明显区别。推理包括推理证明和数、式的演算，而这些形式化的过程与数学抽象密不可分。数学的发展往往是从现实中抽象出最基本的公理体系，按照逻辑推理、演绎证明逐步建立起数学大厦，如欧几里得几何学体现了严密的逻辑思维过程，哥德巴赫猜想、同色三角形问题都是抽象思维的成功典范。教师可将数学文化与数学故事多融入课堂教学，让学生在学习知识的同时感悟数学的意义。

（三）数学抽象与数学概括

"概括"是指从某类个别对象中抽取出共同的属性，推广到该类一般化对象，最后形成普遍认识的一种逻辑方法。"概括"是人类思想经验的应用产物，是一种方法、活动和能力。基于数学学科的概括通常是通过减少概念的内涵来扩大概念的外延，由特殊推广到一般，由种概念到属概念，从而建立起数学知识框架的一种思维过程。由此可见，数学抽象与数学概括是有交集的。典型例子是数系的扩充：从自然数、整数、有理数到实数再到复数。每一次的扩充既要包含原来的数集，又要保持原有的运算规律和序的性质。数学概括与数学抽象往往被放在一起阐述，叫作抽象概括，尤其是在教育家谈及数学思维（思维方法、思维过程、思维能力）的时候。虽然数学概括没有作为一种素养被单独提出，但现行的高中数学课程标准也明确指出要提高数学抽象概括能力，可见数学概括是很重要的，并且它与数学抽象是相联系的。课堂上，学生需要将新的情境与问题与已学知识相联系，将实际问题抽象成数学问题然后进行解答。在这个过程中，学生的抽象概括能力可以得到充分锻炼。教师在实践中可以多采用变式教学和探究性问题来培养学生的抽象概括能力，从而使学生的数学抽象素养也得到提升。

综上所述，每一种素养的形成其实和数学抽象素养的发展是同步的，在注重数学抽象能力的同时需要关注其他数学素养的形成。

（四）基于数学抽象素养的高中教学设计

教学设计是指教师为达成一定的教学目标，对教学活动进行系统规划的一门设计科学，是在课前对教学过程做的准备工作的设计规划。基于数学抽象素养的教学设计致力于解决教什么、怎样教的问题，就横向来看，学生的数学抽象是需要某个目标作为导向的，目标如何来？教师创设恰当的情境，使学生感知和识别对象的外部属性，然后把这种具有不变性的要素属性分离出来，构建具备某种属性的模型，实现对象的分离和纯化，突出本质特征；在此基础上把这种分离出来的属性一般化为某一类或特殊化成某一种，用数学符号和数学语言予以表征；与此同时，教师将学生自主表征出的概念或定理规范化，进行归纳总结，使学生进行意义建构；最后，在教师的指导下，学生用逻辑方法建立知识之间的联系，达到抽象出属性的目的，形成数学系统。以平面向量概念的抽象为例，首先教师给出情境：人的重力是垂直于水平面的，那么这种量具有什么特点？学生感知情境，识别到与物理中的矢量类似，并分离出其本质特征——具有方向的线段；接着把箭头抽象成为一点，可以发现这种量既有线段长度，又有方向，突出了本质；把线段长抽象为一点，则该量长度为 0；保证两个线段长度相同，方向相同，则二者平行……学生给出定义和表征，教师在此基础上归纳总结，给出平面向量既有方向又有大小的概念，并用数学符号 a 将其简约化。同时，也可以用起点指向终点的方法表示；最后，学生梳理整合平面向量的概念及其相关性质，教师在此基础上进行变式训练，促进学生用逻辑推理得到相关知识体系。

第二节　培养高中生数学直观想象素养的教学策略

直观想象素养是借助空间想象感知事物的形态与变化。即直观想象素养是基于直观所获得感性认识而展开想象，其中想象是对客观事物几何形式的抽象思维活动。直观想象是高中数学核心素养六要素之一，在培养高中生直观想象核心素养的过程中要培养学生几何直观以及空间想象能力，增强学生运用图形和空间想象思考问题的意识，逐步提升学生的数形结合能力、以及感悟事物本质的能力，培养学生的创新思维。

一、注重应用情境创设，关注学习信心的建立

在"向量与几何"知识的学习中，向量工具的"双重性"，立体几何的空间抽象性，解析几何的运算繁杂性……无不让许多学生望而生畏，学生在学习过程中常常感觉接受难度大，失去解决问题的信心与勇气。

以平面解析几何为例，学生在解析几何上普遍失分较多，测试后学生的反馈也反映出学生在解决解析几何问题上普遍有畏难情绪。

数学源于现实，必须扎根于现实，并且应用于现实。教师在教学中要关注学生学习信心的建立，注重创设知识的应用情境。

例如，对于圆锥曲线中椭圆的教学，需要注重其应用价值，可以从著名的"西西里岛窃听者的故事"引入，揭示椭圆中的光学性质：从椭圆的一个焦点发出的声波，经椭圆反射后都汇集到另一个焦点。由此激发学生对椭圆焦点、法线等位置关系的好奇及兴趣，引导学生感受圆锥曲线中的无限乐趣与奥秘，体会椭圆中的几何直观，感受椭圆在实际生活中的应用，克服谈"圆锥"色变的畏难心理，引导学生学会"用数学的眼光观察世界"。

二、注重信息技术的运用，深化概念本质的理解

数学概念是构建数学大厦的基石，理解概念的本质是正确思维的重要保证，不同于函数知识中的许多过程性概念，在"向量与几何"知识中，许多概念皆是图形概念与关系概念。例如，空间中柱、锥、台、球等几何体的图形概念；点与线、线与面、面与面等位置关系的关系概念。对于这些概念的理解无不伴随着几何图式，一方面这些图式的直观表象有助于学生理解与记忆相关概念，但另一方面若表象失真则往往造成学生对概念一知半解、似懂非懂，甚至混淆概念。部分学生由于对空间直线与平面夹角的概念理解产生偏差而失分，这也在一定程度上反映了学生利用直观想象理解概念的能力较为欠缺。

对于概念的理解，重点在于对其本质的理解。对于"向量与几何"知识中大量的图形概念，教师在教学过程中更要关注学生"空间感知—空间表象—空间想象"这一过程的建立。在"互联网+"时代，教师可通过现代信息技术（如几何画板）的使用，积极创设条件，促进学生在直观感知的基础上深化对概念本质的理解。

例如，在立体几何中"直线与平面的夹角"的学习是促进学生空间想象力发展的一个重要知识载体，然而对其概念"斜线和它在平面上的射影的夹角称为斜线和平面的夹角"的理解，学生往往会产生错误的图形表象而存在偏颇。鉴于此，教师在教学过程中可借助几何画板等信息技术的应用，帮助学生从竖直平面、水平平面、倾斜平面等不同角度动态地认识直线与平面的夹角，通过动态的过程演示静态抽象的夹角概念，化静为动，深化学生对直线与平面的夹角这一空间位置的理解。

这样学生对直线与平面的夹角的概念就有了较为深刻的理解，在此基础上，教师还可以进一步引导学生思考：过斜线上一点的直线在平面 α 内的射影有几种情况？两条平行直线在同一个平面内的射影可能是哪些图形？两条异面直线在一个平面的射影的可能情况是什么？通过构造问题串发散学生的思维、激发学生的学习兴趣，并给予学生充裕的时间用数学语言讨论交流。最后，综合学生的交流讨论过程。教师可借助几何画板给出总结，深化学生对射影以及线面夹角概念本质的理解，引导学生会"用数学的思维分析世界"。

三、注重数学语言互译，加强数形结合思想的渗透

建立数与形的联系是直观想象素养的重要组成部分，数形结合思想渗透于"向量与几何"知识的各个领域，如向量线性运算的几何意义与代数意义的对应，空间向量与立

体几何中数与形的对应，解析几何中曲线与方程的对应，无不蕴含着数形结合的思想。

数形结合思想本质上是代数表示与图形表示的相互转化，即数学语言之间的转换。数学语言是数学思维的重要载体，它包括符号语言、文字语言以及图形语言，这三种语言以不同形态表征同一个知识内容，在数学学习过程中，这三种语言相互对应，共同促进学生对于数学的理解，提高"翻译"三种语言的能力是提高数形结合能力的前提保证。

鉴于此，教师在教学过程中，应注重培养学生三种语言互译的能力，引导学生全面地认识形与数之间的对应，由几何直观揭示代数性质，由代数表示几何图形的结构特征。

例如，学习立体几何核心定理之一的三垂线定理时，如何把握垂线、射影、直线三者的关系一直是困扰学生的知识难点，因此教师在教学过程中可引导学生用不同数学语言来表征定理中所涉及的四条直线与一个平面的关系，从而加强学生对数形结合思想的渗透。

通过熟练转化语言，结合三垂线定理的逆定理，直观感知三垂线中一个平面、三个垂直关系以及四条直线之间的关系，并内化为数学语言与图形表象，从而促进学生透彻理解三垂线定理。算术记号是写下来的图形，几何图形是画下来的公式。因此，在教学过程中，教师要关注学生"由图读数"和"为数配图"能力的培养，强化学生数学语言互译的训练，加强数形结合思想的渗透，由此构建数与形之间的联系，进而提升学生的直观想象素养。

四、注重实物模型演示，增进空间想象能力的发展

空间想象能力是直观想象素养的重要组成部分，空间想象能力的培养是学生直观想象素养水平提升的前提保障。空间想象力是人们的抽象思维品质，而众所周知的是，形象化的实物模型对于抽象的几何概念的学习有着举足轻重的作用。因此，在教学过程中，教师要注重借助实物模型，促进学生对空间几何体的认识，历经直观感知—直观表象—直观想象的过程，从而发展学生的空间想象能力。

以空间几何体的三视图为例，就知识层面而言，空间几何体的三视图是平面图形，用二维平面来刻画几何体的结构特征。其中，三视图与几何体的相互转化，即利用简单几何体得到三视图以及根据三视图还原得到几何体这一"双向"的过程，更是将直观想象素养体现得淋漓尽致。

对于三视图的教学，首先，教师可通过"猜谜游戏"，即教师准备一个简单几何体的实物模型，并用纸遮挡起来，依次给出几何体的正视图、侧视图、俯视图，引导学生猜出该几何体的名称，激发学生的求知欲；其次，教师可通过构建长方体模型，根据三种不同的投影视角引出三视图的定义，并引导学生观察不规则图形，做出其三视图，促进学生从三维到二维空间想象能力的培养；再次，将简单几何体的三视图通过变换放置方式的形式，引导学生想象其直观图，培养学生从二维到三维的空间想象能力；最后，引导学生联系生活实际，动手制作生活中实物的几何体模型，并画出该组合体的三视图。学生通过从实物模型中抽象出空间几何图形,进一步将高维立体图形转化为低维三视图，

这一过程增进了学生空间想象能力和数学抽象能力的发展，由此促进学生直观想象素养的发展。

五、注重数学表达训练，促进数学交流能力的培养

培养学生的数学素养，不仅仅停留于知识与技能的培养，更需要注重学生表达与交流能力的培养，学生形成会"看数学"、会"读数学"、会"写数学"和会"讨论数学"的能力对于学生数学素养的提升是至关重要的。通过表达与交流，加深学生对数学的认识与理解，丰富认知的外延，感悟数学语言的简洁美。因此，在教学过程中，教师要给予学生充分表达自己的机会，注重学生规范化数学表达的训练。

例如，在平面向量概念教学中，由于平面向量是抽象的自由向量，所以教师首先应充分调动学生的主观能动性，通过物理的力、速度等具体模型引出向量概念，引导学生用规范化的数学语言表达向量的几何意义与代数意义；其次，基于向量的物理意义，教师应引导学生进行建模活动，运用数学语言，表述建模过程中的问题以及问题解决的过程与结果，形成研究报告，并进行交流；最后，组织学生收集向量的发展史，撰写关于"向量及其符号"小论文，将数学文化融入数学知识，丰富学生对于向量内涵的理解与认识。通过一系列数学表达的规范化训练，促进学生数学交流能力的培养，引导学生会"用数学的语言表达世界"。

第三节　培养高中生数学推理能力素养的教学策略

一、高中生数学推理能力培养的建议

针对如何有效培养高中生的数学推理能力，已有很多学者进行了深入而广泛的研究，并提出了许多行之有效的策略。这里，基于这些研究，并结合前人的研究成果，分析发现影响高中生数学推理能力发展的原因是多方面的，因此对高中生数学推理能力的培养也应从多个方面进行考虑。在此为高中生数学推理能力的培养提几点建议，以供教学参考。

（一）注重学生身心发展，遵循循序渐进原则

学习过程是一系列复杂的身心内部加工过程，学习结果是身心状态的积极转变。为了使学生快乐学习、全面发展，教师可做如下工作。

第一，加强对心理学、教育学等知识的学习，站在学生的心理需求上，考虑学生的

年龄特征来合理组织教学，降低学生的畏难情绪，使之较快理解并接受所学知识，从而提高学生的数学学习能力。

例如，在讲解"一元二次不等式及其解法"这一内容时，教师可从较为简单且学生更为熟悉的一元一次不等式进行导入，在学生厘清一次函数的图像、一元一次方程与一元一次不等式之间的联系的基础上，再将问题引申到一元二次不等式上，并引导学生将两者进行类比，探讨二次函数的图像、一元二次方程以及一元二次不等式之间存在着哪些联系，进而使学生轻松快乐地理解并掌握"一元二次不等式及其解法"这部分内容。

第二，数学的研究对象是具有高度抽象性的数和形，数学学习中所涉及的基本概念、定义、定理等往往也比较抽象，学生对它们的理解一般是逐步加深的，不能一蹴而就。同样，学生的数学学习能力，尤其是推理能力也不是与生俱来的，是需要长期培养并逐步提高的。为此，教师在教学中应充分考虑数学学科的特点以及学生的基本情况，重视学生学习的过程，不断激励学生学习，鼓励学生猜想，提高其学习兴趣，增强自信。

第三，加强学生的心理疏导工作，使学生积极面对现有学习状态，并对学生的行为与表现给予适当评价与指导，尤其是对学生的良好表现或行为要给予及时的肯定与褒奖。

（二）合理使用数学教材，充分发挥教材功能

数学教材是数学基础知识的载体，在教学实践中，为更好地培养学生的数学推理能力，教师以及学生有必要在教材上多下功夫，通过对数学教材内容的挖掘来找到培养数学推理能力的切入点，充分发挥数学教材的功能。对此，有以下四方面是值得注意的。

第一，教师应引导学生养成阅读数学教材的习惯，通过阅读挖掘课本中的隐含知识，并提醒学生注意教材中数学符号的规范使用，培养和提高学生的文字表达能力。

第二，教师与学生一起分析研究教材中的主要例题，抓住课本例题的本质，加深学生对基础概念、公式、定理的理解，培养学生发现问题、解决问题的能力。

第三，教师定期对所讲知识进行深入浅出的归纳，使学生更为深刻地理解所学知识，提高推理能力。例如，在讲解完三角函数这部分知识后，对所讲知识点及其之间的联系、思想方法、解题规律以及注意事项等进行系统归纳。

第四，充分挖掘并领悟教材中所涉及的推理方法，真正理解数学推理，以便提高数学推理能力。例如，对于"平面向量的线性运算"可通过联想类比"数的运算"得出相应结论，然后再对其进行证明，判断是否成立。

（三）合理把握课堂教学，引导学生积极思考

"教会年轻人思考"是波利亚长期坚定的信念。据此，教师在课堂教学中应正确引导学生积极思考，培养学生有益的思维方式和习惯，帮助学生形成必备品格和关键能力。有以下五点可做参考。

第一，数学教师除了要教给学生一定的数学知识外，还应当教会学生如何思考，锻炼学生的创造性思维，培养学生良好的思维习惯，为学生的可持续发展和终身学习创造条件、做好准备。

第二，注重启发式教学，力图让学生形成初步认识→探索→猜想→证明的思维习惯。并有意识地增加课堂提问概率，且要根据学生的学习程度来分层次地提问，观察课堂上学生的表现，针对学生可能出现的问题和错误，及时进行正确的引导与剖析。如此安排课堂教学，一方面可以使学生真正理解数学知识，抓住问题本质，再遇到类似的问题时就会明白如何进行推理解答；另一方面可以使学生养成良好的学习习惯——善于反思、体验过程、领悟规律，从而有利于学生的反思、概括、推理以及表达能力的培养，提高学生学习数学的自信心。

第三，在课堂教学过程中，教师要给学生树立好榜样，在讲解知识时要做到思路清晰、逻辑严谨，无形中培养学生思考缜密、言之有据的良好习惯。

第四，针对数学推理模块内容的教学，一方面，教师应将重心放在学生推理思维的养成上，而不是仅仅强调推理书写形式的训练，并在解决问题的表述上逐渐要求"步骤完整，理由充足"。另一方面，针对学生解题过程中出现的逻辑错误，教师必须及时纠正。长此以往，学生会逐渐养成严谨思考和严谨推理的习惯，终身受益。

第五，教师在讲授新课时，有必要先引导学生回忆已学知识，使学生能够在已学知识的基础上猜测新知识的内容、结构、研究方法等，进而激发学生的学习热情，提高学生学习的积极性。例如，在讲"概率的基本性质"这部分内容时，教师先带领学生回顾集合的相关知识，搭建新旧知识之间的桥梁，寻找两者之间的联系，进而可使学生更好地理解、掌握概率的基本性质。这样的类比教学过程，不仅能够激发学生的学习热情，使学生能想、敢想，提高自信心，同时还可加深学生对新旧知识的记忆，使其真正理解知识内涵，对学生数学推理能力的培养也是十分有利的。

总之，在教学中教师要深刻把握人才培养要求，把握教学的深度和广度，重视学生逻辑推理能力培养，从而更好地实现教与考的对接协调，方便教，方便学，方便考。

（四）加强数学解题研究，提高学生解题效率

在数学解题过程中，若各步推理都有充分的依据，又遵守相应的逻辑规则，那么题解必定正确。对此，为培养学生的数学推理能力，提高学生的解题正确率，教师应做到以下四点。

第一，加强对课标、考纲、教材及历年高考试题的研究，在指导学生进行解题练习时尽量避开题海战术，通过研究总结明确高考试题的出题方向，了解出题意向，明白所要考查的知识内容，善于进行归类分析。

第二，留心关注高考对核心素养的考查，特别是逻辑推理能力的相关试题，在对学生的日常作业和课堂练习题的编排上紧抓创新性，尽可能保证试题少而精，这对教师教学效率以及学生学习效率的提高有很大的帮助。

第三，无形中给学生进行思想灌输，通过习题讲解让学生明白数学推理试题考什么及如何考，减少学生做题的盲目性，并提醒学生及时记录易错题和一些经典试题，在建立不同类型逻辑推理试题的答题模板基础上做到走出模板、善于应变，使学生学得快、学得好。

第四，要求学生准备一个错题本，并经常提醒学生合理利用错题本，定期回顾错题本上的题，树立正确的"错误观"，使错误变成一种"财富"，同时可使学生养成积极进取、不屈不挠的心理品质，从而利于学生数学推理能力的培养。

二、高中数学核心素养中逻辑推理能力的培养

数学具有严密的逻辑性，这就要求学生学习数学要具有较强的逻辑推理能力，培养逻辑推理能力也是学生建构数学知识的一个必然过程。逻辑推理是高中数学核心素养六要素之一，在培养高中生逻辑推理核心素养的过程中，要培养学生发现问题及提出命题的能力；使学生掌握推理形式，以及学会用数学语言表述论证的过程；使学生掌握数学知识之间的脉络以及能够建构数学知识框架；使学生能够形成有论据、条理清晰、逻辑严谨的数学思维品质，增强学生的数学交流能力。

（一）逻辑推理之合情推理

合情推理是从特殊到一般的推理，主要推理形式有类比、归纳。合情推理强调的思维形式是观察、类比、猜想、实验等，建立联系，使学生形成运用逻辑推理的意识。比如，数列这一章的教学设计过程就运用了合情推理。下面通过一个具体的案例进行阐述说明。

1. 类比探索，归纳特点

通过类比探索，归纳出每一个数列的通项公式。那么如何推广到一般的等差数列呢？等差数列的通项公式是根据等差数列的概念通过归纳的方式得出的。在教学过程中，要引导学生根据等差数列的概念进行归纳。例如：

$a_2 - a_1 = d$,

$a_3 - a_2 = d$,

$a_4 - a_3 = d$,

· · · · · ·

所以，

$a_2 = a_1 + d$,

$a_3 = a_2 + d$,

$a_4 = a_3 + d$,

· · · · · ·

至此，可以让学生自己猜想通项公式会是什么，并让学生体会观察、归纳、猜想在得出新结论中的作用。

2. 实施解决，检验猜想

学生得出的公式只是一个猜想，通项公式的得出还需要通过严格的证明来检验。在教学过程中，教无定法，贵在得法。在教学实践中教师应根据具体情况灵活运用教学方法，以此来不断提高学生的合情推理能力。

（二）逻辑推理之演绎推理

演绎推理是指从一般到特殊或个别的推理方法。只要前提可靠，用演绎推理推得的结论就是完全可靠的，演绎推理是一种严格的推理方法。比如，三段论推理就是演绎推理的一种，三段论推理就是指从某类事物的全称判断——大前提，特称判断——小前提，得出一个新的、较小的全称或特称判断——结论的推理。三段论的基本结构如下：

大前提 M 是 P，小前提 S 是 M→结论 S 是 P；

大前提 M 不是 P，小前提 S 是 M→结论 S 不是 P。

其中，P 称为大项，M 称为中项，S 称为小项，中项是媒介，在结论中不出现。三段论的依据是下面这个不证自明的公理，也称三段论公理：一类事物的全部是什么或者不是什么，那么这类事物中的部分也是什么或不是什么。

一般在实际的推理过程中，三段论中的大前提都省略，这会使学生体会不到其中的三段论推理。

（三）数学逻辑推理能力的培养

数学逻辑推理是学生学习数学、进行思考的基本能力，对于学生数学逻辑推理能力的培养，可以从以下两个方面进行：

1. 加强数学活动的过程教学，提高学生的合情推理能力

教师可以通过创设相应的教学情境，或者适当的学习活动，尽可能使学生亲身体验数学概念的形成过程；还可以通过精心设计和组织教学过程，引导学生积极主动地参与到公式、定理、法则、性质的发现、探索及推导的过程中；也可以在习题课中，通过暴露解题的思考过程，解释自己在解题过程中思路受阻及产生错误后是如何调整思维方式的，帮助学生逐步掌握探索的方法以及解题的规律，培养和发展学生自我调控的能力。

2. 进行演绎推理的训练，提高学生的演绎推理能力

（1）结合具体教学内容，介绍或讲授一些必要的逻辑知识

掌握一定的逻辑知识，对于培养与发展学生的逻辑推理能力具有重要意义。如果学生缺少逻辑知识，那么对于数学内容中含有的逻辑成分就理解不透彻，在这种情况下学生去学习推理往往只是照本宣科地使用逻辑法则，有时还会发生逻辑错误，妨碍自身逻辑思维和逻辑推理能力的发展。所以，让学生学习和掌握一定的逻辑知识，可以帮助学生形成自觉使用逻辑规则的习惯，减少或者避免逻辑错误的发生，提高学生的逻辑思维

能力与推理能力，对于培养与发展学生的逻辑思维能力和演绎推理能力也是具有重要意义的。

（2）在运算中培养学生的逻辑推理能力

学生在学习代数这部分内容时，可以认识到"运算也是推理"。教师应强调不要只是记忆运算的步骤，而是要理解和掌握运算的依据，这不仅有利于提高运算的准确性，还有利于学生逻辑推理能力的培养；还要强调把计算步骤与运算依据结合起来，培养学生"说理"的习惯和能力，从而提高学生的逻辑推理能力。

（3）有层次、分阶段地培养学生的逻辑推理能力

在平面几何的教与学的起始阶段，教师可以通过对直线与线段以及角等基本概念的教学，训练学生依据直观图形做出言必有据的判断；再通过对相交线、平行线、三角形等有关内容的教与学，训练学生根据条件推出结论，会用数学符号表示命题的条件和结论，使学生掌握证明的步骤以及格式；进而在全等三角形的教与学之后，训练学生能够进行完整的推理论证的能力，使学生逐步掌握推理技能；再在上述基础之上，进行复制问题论证的训练，培养和发展学生的逻辑思维能力和逻辑推理能力。

三、高中生数学推理能力培养的实例探究

数学教育的初衷不是要学生被动地接受知识，而是让学生养成一种积极的思维习惯。在教学活动中，如果能让学生参与探究、思考、推理活动，使其在发现的过程中体验快乐，将学习变成乐趣，主动地去吸收、探求知识，进而抓住问题的本质，加深知识理解，并启发新的思考，不仅有利于学生数学推理能力的培养，也有利于取得事半功倍的教学效果。

在此，基于以上研究及对高中生数学推理能力的培养建议，分别从高中数学中的数列和函数这两大学习模块中各选择一处实例进行探究，以期对学生的学习以及教师的教学起到切实有效的作用。

（一）阿基米德公式的推理探究

阿基米德自然数平方和公式：$Sn = 1^2 + 2^2 + 3^2 + 4^2 + \cdots + n^2 = \dfrac{n(n+1)(2n+1)}{6}$，以其为例进行简单探究与思考。

在人教版普通高中课程"推理与证明"中，前 n 个自然数的平方和公式以例题的形式出现，要求学生用数学归纳法对其进行证明。学生或许能熟练掌握前 n 个自然数的平方和公式，并能借助数学归纳法对其进行简单证明。但通过对学生的解答情况以及思考过程的分析，不难发现大部分学生并不清楚其本质。为了能够彻底解决学生的疑惑，使学生明白该问题的本质，激发学生的求知欲以及学习兴趣，提高学生的数学推理能力，在此对阿基米德公式进行如下推理探讨。

首先，教师可通过讲述大数学家高斯是如何处理计算题"1+2+3+4+…+100=？"

的故事，引导学生回忆之前学习等差数列前 n 项和的内容时，对于自然数列 $\{1,2,3,4,\cdots n\}$ 的前 n 项和 $S_1(n)$，是采用倒序相加法来求解的。那么，与之有些类似的数列 $\{1^2,2^2,3^2,4^2,\cdots n^2\}$ 的前 n 项和 $S_2(n)$，是否可以同样采用倒序相加法来求解呢？然后，将问题留给学生，让学生先尝试自己动手解决问题。学生动手操作后，不免会感到些许遗憾，发现求数列 $\{1,2,3,4,\cdots n\}$ 的前 n 项和的问题与求数列 $\{1^2,2^2,3^2,4^2,\cdots n^2\}$ 的前 n 项和的问题看上去十分相似，但是倒序相加法却对后者没有产生有用的效果。

那么，数列 $\{1^2,2^2,3^2,4^2,\cdots n^2\}$ 的前 n 项和到底是怎样的一个结果呢？这就需要大家一起来思考有没有其他可以解决问题的方法了。

1. 归纳探究

教师可提醒学生将数列 $\{1,2,3,4,\cdots n\}$ 的前 n 项和 $S_1(n)$ 与数列 $\{1^2,2^2,3^2,4^2,\cdots n^2\}$ 的前 n 项和 $S_2(n)$ 分别一一列举出，并观察有何新的发现。即引导学生进行如下探讨。

记：

$$S_1(n) = 1+2+3+4+\cdots+n；$$

$$S_2(n) = 1^2+2^2+3^2+4^2+\cdots+n^2。$$

列表并观察规律，如表 4-1 所示。

表 4-1　$S_1(n)$ 和 $S_2(n)$

n	1	2	3	4	5	$\cdots$	n
$S_1(n)$	1	3	6	10	15	$\cdots$	$\dfrac{n(n+1)}{2}$
$S_2(n)$	1	5	14	30	55	$\cdots$	无规律
$S_1(n)-S_2(n)$	0	2	8	20	40	$\cdots$	无规律
$\dfrac{S_2(n)}{S_1(n)}$	$\dfrac{3}{5}$	$\dfrac{5}{3}$	$\dfrac{7}{3}$	$\dfrac{9}{3}$	$\dfrac{11}{3}$	$\cdots$	有规律

通过观察表 4-1，单独看 $S_2(n)$ 的各项结果，发现无规律可循；对 $S_2(n)$ 与 $S_1(n)$ 进行作差处理，观察其结果，仍旧无规律可循；而若对 $S_2(n)$ 与 $S_1(n)$ 进行作商处理，观察其结果，不难发现，其存在一定的规律。

由此，猜测可得：

$$S_2(n) = \frac{2n+1}{3}S_1(n)$$

$$= \frac{2n+1}{3} \cdot \frac{n(n+1)}{2}$$

$$= \frac{n(n+1)2n+1}{6}$$

2. 猜想探究

不妨记 $S_2(n)$ 为多项式 $f(n)$，而对 $f(n)=1^2+2^2+\cdots+n^2$，有 $n^2=f(n)-f(n-1)$。

经猜想，令 $f(n)=a^2n^2+a_1n+a_0$，

利用待定系数法，当 $n=1,n=2,n=3$ 时，

得方程组：

$$\begin{cases} a_2 + a_1 + a_0 = 1 \\ 4a_2 + 2a_1 + a_0 = 5 \\ 9a_2 + 3a_1 + a_0 = 14 \end{cases}$$

解方程组可得：

$$a_2 = \frac{5}{2}, a_1 = -\frac{7}{2}, a_0 = 2。$$

即 $f(n) = \frac{5}{2}n^2 - \frac{7}{2}n + 2$。

然而，当取 n=4 进行检验时，发现结果并不正确。

所以，猜测 $f(n)$ 为 2 次多项式是行不通的。

那么，试猜想 $f(n)$ 为 3 次多项式是否可行呢？

令 $f(n) = a_3n^3 + a_2n^2 + a_1n + a_0$，使 $n^2=f(n)-f(n-1)$，

同理可得，$a_3 = \frac{1}{3}, a_2 = \frac{1}{2}, a_1 = \frac{1}{6}, a_0 = 0$。

即 $f(n) = \frac{1}{3}n^3 + \frac{1}{2}n^2 + \frac{1}{6}n$。

经检验，此猜想是可取的，即 $S_2(n) = \frac{1}{3}n^3 + \frac{1}{2}n^2 + \frac{1}{6}n$。

需要注意的是，对于以上经过归纳与猜想探究所得的结论，可通过数学归纳法证明其成立。

设计意图：通过师生互动、合作交流的方式进行探究，一方面让学生参与活动，深刻体会探究知识并获得结论这一学习过程的乐趣，激发学生的求知欲以及学习兴趣，提高其自信心；另一方面有助于学生真正理解并掌握知识，在解决疑惑的同时还可有效培养学生的数学推理能力。

3. 类比探究

在前两步学习探究活动的基础上，引导学生对数列 $\{1^3, 2^3, 3^3, \cdots n^3\}$ 的前 n 项和进行求解，即对前 n 个自然数的立方和公式进行探讨。

记：

$$S_1(n) = 1 + 2 + 3 + 4 + \cdots + n$$

$$S_2(n) = 1^2 + 2^2 + 3^2 + 4^2 + \cdots + n^2$$

$$S_3(n) = 1^3 + 2^3 + 3^3 + 4^3 + \cdots n^3$$

在表 4-1 的基础上，依次列出 $S_3(n)$ 的各项，观察规律，不难发现 $S_3(n)$ 与 $S_2(n)$ 之间无明显的规律可循，而 $S_3(n)$ 与 $S_1(n)$ 之间却有着一定联系。

猜想可得：

$$S_3(n) = \left(S_1(n)\right)^2 = \left(\frac{n(n+1)}{2}\right)^2 = \frac{n^2(n+1)^2}{4}$$

利用数学归纳法证明，可知该猜想结论成立。根据前 n 个自然数的和、平方和以及立方和公式，进一步猜想 $S_4(n) = 1^4 + 2^4 + 3^4 + 4^4 + \cdots + n^4$ 的公式是怎样的一个结果。对此，根据以上探究，归纳总结后不难发现：

$$S_1(n) = \frac{n(n+1)}{2} = \frac{1}{2}n^2 + \frac{1}{2}n$$

$$S_2(n) = \frac{n(n+1)(2n+1)}{6} = \frac{1}{3}n^3 + \frac{1}{2}n^2 + \frac{1}{6}n$$

$$S_3(n) = \frac{n^2(n+1)^2}{4} = \frac{1}{4}n^4 + \frac{1}{2}n^3 + \frac{1}{4}n^2$$

通过类比：

对于数列 $\{1^4, 2^4, 3^4, \cdots n^4\}$ 的前 n 项和，可能有：

$$S_4(n) = 1^4 + 2^4 + 3^4 + \cdots n^4$$

$$= An^5 + Bn^4 + Cn^3 + Dn + E$$

对其感兴趣的学生可以利用课余时间进行探讨。

设计意图：引导学生自主参与到推理活动中，给予学生一个体验、探索的"再创造过程"，培养学生的创新发散思维，让学生深刻感受数学的魅力。最后，教师可将所讲的知识点及其之间的联系、技能、思想方法、解题规律以及注意事项等进行归纳总结，并可将学生在探究活动中所获得的有价值的成果以作品的形式进行展示。

（二）同角三角函数的基本关系的推理探究

"同角三角函数的基本关系"是学生在学习了"任意角的三角函数"后，必须掌握的又一重要内容。对于这部分内容，教材从三角函数的定义出发，并借助勾股定理，直接推出同角三角函数的两个基本关系式。

考虑学生的实际学习情况及学习兴趣，即学生在学习本节课之前已学习并熟悉了系列特殊角（$0°$、$30°$、$45°$、$60°$、$90°$、$180°$……）的三角函数值，所以教师在课堂教学中不妨采用启发式、师生互动、合作交流的教学方法，先从几个特殊角的三角函数值入手，引出几个问题让学生解答，并引导学生发现规律、总结规律、得出猜想结论。然后，在合作交流得出猜想结论之后，教师再鼓励学生尝试借助三角函数的定义对所得结论进行证明。

第四节　　培养高中生数学运算能力素养的教学策略

数学运算是高中数学核心素养六要素之一，它主要包括使学生能够理解数学运算的对象，理解和掌握数学运算法则，探究数学运算方向，并能够根据不同的问题选择相应的数学运算方法、设计程序、求得结果等。在培养高中生数学运算核心素养的过程中，要培养学生进一步发展数学运算能力，运用数学运算方法解决现实生活中实际问题的能力，发展学生的数学思维，使学生养成严谨求实的科学态度。

一、明确数学运算的对象

明确运算的对象，是快速准确进行数学运算的关键。明确运算的对象，对运算的方向和路径的确定起到了保障作用。所以，在高中数学运算能力核心素养的培养中，首先要训练学生对运算对象的把握。

例：设 $a \in R$，若 $x > 0$ 时均有 $(ax-1)[x^2-(a+1)x-1] \geq 0$，求实数 a 的值为多少？

如果以解不等式的方式来进行运算，需要进行分类讨论，中间环节比较复杂，运算起来比较麻烦。但是，如果把运算的对象确定为函数，运算起来就容易多了。仔细审题，可以发现，不等式的左边是两个因式相乘的形式，把这两个因式看作对应的函数，就可以将不等式与函数相结合，这样就有一个直观的认识，运算起来相对比较简便。

解析：令 $f(x) = ax - 1, g(x) = x^2 - (a+1)x - 1$。

由其根式解可知，$g(x)$ 的两个零点 $x_1 < 0 < x_2$，

根据几何图形判断：

只有当 $a > 0$ 且 $f(x)$ 的零点也为 x_2 时不等式恒成立。

将 $x_2 = \dfrac{1}{a}$ 代入 $g(x)=0$ 中，

得 $\dfrac{1}{a^2} - (a+1)\dfrac{1}{a} - 1 = 0$

解得 $a = \dfrac{1}{2}$。

二、理解和掌握数学运算法则

理解和掌握数学运算法则是逐步形成运算技能、发展运算能力的基础。在数学教学中，教师对于运算法则的讲授要透彻、清晰，以便学生理解和掌握。只有掌握了数学运算法则等相关知识，才能使学生在进行运算时明确运算的方向，开阔思路。掌握运算法则是为进行运算提供依据，也是保障正确运算的前提。数学运算法则的掌握，离不开对一些基本概念的理解与运用。

例1：已知数列 $\{bn\}$ 是等比数列，S_n 是它的前 n 项和，若 S_{n+1}，S_n，S_{n+2} 成等差数列，求公比 q 的值为多少？

解析：

$\because S_{n+1}$，S_n，S_{n+2} 成等差数列，

$\therefore 2S_n = S_{n+1} + S_{n+2} = S_n + b_{n+1} + S_n + b_{n+1} + b_{n+2}$，

即 $0 = b_{n+1} + b_{n+1} + b_{n+2}$；

$\therefore q=-2$。

此题利用了数列前 n 项和的定义，过程简明，考查了对定义的理解与掌握。

数学运算法则的掌握，除了离不开对一些基本概念的理解与运用，还需要学生理解与掌握一些典型问题的结论和方法。

例2：在平面直角坐标系中，椭圆 $\dfrac{x^2}{a^2} + \dfrac{y^2}{b^2} = 1(a > b > 0)$ 的左右焦点分别

为 F_1、F_2，B、C 分别为椭圆的上下顶点，直线 BF_2 与椭圆的另一个交点为 D，若 $\tan \angle F_1BO = \dfrac{3}{4}$，则直线 CD 的斜率为多少？

此题求解的关键，在于利用结论"在椭圆 $\dfrac{x^2}{a^2} + \dfrac{y^2}{b^2} = 1(a > b > 0)$ 中，若 MN 为

过椭圆中心的一条弦，P 是椭圆上的异于 M、N 的一点，则有 $k_{PM} \cdot k_{PN} = -\dfrac{b^2}{a^2}$"，即

可快速求得直线 CD 的斜率。

解析：$\because \tan \angle F_1BO = \dfrac{3}{4}$

$\therefore$ 直线 BD 的斜率 $k_{BD} = -\dfrac{3}{4}$

又 $\because BC$ 为过椭圆中心的一条弦，D 是椭圆异于 B、C 的一点，

$\therefore \mathrm{k}_{BD} \cdot k_{CD} = -\dfrac{b^2}{a^2}$。

三、探究数学运算的方向

学生运算能力提升的标志不在于运算本身，而在于运算方向和运算思路的确定。所以教师在教学过程中，要注重带领学生对运算方向与运算思路进行探究，以提升学生的数学运算能力，从而培养学生的数学运算核心素养。关于如何确定运算方向以及运算思路的拓展，下面通过一个案例进行阐述。

例：已知 $\cos\left(\alpha + \dfrac{\pi}{4}\right) = \dfrac{3}{5}$，$\dfrac{\pi}{2} \leqslant \alpha < \dfrac{3\pi}{2}$，求 $\cos\left(2\alpha + \dfrac{\pi}{4}\right)$ 的值。

首先，教师引导学生仔细审题，分析条件，从 $\alpha + \dfrac{\pi}{4}$ 和 $2\alpha + \dfrac{\pi}{4}$ 之间的关系入手，

师生一起探究运算的方向和思路。

学生 A：$2\alpha + \dfrac{\pi}{4} = \alpha + \left(\alpha + \dfrac{\pi}{4}\right)$ ①

分析：学生 A 给出的关系式①简洁明了，但在求 $\cos\left(2\alpha + \dfrac{\pi}{4}\right)$ 的过程中，需要先

求出 $\sin\alpha, \cos\alpha, \sin\left(\alpha+\dfrac{\pi}{4}\right)$ 的值。

学生 B：$2\alpha+\dfrac{\pi}{4}=\left(2\alpha+\dfrac{\pi}{2}\right)-\dfrac{\pi}{4}$ ②

分析：学生 B 给出的关系式②相比较关系式①而言要复杂一些，但在求 $\cos\left(2\alpha+\dfrac{\pi}{4}\right)$ 的过程中，只需要求出 $\sin\left(2\alpha+\dfrac{\pi}{2}\right), \cos\left(2\alpha+\dfrac{\pi}{2}\right)$，即 $\sin 2\alpha$ 和 $\cos 2\alpha$ 的值。

教师：继续往下分析，由 $\cos\left(2\alpha+\dfrac{\pi}{4}\right)$ 的值求 $\sin\alpha$、$\cos\alpha$ 容易，还是求 $\sin 2\alpha$、$\cos 2\alpha$ 的值容易？

学生 C：由于 $2\alpha+\dfrac{\pi}{2}=2\left(2\alpha+\dfrac{\pi}{4}\right)$，所以求 $\sin 2\alpha$、$\cos 2\alpha$ 的值更容易一些。至此，运算的方向基本确定，学生的运算思路也打开了。

四、根据不同问题选择相应的数学运算方法

能够熟练使用和选择数学运算方法，对提高学生的数学运算能力具有重要意义，对于提高学生的运算速度也是十分必要的。数学运算方法一般有换元法、数形结合法、常值代换法以及解析几何中的设而不求法等。

例：已知 $a>0$，$b>0$，且 $\dfrac{1}{a}+\dfrac{4}{b}=1$，求 $a+b$ 的最小值。

解析 1：求解这个问题，一般是用消元法将其转化为一元函数求解，求解过程如下：

$\because \dfrac{1}{a}+\dfrac{4}{b}=1$，

$\therefore a=\dfrac{b}{b-4}, a+b=b+\dfrac{b}{b-4}$，

令 $f(b)=b+\dfrac{b}{b-4}$ $(b>4)$（转换为求函数的最小值）。

解析 2：用换元及基本不等式
又 $\because a+b=1$，

$$\therefore (a+b) = \left(\frac{1}{a}+\frac{4}{b}\right)\cdot(a+b) \quad (运用 "1" 的代换)$$

$$=5+\frac{b}{a}+\frac{4a}{b} \geqslant 5+2\sqrt{\frac{b}{a}\cdot\frac{4a}{b}}=9$$

$\therefore$ a+b 的最小值是 9。

此题运用换元法以及基本不等式求解，简便快捷。所以，能够熟练使用和选择数学运算方法，不仅对提高学生的数学运算能力具有重要意义，对于学生数学运算核心素养的培养也是很有必要的。

五、使学生掌握数学运算的程序性

数学运算具有一定的程序性，学生如果没有掌握数学运算的程序性，就不能合理完成数学运算。

例如，在利用三角函数的诱导公式求任意角的三角函数值的过程中，首先，利用三角函数的负角公式将任意角的三角函数转化为正角的三角函数，再利用 "$2k\pi+\alpha$" 公式，将其转化为 $0\sim\frac{\pi}{2}$ 的三角函数。

掌握运算的程序，就相当于摸清了运算的规律，这样进行数学运算时就提高了运算的合理性以及自觉性，有利于学生数学运算核心素养的培养。

第五章 高等数学教育的认识

第一节 高等数学教育博弈

　　高等数学是公共基础性学科，高等数学与计算机、工程、电子等学科关联性强，加大对高等数学教学博弈理论的研究和分析，将会推动整个教育体系的进步。因此，有必要通过博弈理论的分析和研究，不断推动高等数学教育教学水平的提升。

一、高等数学教学模式效率低下的原因分析

　　教育"博弈论"也即"游戏理论"，旨在通过不同的策略或计谋，让参与者在游戏过程中获得心理上的满足，赢了还想多赢，输了还想赚回来，永远没有休止的那一刻，这就是游戏和博弈的魅力。同样这种博弈游戏策略在高等数学教学过程中也有着同样的应用前景。对于高等数学教学来说，由于课程知识和体系的抽象性和高难度性，很多学生对高等数学并不感兴趣或者认为这么高深的理论知识并没有多大的用处。

（一）受到传统教学模式的影响

　　在传统的高等数学教学模式下，学生往往是被动地接受知识，有些学生甚至没有做好课前预习工作，对老师讲授的内容缺乏足够的理解和掌握。而教师则沿用传统的教学模式，将讲授的内容或者是教科书的内容简单地给学生讲一遍，然后是给学生布置课后

作业。老师在授课过程中注重课时安排，但对于课堂效果情况则较少顾及，教师甚至对学生在课堂上面无表情、"开小差"等情况听之任之，不及时加以制止，学生们则充分掌握了老师的授课规律，不认真听课，考试时应付了事，这种传统的教学模式无益于教学效率的提升。

（二）教师教学责任的博弈分析

通常情况下，教师是教学过程的主体，教师的敬业精神、知识水平、道德情操、课时准备等因素往往是影响教学效果的决定性因素。教师必须认真做好教学内容组织、课堂秩序维护、授课技巧把握等工作，这中间的任何环节都必须准确无误地做到。此外，也必须准确把握好教师的形象，做到课堂内外的表现如一。否则学生们会受到教师方面因素的影响。

（三）学生对学习的认识与配合的博弈分析

教学过程中教师是主导因素，但是学生的认识和配合也非常重要，学生对课堂效果情况负有直接的责任。准确地说，教学效果是老师与学生密切配合的产物。教学课堂的成功与否应该说与学生而不是老师有着密切的关系。如果教师认为学生不接受或不认可其教学投入，则会以减少投入来对抗学生，从而达到心理上的平衡。同时学生们的情绪对教师的授课过程也有着直接的影响，学生们的言行举止会左右教师的精神状态。因此，成功的课堂效果需要学生们的积极配合，教师也要努力做好课堂秩序的维护，学生也应积极发现教学中存在的问题并反馈给教师。

（四）学校学习环境的博弈分析

高等数学与其他学科相比，是一门公共基础性学科，但由于内容抽象、理论较深，很多学生难以接受。这就需要加快学校氛围环境的建设。包括教师在内的所有教职员工和学生都应致力于学习环境和氛围的维护，营造浓厚的学习科研氛围，开展各种学科竞赛活动，为学生提供更多展现个人特长的机会和条件。

二、高等数学教学过程实现良性博弈的对策分析

高等数学博弈理论是创新教育教学改革的重点和关键点。虽然博弈理论在目前的高等数学教学中应用并不广泛，但有着广阔的前景和空间。

（一）重视师生关系的维护和情感互动

根据之前的分析，教与学的博弈结果主要有两种：高效率的教学和低效率的教学。在这个过程中，学生与老师是双方互动的。但总的来说，教师还是占主导地位的，教师对教学效果负有直接的责任。因此，教师应根据学生的个性特点、知识水平、兴趣爱好等搭建师生互动良好平台，在教与学之间建立轻松愉快的学习氛围，在保障教学效果的同时最大限度地尊重学生的个性，做好角色定位，形成良好的人际互动，达到师生关系的合理化，提升课堂效果。

（二）创新教学方法，精心设计导入

创新教学方法就是要建立既适应学生学习特点，又能提高教学效率的方法和条件。如通过丰富的教学手段、实验观察引入法、讨论分析法等吸引学生的注意力，引导他们全身心投入到学习中去，进而培养其科学的素质。如在高等数学授课时，由于部分学生高等数学基础比较薄弱，在定理推导过程中，可以先从定理产生的社会背景、演绎过程、社会意义等方面入手，通过引人入胜的情节吸引学生，再就定理的推导和演变过程进行重点讨论和讲解。同时，对于定理的证明还可以启发学生不拘泥于定理的推导过程和证明过程。重点通过发散思维加大对定理的讨论力度，不断激发学生的学习兴趣。

（三）注重课堂教学与课外实践的结合，开拓学生的思维创新能力

在信息化技术迅速发展，教学模式和方式在不断发生变化的情况下，教师的主要任务是将知识最大限度地传播给学生，启发他们主动去思考问题，这是传统的教学模式。然而，计算机与网络技术迅速发展的今天，学生通过捕捉信息以及获得的资源或渠道学习，教师在这方面占有的优势正在弱化；相反，由于网络学习的便利性和网络资源的丰富性，开放式学习正在得到不断的推广。老师的最大优势在于经验和方法，这是教学当中最为重要的，也是对学生最有用的。然而，当前的学习渠道和模式远远超过了传统的课堂，教师的地位和作用正在不断淡化。这对传统高等数学教学提出了机遇和挑战，因此，可以将教学过程进行适当延伸，发挥教学效果的最大功用，教师的职能才能不断得到加大。

数学教育是教育学的一个重要分支，它主要研究和探讨教师在数学教学过程中如何最有效地把数学的发展规律、数学的思想方法以及数学中的发现、发明与创新等传授给学生，使学生能够在今后的工作中充分运用数学的独特思维方法及数学的独特技能去发现问题、分析问题，并最终解决问题。

三、高等数学教育博弈分析

如何培养和提高大学生的数学能力是教育专家共同关心的问题，教学过程能否按预定的目的发展需要教师和学生的相互协作。毫无疑问，不教不学肯定不行，愿教不学和愿学不教也不行，那么愿教愿学是否就行了呢？答案是否定的，因此就需要对数学教学过程进行研究，同时对数学的教学效果进行评判。

（一）师生激情博弈的纳什均衡

现在大学都在进行教学改革，为提高教学质量引进了新的教育评价机制，它不仅要求教师要对学生进行评价，也要求学生对教师进行评价。这种机制的可行性如何？用师生激情博弈给以证明。

博弈是对战略相互作用的描述。这里为讨论问题的方便，设博弈的参与人为教师和学生；教师的战略是上课有激情至无激情，学生的战略是有兴趣至无兴趣（教师的激情和学生的兴趣具有较大的相关关系）；以师生在课堂上教学互动为条件，取教师对学生

的印象评价及学生对教师的印象评价为支付，具体模型见表5-1。

　　表5-1表示当教师有激情时对学生的评价是：有兴趣的为"优"，无兴趣的为"良"；当教师无激情时对学生的评价是：有兴趣的为"良"，无兴趣的为"一般"（教师只是为了教而教，完成任务）；当学生有兴趣时对教师的评价是：有激情的为"优"，无激情的为"一般"（此时学生对教师的要求比较高）；当学生无兴趣时对教师的评价是：有激情的为"良"，无激情的也为"良"（此时学生只是为了学而学，完成任务）。

表 5-1　师生激情博弈矩阵

		学生	
		有兴趣	无兴趣
教师	有激情	优，优	良，良
	无激情	良，一般	一般，良

　　在师生激情博弈中得到该博弈具有唯一的纳什均衡解："教师有激情，学生有兴趣。"纳什均衡是一种战略组合，它表示这种战略组合由所有参与人的最优战略组成，且没有任何人有积极性打破这种均衡。师生激情博弈输出的信息，进行师生间的相互评价有利于向管理目标靠近，当然也看到，如果学生学习无兴趣，那么学生对教师的评价就有失公平，优质资源得不到充分发挥。因此首先需要解决的问题是：怎样充分调动学生学习的积极性，使学习变被动学习为主动学习。

　　在历来的数学教育活动中，往往片面地把数学教育仅仅当作学习数学知识和技能，忽视了数学教育的精髓，即"数学思想"。数学学科并不是一系列的技巧。这些技巧只不过是它微不足道的方面：它们远不能代表数学，就如同调配颜色不能当作绘画一样。技巧是将数学的激情、推理、美和深刻的内涵剥落后的产物。数学在形成现代文化和思想中起着重要作用，数学一直是形成现代文化的主要力量。由于数学的抽象性及技能的复杂性，在数学教学中如果单纯地强调概念及解题技巧，则很容易使学生产生见数学就厌的局面，挫伤学生的学习积极性。我国著名数学家吴文俊说："一万人口中顶多有一两个数学家，不能用数学家的要求来指导数学教学。"显然从小学到大学开设数学课，不是想让他们都成为数学家（这不现实），而是希望让大家都具备数学思想，这有利于提高全民的文化素质。事实上，大家是很乐意接受数学思想的，如最值问题的具体化：怎样使利益达到最大值。但是由于对数学教育认识的偏见，无意中抑制了部分学生对数学学习的积极性，破坏了学习的兴趣，然而积极性是学习的动力，兴趣又偏偏是最好的老师。高难度的电脑游戏常常会吸引众多的青少年！此中的道理不言自明。

（二）从"存在问题"看科学态度及创新精神

　　部分大学生对数学谈不上有兴趣，更不知道学数学的真正意义。还有一部分学生又把数学仅仅当作一门工具在学，不知数学思想是什么，尽管有的学生数学技能掌握较好，但应用能力较差，创新能力欠缺，导致学生进入社会后经常发生高分低能的现象。究其原因，与教育思想有关，在教学中，学生已习惯了做有答案的问题，习惯了做由别人提出来的问题，自己不会去发现问题，特别在数学教学中，学生更愿意做计算题而不愿意做证明题。所有这些问题，归根到底就是在整个教学过程中缺乏实事求是的科学态度和创新意识的引导，因此需要解决的问题是该教什么、怎么教。应该也有必要让学生了解数学思想的指导作用；让学生不仅掌握知识和技能而且还要学会猜想并能设法去证明其猜想的正确性。

古希腊是近代数学的发源地，当时有一个著名的几何学难题：能否以相同的形状使体积增为两倍？

该问题看起来既简单又现实，当时有许多哲学家、几何学家积极提出挑战，可不管怎么尝试就是无法解决（当时希腊几何学的作图工具只能使用直尺和圆规）。有趣的是，直到19世纪该问题以证明了不可能做到而宣告结束。"存不存在问题"就这样通过数学思维的形式得到圆满的解决。不是所有的问题都有答案。直觉认为对的它就一定存在吗？所以当一个问题被提出来后，首先要讨论它的存在性，在存在性问题解决后，继续做下面的工作才有意义！这就是科学的态度，这就是数学思想的严谨性。为什么现在一个改革方案被提出后，不是先实施而是要先进行可行性论证，这就是数学思想的再现！

不妨再看著名的高斯定理即"n次方程式一定有解"。当解决了实系数一次方程、二次方程、三次方程有解后，高斯大胆地提出"方程式都有解吗？如果有，是否都能求到？"高斯通过研究发现"n次方程式一定有解"。高斯不仅相信虚数的存在，而且相信虚数的运用能使数学的发展突飞猛进，但当时人们只承认实数的存在，把虚数视为想象中的数字，不知道是否真的存在。怎么办？高斯首先用"代数方程式根的存在性证明"这一独特的手段通过当时权威们的认可，而后再将复数集与平面点集一一对应，构造复数的几何模型，最后在柯西、黎曼、魏尔斯特拉斯等著名数学家的共同努力下，建立了复变函数理论，并顺利实现了复变函数在流体力学、弹性力学、电工学等领域中的应用，由此引爆了一场工业技术革命，划时代的创举在数学问题中诞生，数学的超前性充分体现了它的创新性，数学思想的威力对人的思维活动产生了重要的影响。

在高等数学教学中，存在性问题处处可见，如在解题时经常需要思考"极限存在吗？函数可导吗？最值存在吗"等等，但是教材中的习题主要用于巩固本章的知识点，开放型题很少，因此需要教师充分地引导，最好能在教学计划完成后安排一至两次讨论课，利用分组的形式让大家展示数学思维的活动过程，逐步培养学生实事求是的科学态度及勇于创新的能力。

（三）从"囚徒困境"看决策能力

在提升或挑选人参加高层次的数学活动或进入数学专业时，该人的数学表现作为评价的决定性标准，这是不足为奇的。可是，值得注意的是，许多国家在提拔、筛选某人去从事研究与数学"毫不"相干的内容时，也常常以数学表现的评价作为一个基本条件。这是为什么呢？请先看博弈论中的一个著名例子——"囚徒困境"。

"囚徒困境"说的是两个嫌疑犯作案后被警察抓住，并分别被关在不同的屋子里进行审讯。警察知道两人有罪，但缺乏足够的证据定罪，除非两人当中至少有一个人坦白。

怎么办？警察采取了这样一个决策，他告诉每个罪犯：如果两人都抵赖，每人都以轻微的罪行判刑 1 年；如果两人都坦白，每人都判刑 8 年；如果两人中一人抵赖另一人坦白，则坦白的释放而抵赖的判刑 10 年。具体模型见表 5-2。

表 5-2　囚徒困境博弈矩阵

		囚徒乙			
		坦白		抵赖	
囚徒甲	坦白	−8	−8	0	−10
	抵赖	−10	0	−1	−1
		甲结果	乙结果	甲结果	乙结果

从矩阵表 5-2 可见，对两罪犯整体而言，（抵赖，抵赖）是两罪犯合作的最优战略，但在两罪犯被抓后分别关押且彼此不知道对方会采取什么战略时，每个囚徒就会在警察所给的策略下选择自己的最优战略即"坦白"，于是"囚徒困境"中的纳什均衡解正好是战略组合"坦白，坦白"，警察最终达到了预定的目的。

大家都知道有"坦白从宽，抗拒从严"的宏观政策，并且都认可警察对罪犯审讯时的心理攻势。殊不知，在宏观政策的主导下，也需要微观政策的辅助，上述"囚徒困境"中的具体战略支付所起到的作用就是一个很好的证明。

数学思想在各个方面所起到的作用并不都是可用量化的尺度直接计算出来的。在高等数学教学中，很有必要让学生深刻领会数学各个知识点的内在活力。

如极限的意义、求导的由来、积分的思想、微分方程的作用等等。具体可用两种形式相结合的方法给学生打分，这两种形式一种是早已习惯的闭卷考试；另一种是由教师根据学生的实际情况提出若干个问题，让学生在规定的时间内开卷完成（如数学建模竞赛）。这样，学生才能在今后的工作中，会根据实际需要先进行数学建模，然后再运用技能技巧进行解答，最终使问题得到圆满的解决，避免高分低能的现象发生。

数学和数学教育是如此普遍地受到人们的关注，并且真正理解它的人不会只从应用的角度来看待它，否则科学就会停止。"高斯定理"的证明说明了数学具有前瞻性，"囚徒困境"博弈说明了数学思想对人的决策思维的影响，人们愿意把数学的学习称为思维的体操，学习数学的意义在于培养人的逻辑思维能力。数学绝对不允许矛盾，只要发现有一个矛盾，逻辑就必须打住，一步也不准前进。这个绝对禁止矛盾的大原则给予数学气势如虹的生产力。

社会在前进，科学在发展，数学是科学技术的基础。工人和企业家要跟上时代发展并熟练地运用最新技术必须具备运用数学的能力，企业及金融等体系中的管理人员要进行危机管理也需要数学涵养。为了让学生能够在今后的工作岗位上做到运筹帷幄，还要对数学教育进行更深入的研究，让学生真正具备逻辑推理能力，充分发挥数学的作用。

第二节 高等数学的美学

结合高等数学的实例，从不同角度阐述数学美在数学意境、数学探索、数学语言、数学内容、数学方法、数学理论等方面的体现，让学生懂得欣赏数学美，在美的熏陶中激发学习数学的兴趣，从而提高数学能力。

一、高等数学的美学探索

数学美古已有之，早在古希腊时代，毕达哥拉斯学派已经论及数学与美学的关系，毕达哥拉斯本人既是哲学家、数学家，又是音乐理论的始祖，他第一次提出"美是和谐与比例"的观点。我国当代著名数学家徐利治指出："数学美的含义十分丰富，如数学概念的简单性、统一性，结构系统的协调性、对称性，数学命题与数学模型的概括性、典型性与普适性，还有数学中的奇异性等都是数学美的具体内容。"

（一）数学意境的形象美

高等数学中有些概念比较抽象，学生在理解上会有一定的困难。在教学中通过创设适当的情境，将抽象的概念具体化、形象化，这样易于学生理解。例如，讲授极限的概念时需要先介绍刘徽的割圆术："割之弥细，所失弥少，割之又割以至于不可割，则与圆合体而无所失矣。"又如，《庄子·天下篇》中的"一尺之捶，日取其半，万世不竭"。同时再辅以多媒体技术，学生一定会在感官上感受到极限的美妙。

（二）数学探索的创新美

数学的发展离不开人们对于美的追求，数学家也是美的追求者。实际上，人们在研究数学时，都在自觉或不自觉地应用美学原则，爱因斯坦科学思想的伟大继承人狄拉克说："我没有试图直接解决某个物理问题，而只是试图寻求某种优美的数学。"他认为，"如果物理学方程在数学上不美，那就标志着一种不足，意味着理论有缺陷，需要改进，有时候，数学美比实验相符更重要"。

高斯在回顾二次互反律的证明过程时说："寻求一种最美和最简洁的证明，乃是吸引我去研究的主要动力。"

"美是真理的光辉"这句拉丁格言的意思是说，探索者最初是借助这种光辉来认识真理的。历史的事实给予深刻的启迪，为了培养高素质的创新人才，必须加强数学美的教育。

（三）数学语言的简洁美

数学家将自己的劳动成果用最合理的形式（一般是用式子）来表达，这就是数学美中很重要的一种美——简洁美。数学语言借助数学符号把数学内容扼要地表现出来，体现了准确性、有序性、概括性、简单性与条理性。如数列极限与函数极限的分析定义是用"ε-N""ε-δ"语言给出的，定义中具有任意性与确定性，ε的任意性通过无限多个相对确定性来实现，ε的确定性决定了N和ε的存在性。这种定义精细地刻画了极限过程中变量之间的动态关系，表达了极限概念的本质，并且为极限运算奠定了基础，学过微积分的人无不赞赏它的完美，评价它是最严密、最精练、最优美的语言。

（四）数学内容的统一美

数学的统一美是指在不同的数学对象或者同一对象的不同组成部分之间存在的内在联系或共同规律。

欧拉公式：$1+E i\pi=0$，曾获得"最美的数学等式"称号。欧拉建立了在他那个时代，数学中最重要的几个常数之间的绝妙的有趣的联系，包容得如此协调、有序。与欧拉公式有关的棣莫弗——欧拉公式 $\cos\theta + i\sin\theta=e$ 把人们以为没有什么共同性的三角函数与指数函数紧密地结合起来了。对它们的结合，人们始则惊诧，继而赞叹确是"天作之合"，因为，由它们的结合能派生出许多美的、有用的结论来。

爱因斯坦一生的梦想就是追求宇宙统一的理论。他用简洁的表达式 $E=mc^2$ 揭示了自然界中质能关系，这不能不说是一件统一的艺术品。人类在不断探索着纷繁复杂的世界，又在不断地用统一的观点认识世界，宇宙没有尽头，统一美也需要永恒的追求。

数学的发展是逐步统一的过程。统一的目的是让数学中每一步真正的进展都与更有力的工具和更简洁的方法的发现密切联系，这些工具和方法同时会有助于理解已有的理论并把陈旧的、复杂的东西抛到一边。

（五）数学方法的简洁美

解题方法的简单、巧妙是一种理性的美，简洁的解题方法和明快的思维令人心旷神怡，在心里激起愉快的情感体验和愉悦的美感，在成功的喜悦中对数学审美和数学创新会有更迫切的要求。

利用数学的美感激发创新灵感，迸发创造性思维火花，产生许多新颖别致又简洁的解题方法和技巧，解题者因此得到愉快的心灵感受，从内心自觉地产生发现、运用和创造数学美的渴望，增强学好数学的浓厚兴趣，不断提高数学能力。

（六）数学理论的奇异美

数学中许多理论与人们的直觉相背离，有时让人觉得不可思议，给人以无尽的遐想，有时又带给人一种"山重水复疑无路，柳暗花明又一村"的绝妙境界，它印证了我国数学家徐利治所说的："奇异是一种美，奇异到了极限更是一种绝佳的美。"

数学家皮亚诺构造出的可充满一个正方形的曲线"皮亚诺曲线"，也感受到数学的"奇异美"。

总而言之，高等数学中包含的数学美的内容是非常丰富的，正如罗素所说："数学，如果正确地看它，不但拥有真理，而且有至高的美。"只要善于去观察，善于去总结，还会有所发现、有所创新。把它们及时地引进课堂，对高等数学的教学是非常有利的，让越来越多的人感受到高等数学的美，引导学生对美的追求，使他们逐步体验到数学美，使他们摆脱"苦学"的束缚，走入"乐学"的天地。

二、在高等数学教学中如何渗透美学教育

早在古希腊时代，毕达哥拉斯学派就提出了美的研究对象不仅有艺术，而且包括整个自然界，数学也是美的，几何上的球和圆被毕达哥拉斯认为是最美的图形，线段的黄金分割被称为神赐的比例。数学美是一种渗透在其形式、语言、过程、结论中的理性美，数学美的特征主要有统一美、对称美、简洁美、奇异美。在高等数学教学中，教师的主要任务是向学生传授高等数学知识，但从教学实践中常常发现，由于高等数学本身的严密性、抽象性，使得初学者对公式、概念、数据感到生疏、枯燥，从而学习主动性受到压抑。因此，教师在教学中充分揭示数学知识所蕴含的美的特征，培养学生对数学的审美能力，让学生从数学学习过程中获得美感，能够激发学生的学习兴趣，改善学生的数学思维品质，实现教学效果的最优化。

（一）从教学方法、手段、形式上体现数学美

教师在课堂上处于核心和主导地位，如果教学中采用传统的"满堂灌"，是典型的信息不对称，课堂气氛呆板，学生精力不能集中。

古人云"知之者不如好之者，好之者不如乐之者"，教师应该运用各种教学方法、手段，从多个方面"以美引真""沿美求真"，借形象思维启发抽象思维，将教学美与数学美完整地结合，以美的教学，使高等数学成为学生的乐之者。

1. 教学组织的结构美

所谓教学组织的结构，是课堂教学组织的构成要素（讲解、板书、提问讨论、练习、布置作业）在时间与空间上的有机结合，在各要素之间的切换要和谐、协调、统一，从而构建出课堂结构的整体美。教师编写的教案就如剧本创作，既要做到概念准确、演算缜密，能体现数学所具有的逻辑美，又要标题新颖、创设悬念、趣例佐证，构造出形象思维中的艺术美，教师还要创设问题情境，渲染课堂气氛，激发愉悦情绪，使学生体会到学习的乐趣与美。

2. 教学的语言美

数学语言属于一种典型的超越自然的人工语言，具有明显的严密性和很强的逻辑性。数学教师在课堂上讲课以及在为同学答疑辅导时，既要言简意赅、妙语如珠，又要善于将数学语言与自然语言（通俗、形象、趣味、幽默等）交替使用。例如在课的开始、结束或在一个稍长的定理证明、例题演算完毕后，在讲解映射、极限定义、定积分应用、空间解析几何等部分时，尤可适时渗入通俗语言，但要摒弃离题的逗趣。讲课的声音则

宜轻重有别、抑扬顿挫、声色兼备，有一定的节奏感。

3. 教师的形神美

高等数学是大学生入学后的首开课之一，学子们自然而然地将高等数学教师作为大学教师的形象代表。而数学教师因为学科本身的特点，与社会的交往不及其他专业的教师，有些人往往在穿着上较为随意，不修边幅。因此，教师在讲课时，一定要注重形、神之美。"形之美"是指穿着得体、发型适当、容光焕发、举止大方。"神之美"是指神清气爽、雍容慈祥、聪敏洒脱、器宇轩昂。教师的内在气质、道德修养、知识水准能通过外表的形神表现出来，这对于增强教学效果、建立一定的权威不无好处。

4. 教学的手段美

课堂上的传统教学手段之一是板书。高等数学中的符号语言与推演，难以用自然的言辞表达清楚，只能依赖于板书。数学课的板书可分为纲目、演算、图示、解释等多种，各有功用，各司其职。各种板书的应用比例要适当、协调，且要注意瞻前顾后，给学生一种整体美。在可能的条件下，宜稍多一点图示说明，图中线条可用不同颜色加以区分，做到图形精美。演算过程不宜太快而板书却不可过细，以凸显简洁美。重要处可用方框、波形线等标示，板书的条理、色彩、规范都可凸显美感。

近年来，高校多媒体网络教学、电脑软件技术、课件、电子教案取代了传统的实物数学模型、挂图、投影，较传统板书有了更大的发挥空间和效果。用动画制作软件，可使呈现给学生的演算和图示更加规范、生动、灵活、美观，将概念、判断、推理融于美感之中，富于启发，有利思考，便于记忆。对于学生较快地完成感觉、知觉、表象、想象、思维的全过程很有帮助。

（二）在数学知识的传授过程中揭示数学美

"凡是学校的课程，都没有与美育无关的"（蔡元培），作为高等数学教师，在知识的传授过程中，要善于发现数学美，并把美带到自己的教学活动中去。美作为一种社会现象，具有形象性、感染性和社会性。这些特征对于数学美同样具有，不过有的表现明显，有的表现微弱罢了。另外，数学美还具有更明显的特征，它们是简洁性、统一性（和谐性）、对称性、奇异性等。

1. 简洁美

在高等数学的很多地方反映了数学美的特征。人们认识事物是由简到繁，而数学知识的表达是一个由繁到简的过程。莱布尼茨用 "$\int f(x)dx$" 这一简洁的符号表达了积分概念的丰富思想，刻画出 "人类精神的最高胜利"，因此，有的数学家把微积分比作 "美女"，又如，极限的 $\varepsilon\text{-}N$，$\varepsilon\text{-}\Phi$，$\varepsilon\text{-}\delta$ 语言，把极限概念做出了精确而简洁的概括。

2. 统一美

数学概念的扩张、理论的深化，都是谋求更高层次的统一，高等数学处处体现了这一美学特征。如微分中值定理中：罗尔定理去掉 $f(a)=f(b)$ 这一条件，就引出拉格朗日中值定理，将拉格朗日中值定理的函数关系变为参数方程 $X=F(x), Y=f(x)$ 就引出了柯西中值定理。反过来，柯西中值定理中的 $F(x)=x$ 时，就得到了拉格朗日中值定理，拉格朗日中值定理中取 $f(a)=f(b)$ 时，就得到了罗尔定理。

3. 对称美

数形结合是高等数学的一个重要特点，教师在用定积分的元素法求旋转体的体积、星形线的弧长等计算过程中，应引导学生体验欣赏数学的对称美。又如，在多元复合函数的求导法则的教学中，教师可利用公式的对称性，用连线法帮助学生理解、记忆公式。

4. 奇异美

奇异美是数学美的重要特征，它表现在数学的方法、数学的结构、数学的变换等许多方面，它是数学发展中的重要美学因素，在教学中教师揭示奇异美，可以采用多方联想、归纳类比、联结试验等方法。

（三）利用解决问题、数学建模等教学活动让学生体验数学美

历史上，微积分中的主要原理源于几个非常著名的数学模型，极限概念源于"无穷小"模型，如"一尺之棰，日取其半，万世不竭"；古希腊芝诺提出的"阿基里斯追不上乌龟"的悖论；刘徽的"割圆术"等无不体现出数学思维的和谐美、创造美。

数学中所谓美的问题，是指一个又一个难以解答的问题。所谓美的解答是对一个复杂问题的简易回答。在问题解决过程中，若能从数学审美的角度出发，审视问题结构的和谐性，追求问题解决方案的简单性、奇异性、新颖性，挖掘命题结论的统一性，带领学生进入数学美的王国，陶冶情操，这对于诱发学生的求知欲，激发他们的学习兴趣，提高学习效率，培养创造性思维能力是不言而喻的。数学中的数、式、形有着优美的结构，而这一美的结构往往隐藏在问题之中，如果在教学过程中，利用问题解决、数学建模等数学活动充分挖掘隐含在问题中的"美"，并有意识地引导学生从数学审美的角度，充分挖掘问题中数量关系或空间形式的简单性、秩序性等，加以简单化、秩序化，往往可以使解题者走许多捷径，甚至还可以发现具有创造性的解法。高数教师在教学过程中，不断提高审美能力，并在教学中大胆探索数学美育的思想方法，必将全面推动高校数学教育改革的进一步发展。

第三节　高等数学教学中的人文教育

现代科学教育中的人文氛围越来越匮乏，大学生难以摆脱高等数学学习中的单一性和枯燥性。如何在高等数学教育中发掘人文教育的价值已是亟待探讨的问题。针对独立学院培养具有综合素质的应用型人才的办学目标，结合独立学院理工科院校学生的特点，提出了在高等数学教学中融入人文教育，实现科学教育和人文教育完美结合，更好地培

养学生的数学素养，塑造学生健全的人格，真正实现全面素质教育的目的。

一、独立学院高等数学教学中融入人文教育

21 世纪是信息技术时代，国力竞争日趋激烈，深化教育改革、全面推进素质教育成为高等教育工作的中心。近年来，我国独立学院发展迅速，目前国内独立学院已有 300 多家。独立学院是由普通高校与社会力量以新机制、新模式共同举办的一种新型办学形式，以培养具有综合素质的应用型人才为办学目标。21 世纪，独立学院开展文化素质教育，科学教育与人文教育相融，对于在新世纪新阶段落实科学教育观，全面推进独立学院素质教育，培养综合素质的应用型人才，具有重大的现实意义。

数学作为一种文化，是一门充满人文精神的科学，数学以其工具性、理性精神和美感成为社会文化中的一个基础组成部分，数学学科的文化内涵决定了它在全面发展独立学院理工科院校学生的素质方面起着其他任何学科所不能比拟的作用。因此，在独立学院高等数学教学中融入人文教育，实现科学教育和人文教育完美结合，更好培养学生的数学精神、数学思想和数学方法，提高学生的数学素养，塑造学生健全的人格，真正实现全面素质教育的目的。

（一）在独立学院高等数学中融入人文教育的现状

高等数学是独立学院理工科院校的一门公共基础课，在高等数学教学中融入人文教育是贯彻素质教育的一种手段，也是独立学院进行人文教育的一种重要途径。目前很多独立学院高等数学教学只注重讲授数学的定理、公式的推导以及证明过程，忽略数学知识的适用条件和理论背景，这不仅使大学生感到高等数学枯燥乏味，更不能体现高等数学这门课程的教育功能。高等数学的理论知识与实际工程问题有密切的联系，很多独立学院没能结合与专业相关的实际工程中的数学模型例子传授高等数学理论知识，不能很好地架起实际问题与高等数学知识之间的桥梁。许多独立学院高等数学教学不注重对知识内容相关背景的介绍。现在很多独立学院高等数学书籍中仅有少量或者没有相关内容的数学史知识，学生无法了解数学知识与数学科学家之间的联系，不能激发学生学习高等数学的兴趣，也不能培养学生的数学素养及人文精神。由于独立学院教师水平、经验不足等条件的限制，使得很多独立学院高等数学教学方法陈旧，教学过程中忽视对学生的启发、对科学知识探索精神的鼓励与引导，忽略在教学过程中融入人文教育，潜移默化地培养学生的人文素质。因此，独立学院高等数学融入人文教育的现状表明，在高等数学教学中把科学教育与人文教育完美结合不仅能提高大学生的人文素质，也是实现大学生全面素质教育的重要途径。

（二）在独立学院高等数学中融入人文教育的途径

1. 营造高等数学浓厚的人文氛围

只教给人一种专门知识、技术是不够的，专门知识和技术虽然使人成为有用的"机器"，但不能给他一个和谐的人格，最重要的是人要借着教育获得对于事物和人生价值

的了解和感悟。在独立学院高等数学教学中，需要改变传统的教学思维方式，重新审视教学，努力营造浓厚的人文氛围，发掘学生的主动求知能力，培养学生良好的数学素养。生动有趣的教学人文氛围是激励学生主动参与学习的重要保证，是教学过程中的一个重要环节。一个良好的人文氛围，可以让教师与学生进行心灵上的沟通，充分调动学生的学习积极性，主动参与到学习活动中去。可以在制定高等数学教学目标时，将学生知识能力的培养与高尚情操、个性人格、价值观的培养有机结合。在讲授高等数学的定义、概念时，注重营造定义、概念产生过程的情境，使得高等数学问题人文化，激发学生的兴趣，培养学生良好的思维习惯，在高等数学教学活动中培养学生的人文精神，促进学生积极向上的人生观，实现学生的全面发展。因此，高等数学教学人文氛围是学生参与学习的具体现实环境。

2. 在高等数学教学中融入数学史和数学建模

（1）在高等数学教学中融入数学史

很多独立学院高等数学教学只注重数学理论知识、方法的传授，没有挖掘出蕴含在高等数学中的人文价值。数学史是构建高等数学与人文教育的桥梁，通过数学史的学习，学生可以学习到数学的发展历史以及数学家的历史，同时得到相应的人文教育，培养学生数学精神、数学素养，以及爱国主义精神。例如在讲授高等数学极限概念时，可以给学生介绍极限思想的产生。在微积分学诞生之前，虽然没有真正建立起极限的理论，但是极限的思想已经非常活跃，比如我国庄周所著的《庄子》一书中的"一尺之棰，日取其半，万世不竭"；三国时期的刘徽在他的割圆术中提到"割之弥细，所失弥小，以至于不可割，则与圆周和体而无所失矣"，这些都是朴素的、典型的极限思想。在讲授无穷小概念时，可以介绍无穷小之比引发的数学史上的"第二次数学危机"，以凸显高等数学教学中的文人价值，从而调动学生的学习热情，培养学生学习高等数学的兴趣。

（2）在高等数学教学中融入数学建模

数学是在实际应用的需求中产生的，要解决实际问题就必须建立数学模型，即数学建模。数学建模是指对现实世界的一些特定对象，为了达到某特定目的，做出一些重要的简化和假设，运用适当的数学工具得到一个数学结构，用它来解释特定现象的现实性态，预测对象的未来状况，提供处理对象的优化决策和控制，设计满足某种需要的产品等。从此意义上讲，数学建模和数学一样有古老历史。例如，欧几里得几何就是一个古老的数学模型，牛顿万有引力定律也是数学建模的一个光辉典范。高等数学课的中心内容并不是建立数学模型，只是通过数学建模强化学生的数学理论知识的应用意识，激发学生学习高等数学的积极性和主动性。所以在授课时应从简洁、直观、实际入手，达到既有助于理解教学内容，又可以通过对实际问题的抽象、归纳、思考，用所学的数学知识给予解决。所选的模型，最好尽可能结合实际问题，且具有一定的趣味性，从而使学生体会到数学源于实际生活，又应用于生活之中，以激发学生学好数学的决心，提高他们应用数学解决实际问题的能力。

3. 开设独立学院"数学大讲堂"

独立学院的"数学大讲堂"开讲内容既要符合独立学院学生的特点，又要难度适中；既要蕴含数学知识，又要趣味非凡；既要超越书籍，又要拓宽领域。"数学大讲堂"不同于普通的"数学课"，也并非单纯的"师生对话"，更不应该形似"讲座"。独立学院开设的"数学大讲堂"不仅重在"讲"，而且贵在"思想"的传播，让鲜活的、开放的数学思想在有限的时间里得到无限的思维碰撞。因此，可以邀请国内外知名的数学专家进行学术报告，让学生了解经验丰富的数学家的亲身经历，专家阐述数学文化和数学素养的概念，并结合有限与无限、变换和类比的方法、变中有不变、抽象的观点等实例，具体介绍数学文化和数学素养的广泛应用。独立学院"数学大讲堂"应该让学生体会数学精神，学会数学思维，掌握数学方法，使用数学语言，理解数学思想，提高数学素养。

独立学院高等数学教学中融入人文教育，不仅能激发学生学习高等数学的兴趣，同时能培养学生良好的数学思想、方法，更好地培养学生的世界观、人生观、价值观，实现科学教育与人文教育的完美结合，实现大学生全面素质教育。

二、高等数学教学中的人文教育价值

以人为本，实施人文关怀，是时代发展的主旋律。数学教育的根本意义，在于发展人本身。数学素质教育应该是人文教育和科学教育的整合与统一，它要求教育所培养的人不仅是一个劳动者，而且是一个有明确的生活目标和高尚的审美情趣、既能创造又懂得享受的人。

（一）适当链接数学史与数学家

高等数学教学应传授数学知识、数学方法和科学的思维，但数学永远不是绝对"纯粹"的，它包含着实际的历史与实践。因此适当适时地向学生介绍数学史是非常必要的。适当补充介绍相关数学史可以使教科书中那些千锤百炼、天衣无缝，同时也相对地失去了生气与天然的、已经被标本化了的数学复活。这些材料可以充实教学内容，通过提供少量"花絮"激发学生学习数学的兴趣，同时还渗透了爱国、爱科学的教育。

数学史还是理解数学知识的一种有效途径。数学史对于揭示数学知识的现实来源和应用，引导学生体会真正的数学思维过程，创造一种探索与研究的数学学习气氛，培养探索精神，揭示数学在文化史和科学进步史上的地位与影响进而揭示其人文价值，都具有重要意义。有助于学生认识到数学是一种生动的、基本的人类文化活动，进而引导他们重视数学在当代社会发展中的作用。

数学的历史也是一个个数学家的历史，多了解不同时期的数学家能帮助学生了解很多问题的提出渊源和发展过程。例如，结合素数介绍我国著名数学家陈景润：20 世纪60 年代屈居于 6 平方米小屋的陈景润，借一盏昏暗的煤油灯，伏在床板上，用一支笔，耗去了几麻袋的草稿纸，居然攻克了世界著名数学难题"哥德巴赫猜想"中的（1+2），创造了距摘取这颗数论皇冠上的明珠（1+1）只是一步之遥的辉煌。他证明了"每个大偶数都是一个素数及一个不超过两个素数的乘积之和"，使他在"哥德巴赫猜想"的研究上居世界领先地位。这一结果被国际上誉为"陈氏定理"，受到广泛征引。他研究"哥德巴赫猜想"和其他数论问题的成就，至今，仍然在世界上遥遥领先。陈景润于20世纪70年代和20世纪80年代两次收到国际数学家大会请他做45分钟报告的邀请。这是中国人的自豪和骄傲。他所取得的成绩、他所赢得的殊荣，为千千万万的知识分子树起了一面不凋的旗帜，辉映三山五岳，召唤着亿万的青少年奋发向前。

（二）在高等数学教学中融入非理性方法的教育

非理性思维形式的最鲜明特征是其反逻辑性。如直觉以某种不可解释的方式（对普通的形式思维来说）突然和出乎意外地产生。直觉思维与逻辑思维相对立。在这样的过程中，人们很难把这种对事物的直接认识区分为感觉、知觉、表象和概念、判断、推理。

非理性思维形式包括直觉、顿悟、灵感三个部分。概括起来，目前认为它们具有三个区别于逻辑思维的直接特点：一是非感知性，或曰无意识性。科学家对从问题的提出开始到获得成果这一创造性行为的结构、途径、方法并没有意识到。二是快速性。所获得的结果是突如其来和出乎意料的。三是受诱发性。常受睡眠及各种有关、无关因素所诱发。有所谓灵感激发系统。

理性思维形式的本质是逻辑思维，如果承认直觉是创造性思维的一个重要组成部分的话，那么就应该承认直觉也是人类思维的一种方式，既然如此，也就应该顺理成章地承认直觉思维的逻辑本质。爱因斯坦："我相信直觉与灵感。真正可贵的是直觉。"直觉思维与灵感发生有一定的关系，灵感乃是一种直觉顿悟，是渐进的、有意识的思维活动在无意识思维状态下的突进，是直觉思维从量变到质变的反应。灵感是可遇而不可求的，但是数学直觉是可以后天培养的。扎实的基础是尝试直觉的源泉，一个人数学造诣越深，越是拥有一种直觉力。解题教学是培养、考查学生直觉思维的有效途径，要设置直觉思维的意境，进行动机诱导，给学生充分的主动权和思考空间，创造产生直觉思维的氛围。

（三）营造人文的数学教学氛围

1. 让高数课堂成为教师焕发师爱的磁场

如果把教育的真谛归结为一个字，那就是爱。努力追求：以扎实的教学基本功、轻盈飘逸的教学机制、先进的信息技术手段、富有生活气息的教学内容、民主和谐的教学氛围、充溢趣味的活动情境来诠释新课程的理念和创新教育的真谛。

2. 让高数课堂成为师生亲切交流的情感场

学生是现实的、主动的，具有创造性的生命体，主动、健康发展是他们的权利，更是他们的内在需求。要让数学课堂焕发出生命的活力，必须意识到课堂是师生人生中一段重要的生命经历，课堂教学是师生交流的情感场，以生命的意识来构建课堂教学。学生是涌动无限活力的生命体，是教育的起点和归宿。努力用温馨的教育沁人心脾，润物无声。用"心"去做、用情去导，在课堂上通过师生之间的信息交流，达到情感交融。

如多鼓励学生在课堂上主动发言，不论答案是否正确，教师都要尽可能找出值得肯定的方面加以赞赏，用期待和亲切的目光激励学生，以增强学生学习的信心和勇气，只有当学生对教师有着深厚的感情时，数学课堂才会真正焕发出生命的活力，一个活生生的生命个体才会主动参与教学全过程，才会使学生感化，给自卑、胆怯的学生以力量，给愚钝的学生以智慧。关注生命，遵循学习数学的认知规律，把数学的教学目标定位在提高学生素质上，立足于学生终身学习的能力培养上，让数学教学走进学生的心灵，拨动学生生命的"琴弦"，使数学教育绿意盎然。

事实证明，在高等数学教学时应注意为学生提供更多的实践机会，引导学生用数学眼光去观察和认识周围的事物，指导学生用所学的数学知识去解决实际问题，使学生在实践活动中体会数学知识在实际生活中的作用和数学知识与实际生活的联系。挖掘高等数学教学内容本身内在的人文价值，要把各种人文因素在教学过程中优化组合，滋润渗透，使高等数学教学脱去僵硬的外衣，显露出生机，洋溢着情趣，充满着智慧，使学生在浓浓的人文氛围中潜移默化，形成一定的人文修养。

三、融入人文精神的现实必要性

高等数学教学由于其基础性、抽象性的特点，历来是大学教学中较受关注的问题。由于高考的需要，高中阶段实行文理科分班教学，使得学生在数学的知识结构和思维方式等方面有了非理性变化，尤其是文科学生选科后降低了对深入学习数学的预期，并形成某种程度上的心理障碍，在进入大学生涯后这一问题更为凸显。高等学校的一些学生只是为了考试，才勉强愿意学习数学。究其原因，教师教学方法不当，是造成高数学习困难的一个重要原因。人文精神切入大学数学教学是一个重要的策略。广大教师除了在教学中要注重知识的传授和技能的训练外，更要从知识的本源出发，激发学生的探究之心、思考之心、情感之心，让学生体会到数学不是无源之水、无本之木，而恰是大学生成长、成才、成功过程的重要知识资源。

（一）高等数学的教育教学过程闪耀着人文精神的光辉

在很多人的印象中，数学教育与人文精神就像是平行线，是两个领域的事，高等数学抽象、理性，无情感、艺术和价值内涵。然而事实上恰好相反，如果接受到较为系统的高等数学教育，它将成为大学生一生前行的重要工具，数学本身去伪存真、尽善尽美的精神和人文精神内在相通，数学知识的形成是一个不断积累和不断完善的过程，其中尽管会有艰难险阻、挫折和失败，会付出极大的艰辛，但也常常能收获到难以言喻的快乐。如果数学教师能将数学当成一种探索、一种实践来教的话，人文精神必然得以体现。

（二）高等数学教育教学的内容体现人文精神的内涵

数学本身是一种特殊的人类文化，数学的应用越来越广泛，它既是人类认识客观世界的重要工具，更在人类文明的发展中扮演着越来越重要的角色，它与哲学、艺术、美学以及人类对宇宙的探索等各个方面都有着不可分割的联系。高等数学是初等数学的延伸与拓展，更能集中地展示人文精神。当前的高等数学教育教学中，由于教师一般都以讲授数学知识及其应用为主，对于数学的发展思想特别是数学的人文精神较少涉及，甚至连数学史、数学家及数学的思维和方法这样一些基本的数学文化内容，也成了课堂上稀缺的精神盛宴，学生们渴求这样的精神滋养，但教师们却重视较少，或是缺少文化传播的能力和技巧。而这些数学素养，恰恰是能让大学生终身受益的精华。

（三）高等数学教育教学中渗透人文精神具有独特的学科优势

作为重要的基础课程，高等数学既是一种较高层次的数学技能教育，也是一种文化素质以及良好个性品质的培养，在其中渗透人文精神有独特的学科优势。其一，人文素质与高等数学研究内在相通，前者是学术和研究精神的溯源，追求真理的动力，后者则是探索自然奥秘的实践，两者相辅相成、相得益彰。其二，在信息化的背景下，高等数学知识的应用正呈现这样一种趋势，它作为计算、统计、运筹、博弈、经济分析、管理建模等方面的基本工具，其应用越来越渗透到所有的人文学科。其三，自然科学的发展与社会科学的发展，其可能的融合和交叉，就是人文精神的凸显。高等数学作为自然科学的重要组成部分，其学科的发展及其知识的更深入应用，往往是为更深刻的人文精神所引领、所驱动，高等数学无疑属于这样的一个领域。其四，人文元素融入高等数学教育教学，可以有效构建科学的知识结构，培育大学生学习的踏实、求实、求真的学术气质，促进学生科学素养和人文素养全面和谐发展，为大学生世界观、人生观、价值观的形成打下坚实基础。

四、融入人文精神的主要内涵

高等数学教育教学中渗透人文精神，有三个方面的含义：

（一）自然科学视角的高等数学

特别要挖掘高数中的逻辑思维、系统观念、规范的研究方法以及其中蕴含的辩证唯物主义思想。同时，也要挖掘其中的理性美，例如奇异美、对称美、简洁美等。

（二）文化传播视角的高等数学

将大学数学教学的过程与数学文化的传播相融合，包括数学史、高等数学与传统学科、现代学科的交叉与融合等各个方面进行文化的传播。教师要具有较好的人文社科素养，能很好地理解和领悟数学文化与数学哲学，给学生以人文精神的指引，做到文理相融。学生则要在高数学习中善于寻找数学的文化和根源，使数学知识学习的全过程受到古今中外数学文化的浸润。

（三）教育教学艺术视角的高等数学

围绕知识性与趣味性、结合逻辑严密性与直观描述性，除了传授传统的数学知识外，还应该传播数学文化和数学的思想和方法，既要训练学生严谨的逻辑思维能力、定量地分析问题和解决问题的能力，又要避免训练学生单一枯燥的解题技巧。同时，要充分发挥现代教育技术的作用，将传统高等数学的教学方法与现代化的多媒体教学方法有机地结合，有效地激发学生学习高数的积极性和主动性。

五、融入人文精神的主要途径

高等教育已进入大众化教育的阶段，作为最重要的基础学科，高等数学教育教学要打破其"经典教育"的学科定位。克服单一的"传道、授业、解惑"教学方式和标准化、固定化的数学思维，确立创新、求变的意识，让沉淀在数学知识中的人文精神成为大学生求知、治学、做人、发展的不竭动力。

（一）营造教学的人文氛围

作为一门重要的公共基础课，高等数学教师除了要在课堂教学中传授知识外，还要巧妙地选择连接点，自然生动地在教学中融入数学文化教育，有的放矢地渗透人文精神，使学生在学习知识的同时，能进一步了解数学的思想、掌握数学的方法，真正感受到数学课程中人文精神的魅力。

高等数学又是一门以理性、客观、探索为精神内涵的学科，因此，学生的学习过程是一个艰苦的、应对挑战的过程。教师在教育过程中要辅以积极的情感教育。教育艺术的奥秘就在于热爱每一位学生，课堂上的教育智慧在于洞察学生的心灵，让课堂成为师生亲切交流的情感场，鼓励学生在课堂上表达观点，引导学生互动讨论，并及时给予正反馈。只有学生喜欢教师、喜欢课堂的氛围、喜欢知识的探究，高数课堂才会真正焕发活力。身教重于言传，教师也要充分运用人格的力量，塑造自身奉献、理性、关爱、宽容的人格特质，在课堂内外影响学生。尤其是与学生讨论时，要真正从探求真理出发，给予学生更多的鼓励和包容；面对学生学习中的困难，始终要循循善诱，做好引路人。

（二）适当链接数学史和数学家

把数学史融入高数的课堂教学，不仅仅是加强了数学人文教育，更为重要的是让学生不再觉得高数枯燥乏味，有利于激发学生学习兴趣，使其更好地掌握教学内容。贯穿数学史的内容，也有利于厘清知识的来龙去脉，全面了解相关背景，促进学生知识结构的稳固和完善。研究数学家，有利于开阔学生的视野，培育学生积极的价值观。因此，教师在各章节都可传播数学文化、数学思想和数学知识，让学生了解数学在人类发展进程中的重要作用。

当然，大学数学的主要任务是让学生掌握数学的概念、思想和方法，数学史和数学家是其中重要的花絮，要防止为"花絮"而"花絮"，关键在于通过花絮，厘清脉络，有目的地再现数学历史情景，在课堂教学中，讲授的历史片段要有针对性，穿插的故事要紧紧围绕概念展开。试举三例：在高数的绪论中，可介绍微积分产生的历史背景，从我国数学家刘徽、祖冲之早在公元前300多年就孕育了微积分的萌芽，到17世纪法国数学家笛卡儿创立了解析几何，为微积分的诞生奠定了基础，再到牛顿和莱布尼茨经过长期的探索与发现，终于在17世纪下半叶创立了微积分，微积分的出现为各门科学的发展提供了必要条件。在讲导数概念时可结合微积分的创立过程：在牛顿和莱布尼茨创立的初期，微积分学的理论基础还非常薄弱，许多问题常常不能自圆其说，直到法国大数学家柯西和德国著名数学家外尔斯特拉斯建立了柯西收敛准则，给出极限"$\varepsilon-N$"定义等，才使极限理论更为完善，在他们的基础上，经过众多数学家的艰难探求，微积分学才尽善尽美。在学习无穷级数时，向学生介绍：数学对无限的分类产生于17世纪和18世纪之间，在对微积分的研究中，出现了大量的无穷级数，由于当初人们对无穷级数的一些特殊性质还不清楚，片面地以为无穷级数是有限数列的简单推广，从而把有理运算的性质轻率地应用到无穷级数中，结果产生了许多不可思议的结论，直到弄清楚无穷级数的一些基本性质，才将一些谬论一一澄清。

（三）挖掘数学中的美

美是人类共同的追求。数学是美的。如果觉得数学美，学生就会更喜欢数学。教学中应该为学生揭示数学的美，引导学生受到应有的美育。如学生在学习定积分时，一般都是通过求曲边梯形的面积等实际问题引入定积分的概念，如何计算定积分又成为一个不可回避的难题，通过引入积分上限函数，得到微积分基本公式，即牛顿—莱布尼茨公式，将定积分与不定积分紧密联系起来，从而为解决这类问题提供了一个极其有效的方法。微积分基本公式简洁而优美，在微积分的发展过程中起着里程碑的作用，它用数学的方法揭示了许多自然规律，为现代数学及其他各门科学的快速发展提供了强有力的数学保证。因此在高数的教学中，主动发掘数学本身所特有的美，用数学的美来激发学生的学习热情和学习动力是每一位教师努力的方向。数学是人类最高的智慧成就，也是人类心灵最独特的创作。音乐能激发或抚慰情怀，绘画使人赏心悦目，诗歌能动人心弦，哲学使人获得智慧，科学可改善物质生活，但数学能给予以上的一切。

（四）讲授贴近生活与应用的数学

数学的应用越来越广泛，宇宙之大，粒子之微，火箭之速，化工之巧，地球之变，生物之谜，日用之繁等方面，无处不有数学的重要贡献。都是要学以致用。高数教学中适时补充一些与实际生活密切相关的数学问题，可达到事半功倍的效果。如在讲函数概念时，可以介绍和环境污染、环境治理紧密相关的函数关系，一方面熟悉了建立函数关系的基本方法，同时也是对学生进行生态环境道德教育、树立学生环保意识的过程。如在讲解闭区间上连续函数的性质后，可引入"椅子的稳定问题"模型，提出"如何在起伏不平的地面上将一把椅子放平"的问题，通过适当引导、分析、讲解，使学生们明白用介值定理就能简单、形象地解决该问题。利用这个模型，可以了解数学建模的大致过程，很好地掌握闭区间上连续函数的性质，而且能调动学生应用数学解决实际问题的积极性。在讲完导数应用的理论内容后，可引入"天空的彩虹"模型：无论一场雨下多久，只要太阳出来了，雨滴还在空中，展现在人们面前的将是大自然中最生动的奇观之彩虹。彩虹为什么有颜色？颜色排列有没有顺序？为什么是一段圆弧？在教学过程中，通过分析引导学生了解，当雨滴既反射又折射太阳光时，彩虹产生了。利用导数可得到物理学中著名的光的反射与折射定律，进一步利用导数求出太阳光偏转角的最值，最终解决上述问题。学生听来兴趣盎然，会进一步巩固导数知识，了解导数的实际应用，提高学好导数、学好高等数学的积极性。

（五）在习题课的实战训练中增进人文精神

习题课是高数教学中最重要的人文教育平台。它不仅可以培养学生的探究精神和创新精神，更是师生、生生的思想交流平台。教师应变传统习题教学中单纯传授知识的师生一对一的沉闷、缺少交流的模式为气氛热烈的谈心与探讨。通过相互争论、交流、吸纳，使学生在解决问题中，学会沟通与交流的方法与技术。在这一氛围中，体现的是尊重、平等、思想的碰撞、自信的表达、协商的精神，使学生学会治学的方法，既张扬个性，又寓于集体之中。同时，习题课的教学也可以培养学生尽真、尽善、尽美的人文精神。

习题课是辩证思维训练的平台。许多高数习题源于自然现象和社会现象，像人口增长、疾病传播、代表选举、市场运输、易拉罐的设计、饮酒驾车等问题。大部分高数习题都是实际问题的简化、抽象与归纳。这些问题的选定也要经过一定的探索过程，如化繁为简，从一般化为特殊，从抽象到具体，或要将具体问题进行抽象，将特殊推广到一般，甚至需从正面思考转向反面思考。习题探索和解决的过程，就是辩证思维的训练过程，利用得好，学生就可以得到有效的辩证唯物主义世界观的教育。

习题课是精神培养的平台。高数中许多习题反映的是近现代数学的成就，以及科技文化的发展成就。历史上许多数学家、科学家在成长和研究过程中的案例可以作为习题课的重要素材，教学中可不失时机地引导学生体会灿烂的中国古代和当代数学思想，显示四大文明古国之一的辉煌，如曹冲称象、祖冲之圆周率、陈景润哥德巴赫猜想的突破等。所有这些激励着人们在追求真理的道路上不畏艰险、奋勇争先、不怕失败、敢于挑战，培养学生不屈不挠、勇于进取的精神品质。

总之，在高等数学的日常教学中，可以结合数学人物、数学思想的介绍，提炼其人文精神，以正确、客观、没有任何偏见的论证来教育学生，激励其对科学的探求，培养其高尚的道德情操、积极的价值观以及不屈不挠、坚忍不拔的奋斗精神。或是通过教学内容及习题的设置，渗透数学思想、数学方法、数学精神的传播，鼓励学生勇于质疑，创造性地解决各种问题，让数学回归社会、贴近实际、服务生活，使学生能懂数学、会数学、用数学，从而真正实现素质教育的目的。

第四节　高等数学教育方式

高等数学是一门重要的公共基础必修课。高质量的高等数学的课程教学直接影响着学生综合素质的培养效果。从培养具有高综合素质的创新型人才出发，从高等数学教育发展改革的角度，探讨科学数学教学的必要性和重要性，系统总结高等数学教学中的基本数学思想方法和常用的数学思维方法，以及加强数学教学的几点建议，为高校高等数学教育方式方法提出一些新的思路。

为适应我国科技与社会经济的高速发展，培养大批具有高综合素质的创新型人才，我国正在进行从应试教育向素质教育转轨的伟大改革，并提出在素质教育中着重培养学生的创新精神和实践能力的现代教育目标。为实现这一目标，自 20 世纪 90 年代初以来，高等数学教育也和其他学科教育一样，在教学思想、教学内容、课程设置、教学方法和教学手段等方面进行了一系列的改革试验，并取得了初步的成效。例如，随着人们越来越认识到高等数学在大学人文素质教育中不可或缺的普遍和重要的作用，我国许多重点的文史、外语和艺术等文科专业都开设了"大学数学"这一课程，部分高校为了加强教学建模和运用计算机解决实际问题的能力，在高等数学中开设了"数学实验"或"数学建模"的课程，这些都是非常好的尝试，但是高等数学的教育改革涉及面广、内容庞杂、矛盾和问题很多，因此它的改革是一项复杂的系统工程。其中根本的一项就是要改革在高等数学教学中普遍存在的弊端——只注重纯数学知识与技能的传授而忽视对蕴含于其中的数学思想方法的教学。为此，必须认真研究在高等数学教学全过程中，如何有效地提升数学教学方法。

一、高等数学基本数学方法

数学发现（科学认识）的基本方法：观察与实验、比较与分类、归纳与类比、概括与抽象、联想与想象、直觉与顿悟、合情推理与猜想、数学审美。

数学概念下定义的基本方法：描述法、内涵法、外延法、差异法、递归法。

数学推理与证明的基本方法：综合与分析法、完全与数学归纳法、演绎法、反证法、反例法。

构建数学知识常用方法：数学对象（数学语言符号、关系、运算和理论等）的表示方法、等价关系分类法、公理化与结构方法、同构与不变量方法、RMI 方法、新元素添加完备化方法。

求解数学问题的基本方法：模式识别法、数学模型法、化归方法、构造方法、极限（逼近）方法、递推（迭代）法、对称方法、对偶方法、不动点方法、解题原则、数形结合方法。

数学应用中常用的数学方法：函数分析法、几何变换法、线性代数（基底与矩阵）分析法、列代数、差分或微分方程求解法、概率统计法、优化决策方法、近似计算与计算机方法。

数学中常考虑的拓广方向或方式：向高维拓广（从平面到立体到 n 维，从有限维到无穷维）、向问题的纵深拓广（弱化条件，强化结论）、类比、横向拓广（同一学科与不同学科类比）、反向拓广（反问题）、两种或多种方式的联合拓广、移植方法（概念、原理或方法移植）、从常参量向变参量推广、从线性向非线性拓广、从离散向连续拓广、局部向整体拓广、从特殊空间向一般空间（例如由欧氏空间向希氏空间）拓广。

二、教学中普遍存在的问题

在书籍的选用上，存在选用书籍不当的问题。有的高等院校所选用的高等数学书籍过分追求教学内容的实用性，将书籍内容浓缩、合并，删去一些数学原理的论证过程，增加了一些具体的应用问题。使用这样的书籍进行教学，只会导致学生只知其一，不知其二，这是严重违背教学规律的。有的高等院校所选用的高等数学书籍是按照普通高等学校学生水平编写的，很少考虑高等院校学生学习数学的实际情况，书籍内容难度偏大，表述形式比较抽象，学生难以理解。有的高等院校所选用的高等数学书籍过分追求"特色"，在书籍体系的设置上设计了如"多媒体教学系统""多媒体学习系统""多媒体试题库"等环节，从形式上看，书籍很有特色，但这样做，是违背教学的初衷的。高等数学作为一门公共基础必修课，学习它，不是希望学生成为数学专家，也不是为了培养学生的数学应试能力。

在教学方法上，有的教师教学方法死板、单一、缺少灵活性。由于高等数学课时有限，有的教师为了赶进度，往往满堂灌，缺少与学生的互动交流，课堂气氛沉闷，使学生丧失学习高等数学的兴趣和动力，对高等数学望而生畏。有的教师在教学中过分追求体系的完整性，对每一章节都面面俱到，没有重点。有的教师在教学中过分依赖多媒体课件，在高等数学的教学中，利用多媒体课件的确可以使"板书"生动、清晰、具有强烈的表现力，使数学概念的形成、图形的生成和发展具有可视性。但是利用多媒体课件进行数学教学也存在许多不足，如学生过多地关注屏幕，而降低了课堂教学的感染力，减少了师生之间的直接交流；上课节奏加快，学生在课堂上思考的时间不足，造成学生理解困难、笔记困难，易于疲劳等。有的教师在教学中缺少对高中数学知识的衔接，使学生意识不到高中数学知识的重要性，而丢弃高中数学知识等等。

三、高等数学教学方法的探讨

（一）在书籍的选用上，应选用合适的高等数学书籍

针对大学生，应选用理论性和应用性兼顾的书籍，然后在教学过程中适当取舍，做到因材施教。如果自身条件具备，任课教师甚至可以自编书籍。当然，教师在编写数学书籍，首先应当对数学本身进行深入研究，在研究的基础上，根据数学课程的教学对象和教学目标，对数学知识，特别是课程中的难点和新点，寻找最佳的表达方式，达到最佳的教学效果。

（二）在教学方法上，应灵活多变，努力提高教学的实效性

高等数学是理工科专业重要的一门基础课，但学生刚进入大学，很难感受到高等数学对他们的重要性。在教学中，经常有学生问："学了高等数学有什么用啊？"如果教师不能帮助学生解决这个问题，那么学生势必产生厌学心理。所以，教师在教某个专业的高等数学时，有必要先了解该专业的一些背景，之后上数学课时，以该背景为基础，

创设一个学生感到通俗易懂的数学情境，以案例的形式启发学生思考，让学生体会到高等数学的作用。比如在讲到曲率这个概念时，可以结合学生的专业课程，比如说工程制图里凸轮的画法，要涉及曲线的弯曲程度问题，这就要用曲率去计算。再比如在铁路弯轨设计中，怎么设计地铁轨道的转弯钢轨的弯度，进而让地铁的速度最适合，这就要用曲率去计算。只有这样做，让他们明白高等数学对他们有用，他们才会在听课时，注意听讲，认真思考。创设情境，用案例驱动教学，提高学生学习高等数学的兴趣。

（三）教师在教学中，应注重高等数学与高中数学的联结

由于高中数学是高等数学的基础，高等数学是高中数学的继续与延伸，在教学中应把二者看成相辅相成的整体。一方面，在教学中要尽量利用高中数学的思想、方法解决高等数学中的问题，以彰显高中数学的应用价值。如一些多元函数的极值与最值问题，用拉格朗日乘数法求解很不方便，但用高中数学中的不等式反而可轻松解决。另一方面要强调高等数学对高中数学的指导作用，一些高中数学问题用高中数学的方法和理论不易解决或不能解决，只有用高等数学的思想方法才可圆满解决。如圆锥体的体积公式，在高中数学中就不可能彻底解决，但用定积分的知识解决这一问题却很方便。只有这样，才能让学生意识到高等数学是有用的，增加其学习的热情。

（四）在教学手段上，注重传统与现代相结合，适当使用现代教育技术

数学课传统的教学手段是"黑板＋粉笔"，其优点是充分体现出数学课独有的特点，严谨的逻辑推理过程，可培养学生用数学思维解决实际问题的能力，是教师在例题的讲解时最常用、最有效的教学手段，是其他方式不能替代的。现代教学手段是把多媒体引入了数学课堂，其优点是把数学中抽象枯燥的概念、定理等知识显现得直观、生动、有趣，且大大增加了课堂信息量，缓解了数学课时不足的问题。多媒体的运用激发了学生的学习兴趣，提高了教学效率和教学效果。两种教学手段在数学课堂教学中缺一不可，教师应根据教学内容灵活运用，把握好一个度：有必要，就用；没有必要，就不要用。

四、加强数学思想方法教学的建议

加强数学思想方法教学是高等数学教育一项长期、根本和具有创造性的工作，需领导、教师和学生协同努力，特别需要教师创造性的劳动和深入细致的工作。

首先，在思想上要真正重视，尽快把数学思想方法的教学正式纳入高等数学教学大纲。要在大纲中明确规定数学思想方法的教学目标、基本教学内容和具体的要求。这是落实加强数学思想方法教学的前提。

在编写新的高等数学书籍中，对其体系结构、内容选取、练习内容、形式以及叙述的方式都要体现数学思想方法教学的要求，特别要重视编写好绪论和每章开始的概述和末尾的结束语或小结。根据培养面向 21 世纪高综合素质高等人才的要求和文、工、理等各类非数学专业对数学的不同需要，应把整个高等数学书籍编写为三卷供选用为宜：第一卷为基础高等数学，主要包括空间解几、线性代数、微积分、微分方程和概率统计

等内容；第二卷为专业高等数学，主要包括各个理工科专业特殊需要的一些数学，如复变函数、积分变换、数理方程、多元分析和应用随机过程等；第三卷为现代高等数学，主要介绍抽象代数、泛函、拓扑、微分流形和小波分析等一些基本知识。

　　教师在备课中要深入钻研书籍，参阅有关参考材料，要善于从具体的数学知识中挖掘和提炼出数学思想方法，要预先把全书、每单元章节所蕴含的数学思想方法及它们之间的联系搞清楚，然后统筹安排，有目的、有计划和有要求地进行数学思想方法的教学。教师要抓准知识与思想方法的结合点。

　　应根据教学内容的类型和特点去设计贯彻数学思想方法教学的途径。因为数学思想方法蕴含在数学知识的产生、内涵和发展之中，故一般都可采用以分析解决问题为主线的启发式和发展式的教学方法，具体来说，要注意引导学生抓住以下几点：展示或分析过程，如概念的形成过程、定理与法则的发现过程、公式的推导过程、证明思路和解决问题方法的探索过程等；揭示本质，指揭示概念、定理、公式或方法的本质。例如极限方法实质是一种以运动的、相互联系和量变引起质变的辩证观点去分析和解决问题的数学方法；寻找关联，指要搞清相近概念和定理之间的联系与区别；评论与提出问题，指通过对重要的概念、定理或解法等进行一分为二的评论，从而提出有待进一步研究的新问题。一般来说，在展现概念等知识发生过程中要渗透数学思想方法，在讲解定理、公式证明或推导思维教学活动过程中要揭示数学思想方法，而在应用和问题解决的探索过程中则要激活数学思想方法。

　　此外，要充分用数学思想这个锐利的武器去突出讲透重点、突破化解难点、分清疑点和提出改进局限点。

　　绪论课和复习小结课是进行数学思想方法教学的良好时机和阵地，比如绪论课一般都要讲述知识产生的背景、发展简史、研究对象、基本和主要的问题、研究的思想方法和与其他各章知识的联系等。据此，教师可抓准时机在绪论中直接简介有关的数学思想方法，而在复习课中则可顺势总结概括本章用到的数学思想方法。故教师应充分备好和讲好各章的绪论与复习课。

　　掌握数学思想方法必须有一个反复认识、训练和运用过程。为此，在每章节的课外练习以及期中与期末考试中都应有一定数量的数学思想方法题目。此外，还要指导学生做好各章或单元的小结，阅读有关数学思想方法的参考书或举办专题报告会。

　　教师要不断提高自身的素质，加强对数学史和数学方法论的学习与研究，积极参与数学的教改探索与实践，提高学术水平、教学水平和数学方法论的素养。

　　综上所述，现代高等数学教育工作的重要性越来越突出。高校高等数学教学的质量高低直接影响着高素质人才的培养进度，到底怎样开展高等数学教学工作？应用正确合理的方式方法很重要。高等数学教育工作者要在自己岗位上不断地总结经验，研究新教学方式、方法，总结新思路并与实践相结合，为我国高校人才培养做出应有的贡献。

第六章 高等数学教学的基本原理

第一节 问题驱动原理

问题是数学的心脏，解决问题是数学教学的目标之一。所谓问题驱动，必须正面地向学生明确地提出与教学内容相应的问题，让学生在思考问题过程中展现数学内容。由问题驱动，就可以避免按照书本上的定义、定理、证明那样的平铺直叙，或者只会依样画葫芦那样进行计算。

创新来自提出问题和解决问题。问题中有些是大问题，涉及一门课程或者一大章节，要问：为什么要学它？有些涉及一个概念，为什么要建立这个概念？有些涉及一个定理，为什么会想到这一定理？这些问题，教材里是不写的或者很少写的，因而需要教师加以揭示。事实上，"照本宣科"地教学，就往往是没有问题驱动，按教材的顺序在黑板上重写一遍而已。

因此，为了避免将教材搬家式教学的出现，第一步是要善于提出问题，把平铺直叙的教材内容组织成提出问题、分析问题、解决问题的教学过程。

一、描绘一门学科要解决的问题，树立教学目标

大学数学教育面对的是已经具有多年数学学习经验的成人学生。他们首先要问的是为什么要学这门课程？必须从一开始就展示课程的目标，说明本课程要解决的问题，激

发学生的学习积极性。

20世纪末，一位数学名家说，微积分教学要用切线斜率和瞬时速度的问题进行驱动。意思是，不能不问为什么要依次学习极限—连续—导数，不能不谈究竟学习这些需要解决什么问题。许多教材，只是到给出导数定义之后，才来讲导数的几何意义和力学解释，出现切线和瞬时速度的问题。那是把认识过程弄颠倒了。

同样，瞬时速度，也是微积分涉及的名词。其实，每个人头脑中都有"瞬时速度"的概念。公路上"120"的限速标志，是指某一段的平均速度吗？不是。那是指每时每刻的瞬时速度都不得超过120km/h。试问，快车追赶慢车，在超过慢车的那一刹那，快车的速度是不是比慢车的速度快？你一定回答：是！可是还没有定义什么是瞬时速度，你怎么就知道了快车在"一刹那"的速度了？这表明，头脑是能动的，有数学潜在力的。如能充分运用这种"直觉"，对于理解微积分极有帮助。

历史上，有所谓"飞矢不动"的说法。古希腊哲学家芝诺和他的学生有如下的对话：

"一支射出的箭是动的还是不动的？"

"那还用说，当然是动的。"

"那么，在这一瞬间里，这支箭是动的，还是不动的？"

"这一时刻在这里是不动的！老师。"

"这一瞬间是不动的，那么在其他瞬间呢？"

"其他时刻不在这里，这里也是不动的，老师。"

"所以，射出去的箭是不动的。"

这就是说，孤立地仅就一个时刻而言，物体没有动。

明明看到飞矢在动，为什么不动了？不动的物体哪里来的速度？这一悖论是如何产生的？如何破解这一悖论？这一问题带动了整个微分学的学习，尤其是极限的学习。

事实上，物体运动有其前因后果，可以由前后位置的比较反映出运动状态，从而产生速度。于是，人们就很自然地先求出物体在该时刻与附近某时刻之间的平均速度，然后令时间间隔趋向于0，以平均速度的极限作为瞬时速度。和切线问题一样，也是要考察一个"无穷小"的附近。微积分学通过考察一点的附近，超越了"飞矢不动"的诡辩，揭开了瞬时速度的神秘面纱。对"局部"性质的考察，显示了微分学的深刻与美妙。

这一案例，是微积分课绪论上可以采用的一种问题驱动设计。当然，也可以从微积分学历史演进的角度提问题，或者从解剖一个实际情景建立数学模型，等等。这是一个广阔的天地。

二、重要的概念，往往来自一个问题的求解

微积分课程的整体需要问题驱动，每一个大的章节也需要问题驱动。提出一个好的问题，能引起学生的学习兴趣，激发学生的探究热情，教学就能走出成功的第一步。

例：线性相关、线性无关概念的理解

线性相关与线性无关的概念是学习线性代数的难点之一。线性相关的定义是这样

的：设有 n 维向量组 $a_1, a_2, \cdots, a_m$，如果存在 m 个不全为零的数 $k_1, k_2, \cdots, k_m$，使得 $k_1 a_1 + k_2 a_2 + \cdots + k_m a_m = 0$，则称 $a_1, a_2, \cdots, a_m$ 向量组是线性相关的。

如果教师直接把定义抄在黑板上，又逐字逐句地解释了一遍，那么学生可能仍然不知道为什么要有这样的定义。可是，教师完全可以通过一系列问题来引出这个概念，学生对它的理解就会很不一样。

问题1："这 m 个向量 $a_1, a_2, \cdots, a_m$ 人中是否存在'多余'的向量？如何知道有'多余'的向量？"

这一问题就是线性相关概念背后的朴素的原始思想。首先要对"多余"做一个数学上的界定：所谓"多余"，是这个向量可以用其余向量线性表示出来。比如说 a_2 是多余的，那么存在 $m-1$ 个不全为 0 的数 $l_1, l_3, \cdots, l_m$，使得 $a_2 = l_1 a_1 + l_3 a_3 + \cdots + l_m a_m$，这样一来这个 a_2 就是多余的，即可以从向量组中去掉。容易证明，这个"多余"定义与线性相关的定义是等价的。

教师还可以更形象地问："把 n 个向量比作一座房子的'承重柱'，哪几根是不可少的，哪几根是由其他柱子派生出来并不承重的？"那问题就更加清楚了。

如果继续用问题驱动，会有更多的突破。

问题2：线性相关的概念是否有实际意义？怎么判定向量组 $a_1, a_2, \cdots, a_m$ 是线性相关的？

可以用线性方程的解来说明。记 $A = [a_1 \ a_2 \cdots a_m]$，这是 $n \times m$ 矩阵，$a_1, a_2, \cdots, a_m$ 线性相关的充要条件是齐次线性方程组 $AX = 0$ 有非零解。用高斯消去法可以解出非零解。

多余向量全部剔除后的向量组称为线性无关组。线性无关组是没有多余向量的。

问题3：能否在一个向量组 $a_1 \ a_2 \cdots a_m$ 中找到一个子集 $a_{i1}, a_{i2}, \cdots a_{ir}$ 使得它是线性无关的，并且向量组 $a_{i1}, a_{i2}, \cdots a_{ir}$ 中任何一个向量均可用 $a_{i1}, a_{i2}, \cdots, a_{ir}$，线性表示？

当然可以的，只要逐步将多余向量去掉就可以找到这个子集。

问题4：上述子集的个数 r 是否是唯一的？

这个问题就引导出了向量组的秩的概念。

这个例子说明，问题驱动并非都要用实际情景产生的问题来驱动。抽象的数学概念背后，同样有非常生动的问题存在。"多余的"和"承重柱"的朴素语言不会写在教材上，但是课堂教学的讲解则需要生动和易懂。如果善于采用一些生活中常见的现象做比喻，提出一系列的问题，加以层层驱动，就会使得这些抽象概念产生得非常自然，思维过程非常连贯。

第二节　适度形式化原理

一、形式主义学派数学哲学的适当运用

19 世纪下半叶，数学观念发生了巨大变化。以微积分为核心的分析数学用 $\varepsilon-\delta$ 语言得以完成严谨化的历程。希尔伯特将不够严谨的《几何原本》改写为《几何基础》，制定了完全严谨的欧氏几何的公理化体系。进入 20 世纪，形式主义、逻辑主义和直觉主义的数学哲学展开论战，结果是形式主义的哲学思潮获得了大多数数学家的认可。一些数学家追求完全形式化的纯粹数学，认为全盘符号化、逻辑化、公理化的数学才是最好的数学。法国布尔巴基学派的《数学原本》是其中的杰出代表。但是，以计算机技术为代表的信息时代数学迅速崛起，形式主义的数学哲学思想渐渐退潮。20 世纪 70 年代以后《数学原本》也停止出版。

不过，数学的形式化特点，永远不会消除。正如数学家和数学教育家弗莱登塔尔（H. Freudenthal）所说：“从来没有一种数学思想，以它被发现时的那个样子发表出来。一个问题被解决以后，相应地发展成一种形式化的技巧，结果使得火热的思考变成了冰冷的美丽。”

迄今为止，学术形态的数学依旧是形式化地加以表述的。公理化、符号化、逻辑化仍然是数学保持完全健康的绝对保证。看到的形式化的技巧，是必须学习掌握的能力。形式化所显示出的冰冷美丽，更是理性文明的标志。绝对不可以否定或轻视形式化的数学表达。所要关注的是，怎样避免把火热的思考淹没在形式主义的大海之中。

过度形式化的数学在大学数学教育中也表现出来了。写在大学数学教材里的数学知识，也总是从公理出发，给出逻辑化的定义，列举定理，然后加以逻辑证明，最后获得数学公式、法则等结论。这是形式化的必然结果。至于隐含其中的数学思想方法，教材一般是不提或者很少提的。

这就是说，尽管形式化的数学呈现出那种冰冷的美丽非常可贵，应当引导学生学习、理解和欣赏，并且还能够加以掌握和运用，但是数学教育毕竟不能停留于此。成功的数学教学，还要进一步恢复当年发现这一美丽结果时的火热思考。

大约在 20 世纪 80 年代前后，当形式主义数学思潮渐渐消退的时候，数学教育研究提出了“非形式化”教学诉求。这种教学主张并非要全盘拒绝数学的形式化，而是说要适度地形式化。通俗地说，就是要把数学的形式化的学术形态，转换为学生易于理解的教育形态。

一般地说，形式化的严格的定义和数学证明来自实际的思考，所以，概念教学需要

从非形式的问题入手。用问题驱动，借助朴实的语言、具体的例子来描述数学概念，让学生首先对所学概念有一个比较具体的认识，然后再用严格的数学语言进行定义。

同样地，定理的证明也要根据问题的性质和特点进行合情推理和猜想，找出思考的方向。不断探索解决问题的途径，甚至包括一些失败的尝试，这些都是非形式化的，但却体现了数学发现阶段的火热思考。下一步才是从不严格到严格，从非形式化的描述到形式化的描述。体现数学家在最初发现问题时"火热思考"的过程，正是数学教学创新的根本所在。

二、不同"形式化"水平的适当选择

以微积分为例，就有以下的几种形式化的水平：

极高的形式化水平。例如将微积分和实变函数打通，将黎曼积分和勒贝格积分统一处理。

高要求的形式化水平。以 $\varepsilon-\delta$ 语言处理的微积分，即"数学分析"课程。

一般要求的形式化水平。整体上要求形式化表述，但对极限理论等的论证采用直观描述，辅以 s-δ 语言的表述。

较低的形式化水平。全直观地解说微积分大意。

每一种水平都是合理的。要做的事情是根据教学目标的设置和学生的特点进行选择。这是常识，无须赘述。

进一步说，即使是高水平的"数学分析"课程，也不能过度追求形式化，不可沉陷于烦琐的形式化陈述之中。

例如，对于一些已经完全成熟的理论，可以直接接受下来，无须一一加以论证。也就是说，面对一些完全稳固的数学基石，可以踏上去，大步前进。例如实数理论，这是分析学的基础，是分析学严密化进程中的核心课题。但是，无论是戴德金的"分割"学说，柯西的基本序列说，都已经非常严密地建立起来，拿来用就是了，不必再去一条一条地验证实数系的那些四则运算公理、序公理、阿基米德公理、完备性公理等。同样，坐标轴上的点，能够和全体实数建立起一一对应的关系，也是直观上可以接受且可以直接加以引用的。不然的话，用可公度和不可公度线段的理论加以阐述，虽然是形式化数学、公理化体系所需要的，却不是时间有限的教学过程所能承受的。

这样的基石性的数学内容，不妨看作一个平台（借用计算机科学的一个名词），可以放心使用，却不必一一加以论证。正如会用 WORD 软件打字写文件，却并不知其制作的过程那样，只知其然，不完全知其所以然。

这样的"平台"，对数学教学有更特殊的意义。数学科学不同于其他学科，具有严格的逻辑结构。因此，数学的现代化不能废弃以前的理论，而要从古希腊的源头开始。例如，非欧几何的发现并不否定欧氏几何，现代分析学仍然建筑在古典分析之上。那么，越来越多的数学内容怎样在时间有限的教学过程里加以呈现呢？只能采取跳跃式的前进方式，在保留一些数学精华的同时，将一些经典的结论作为"平台"接受下来。至于哪一些理论作为平台，需要教师根据实际情形进行选择。例如，在微积分教学中，阐述闭区间上的连续函数性质（有界性、最值达到性、介值性）的几个定理，可以严格证明，也可以选择不证明，画图说明，作为"平台"接受下来。这就是说，如能理解其意，以后会用来解释一些函数特征，也是一种关于形式化水平的选择。

三、案例：冰冷美丽和火热思考之间的适度平衡

高等数学课程中的绝大部分内容都是形式化或半形式化地陈述的。公理化、符号化、逻辑化的形式表示，具有简洁、明快、严谨的特点，具有数学特有的冰冷的美丽。与此同时，更要注意恢复原有的火热的思考，取得二者之间的适度平衡。以下的案例，显示各种不同类型的火热思考。

案例1哲学思考：微积分教学中局部和整体观念的形成。

众所周知，想要在一条曲线的某一点 P 画出该点上的切线，只凭这一点所在的位置是画不出来的。必须在点 P 的附近取一点 Q，作割线 PQ，然后让点 Q 无限接近于点 P，那么割线的极限位置就是切线。这里用到"附近"一词。所谓 P 的附近，是指不同于 P，但与 P 的距离可以无限小的那些点。"附近""邻域""周围"等词所指的局部，有一些朦胧的含义。附近，有多近？邻域，相邻多远？都不固定，小大由之，及至无限小。局部没有大小可言，正是"局部"的哲学意味所在。"局部"的思想，其实并不神秘，在日常生活里也有类似的观念。科学地看待事物，就会注意到事物的单元并非一个个的孤立的点，而是一个有内涵的局部。人体由细胞构成，物体由分子构成，社会由小的局部——家庭构成。

如何考察一个人？孤立地考察一个人是不行的。看人，要问他（她）的身世、家庭、学历、社会关系，等等。但是，考察一个人的周围关系，其范围要多大？并不一定，也是小大由之。一个人的成长，大的局部可以是社会变动、乡土文化、学校影响，小的可以是某老师、某熟人，再小些仅限父母家庭。各人的环境是不同的。这和数学上的"局部"一样，也具有模糊、朦胧的特性。

这样的解说，当然是一种火热的思考。教材上不会去写，可是对学生而言非常重要。有些看来是无关宏旨的题外话，却可能有醍醐灌顶之功效，甚至记忆终生。

微积分教学中，每位老师的思考体验可能是互不相同的。但是，只要在形式化证明的基础上，画龙点睛地说说这些火热的思考过程，就会取得适度的平衡，既可给学生以美的享受，也可获得数学理性文明的感染。

微积分教学中局部和整体的哲学思考贯穿始终，微分中值定理、微积分基本定理等核心知识，都蕴含着这一对矛盾的统一。

案例2人文思考：存在性定理的古诗意境。

高等数学里有很多存在性定理，高斯的代数基本定理最为著名。他断言 n 次代数方程在复数域里有 n 个根，却并不知道根究竟在何处。微积分中常用的存在性定理有连续函数的介值定理。它是说，在闭区间 $[a,b]$ 上的连续函数 $f(x)$，如果有 $f(a) \cdot f(b) < 0$，则必定在区间内存在一点 C，使得 $f(c)=0$。同样，这个定理只保证函数 $f(x)$ 在 $[a,b]$ 有

一个根 C 的存在，却没有指出这个 C 究竟在哪里。前面多次提到的微分中值定理，说到必有一点 ξ 如何如何，却并不能指出 ξ 的确切位置。

以上，举了若干案例，只不过是一些初步的建议。非形式化的火热的思考并没有一定的模式，全凭教师个人的经验积累和独立发挥。无论如何，大学数学教学只是照教材上的形式化表述重讲一遍，是绝对不够的。

第三节　数学建模原理

数学建模是一种具有创新性的科学方法，它将问题简化、抽象为一个数学问题或数学模型，然后采用恰当的数学方法求解，进而对现实问题进行定量分析和研究，最终达到解决实际问题之目的。

一、数学建模的基本理论

（一）数学模型的概念和特征

所谓数学模型，是指对实际问题要进行分析，经过抽象、简化后所得出的数学结构，它是使用数学符号、数学表达式以及数量关系对实际问题简化而进行关系或规律的描述。数学模型就是用数学语言去描述和模仿实际问题中的数量关系、空间形式。这种模仿是近似的，但又尽可能逼近实际问题。

数学模型有以下特点：

第一，数学模型不是一成不变的，而是不断发展的，开始时允许简单，然后与实际对照，修改模型，使模型越来越逼近客观。

第二，数学模型不是唯一的。因为建立模型时存在人的主观因素，不同的人对同一个研究对象所建立的数学模型可能不同，因此数学模型在发展过程中可以多种多样，好的模型得到不断的发展，不好的则被淘汰。

第三，数学模型是实际问题的模拟或模仿。因为数学模型是研究事物所做的抽象化、简单化的数学结构。在建模过程中，对整个事物进行扬弃，抽取主要因素，舍弃次要因素，找出事物最本质的东西，但能够建立和现实完全吻合的数学模型是非常困难的，一般都是根据理想化或纯粹化的方法建立与现实近似的数学模型。

第四，数学建模教学和传统的数学教学不同，学生在掌握数学基本知识和方法的基础上在教师的指导下，自己动手动脑去解决实际问题，对某一问题，可以独立去完成，也可以成立一个小组进行合作解决问题；对同一问题所得出的数学模型也可以不同。数学建模教学，就是把现实问题带到教室，用所学数学知识去解决问题的过程。学生对日常生活中的现实问题也怀有好奇心，比较感兴趣，他们通过观察和实验与现实交流，试图用所学数学知识去理解和解决现实问题。当现成的数学模型不能解决问题时，去探索适合于现实的新的数学模型。

（二）数学建模的含义

数学建模是解决各种实际问题的一种思考方法，它从量和型的侧面去考查实际问题，尽可能通过抽象（或简化）确定出主要的参量、参数，应用与各学科有关的定律、原理建立起它们的某种关系，这样一个明确的数学问题就是某种简化了的数学模型。

（三）数学建模的一般步骤

建模准备：要考虑实际问题的背景，明确建模的目的，掌握必要的数据资料，分析问题所涉及的量的关系，弄清其对象的本质特征。

模型假设：根据实际问题的特征和建模的目的，对问题进行必要的简化，并用精确的语言进行假设，选择有关键作用的变量和主要因素。

建立建模：根据模型假设，着手建立数学模型，将利用适当的数学工具建立各个量之间的定量或定性关系，初步形成数学模型，要尽量采用简单的数学工具。

模型求解：建立数学模型是为了解决实际问题，对建立的数学模型进行数学上的求解，包括解方程、图解、定理证明、逻辑推理等。

模型分析：对模型求解得到的结果进行数学上的分析，有时是根据问题的性质，分析各变量之间的依赖关系或稳定性态，有时则根据所得的结果给出数学上的预测，有时则是给出数学上的最优决策或控制。

模型检验：模型分析的结果返回到实际问题中去检验，用实际问题的数据和现象等来检验模型的真实性、合理性和适用性。模型只有在被检验、评价、确认基本符合要求后，才能被接受，否则需要修改模型。一个符合现实的数学模型，一个真正适用的数学模型其实是需要不断改进的，直至完善。

（四）数学建模的要求和方法

数学模型因不同问题而异，建立数学模型也没有固定的格式和标准，甚至对同一个问题，从不同角度、不同要求出发，可以建立起不同的数学模型。因此建立数学模型一般有如下要求：

第一，足够的精度，即要求把本质的关系和规律反映进去，把非本质的去掉。

第二，简单、便于处理。

第三，依据要充分，即要依据科学规律、经济规律来建立公式和图表。

第四，尽量借鉴标准形式。

第五，模型所表示的系统要能操纵和控制，便于检验和修改。

建立数学模型主要采用机理分析和数据分析两种方法。机理分析是根据实际问题的特征，分析其内部的机理，弄清其因果关系，再在适当的简化假设下，利用合适的数学工具得到描述事物特征的数学模型。数据分析法是指人们一时得不到事物的特征机理，而通过测试得到一组数据，再利用数理统计学等知识对这组数据进行处理，从而得到最终的数学模型。

二、数学教学开展数学建模的意义

（一）通过数学建模教学，能增强学生应用数学的意识

现在的学生已经掌握了不少的数学知识，但是一旦接触到实际，常常表现得束手无策，灵活地、创造性地运用数学知识去解决实际问题的能力较低。而数学建模的过程，正是实践—理论—再实践的过程。

（二）通过数学建模教学，能培养学生相应的各种能力

数学建模面临的是实际问题，要将它化为数学问题并将其解决，就要经过自己的细心分析。成功的数学建模特别需要想象力，因为知识是有限的，而想象力却超越了整个世界，激励着人类进化和社会进步。实际问题往往是复杂的，能抓住主要因素进行定量研究，会使学生的分析、抽象、综合、表达能力都得到训练和发挥，同时也会培养学生推演、计算的能力和使用计算工具的能力。要解决实际问题，提出解决方案，可行性的要求是最基本的，为了处理好贴近实际和能够求解这对矛盾，需在各种因素中进行取舍，对所得信息进行筛选，会大大培养学生的应变能力。

（三）通过数学建模教学，能发挥学生的参与意识

加强数学建模教学，可改变传统的教学法，极大地调动学生自觉学习的主观能动性，促使学生互相探讨如何运用现有的数学知识解决遇到的问题，亲身体验解决问题后的成就感，打破学生潜意识中"数学高高在上，是聪明人的游戏"的观念，在参与中去亲近数学。

（四）开展建模教学，可以使学生转变受教育的观念

将以前在应试教育体制下，教学者只注重知识的逻辑推导而不去关心知识的来源与用途，学习者只关心解题水平的高低的观念得以改变。

三、开展的数学建模教学的特点

（一）教学目标侧重点不同

开展的数学建模教学目标侧重于培养学生的应用数学的意识和初步掌握用数学模型来解决实际问题的方法。在教学中一般来说要选择条件较易发现，参数易于估计与假设的问题，是将数学建模作为沟通数学与现实之间的一种手段来利用的。而普通理工类本科院校中的数学建模课程是强调运用不同方法构造不同模型，从而为解决实际问题提出指导性策略，更强调数学建模科学决策、定量决策的功能，它的侧重点在于解决问题本身。

（二）开展形式不同

数学建模不是作为一门单独学科来教学的。由于高等数学课时紧张，建模教学不能完全在课堂时间完成，而是在课堂上从课本相关内容切入建模知识与建模训练，教师帮

助学生在课堂上将建模关键步骤解决后，其他工作则以课外活动等形式完成。

四、开展的数学建模教学原则

（一）可行性原则

要求教师在数学建模教学中，既要为学生的再发现创造条件，又要为学生提供将所学的数学知识与已有的经验建立内部联系的实践机会，既要注意当前学习的可能性，又要注意潜在的发展。数学建模教学活动的内容和方法要符合学生的年龄特征、智力发展水平和心理特征，适合学生的认知水平，既要让学生理解内容、接受方法，又要使学生通过参加活动后，认知水平达到一定程度的新的飞跃。

（二）渐进性原则

数学建模教学与数学知识教学一样，应注意教学的渐进性原则。数学建模教学的渐进性主要体现为问题呈现的渐近性，呈现的问题按难度和复杂性由小到大可分为五个层次：识别性问题、算法性问题、应用性问题、探索性问题、情境性问题，其中识别性和算法性问题是数学建模的基础。

数学建模教学要遵循渐进性原则，第一阶段为基本应用阶段，在此阶段，学生的建模知识相对较薄弱，建模意识也不强，尚无数学建模经验，教师应精心选择一些较简单的、贴近学生生活经验的、适合学生学习情境的数学建模问题，由师生共同建立数学模型。但应以教师为主导、学生为主体。在建模过程中，教师应结合建模的一般含义、方法和步骤进行讲解，注意选择一些运用基本的数学方法就能解决的实际问题作为例题，重点放在如何运用数学知识刻画和构建模型方面，注重学生数学交流能力的培养，使学生初步了解数学建模的含义与方法，学会数学建模的一般过程和具体步骤，初步体验数学建模的思想和数学在日常生活中的作用，初步形成数学建模的意识。

第二阶段为探索性建模阶段。经过基本应用阶段数学建模的学习，学生已经形成了初级的建模意识，具备了初步的数学建模能力，教师应选择一些更具建模特点的典型问题情境提供给学生。问题情境提出后，师生共同分析，将实际问题数学化后，让学生亲自参与建模过程，利用有关数学知识和常用的建模方法，建立并解答数学模型，并根据问题的实际意义、具体背景，对解答结果进行检验、修正、评价。

第三阶段为情境性建模阶段。此阶段要求学生具备一定的数学建模能力，能够处理一些复杂的数学建模问题，一般只给出问题的情境和基本要求，要求学生根据具体的问题情境和基本要求，从一定的情境中发现问题并挖掘其中的有用信息，要求学生自行做出假设与设定一些已知条件，提出各种各样的模型构建方法，得出问题的答案，然后进行检验、修正和补充，直至找出准确的数学模型。

（三）主动学习与指导学习相结合原则

教师要做的不仅仅是给学生示范数学建模的程序，更重要的是成为学生的启发者和引导者，引导学生从实际现象中发现问题、提出问题并解决问题。教师要成为学生建模的好引导者，必须注意以下两点：一是了解学生已有的数学发展水平，即了解学生已有的知识技能和元认知水平，包括是否能够回忆起以前所学的相关知识、认识策略、解题策略等；二是利用精心设计的问题系列，清除学生的思维障碍或给予适当的方向性指导，即教师应依据教学目的和要求，结合学生的认知发展水平，精心设计数学问题情境，创设积极和谐的教学氛围，利用情绪对认知的促进作用，激发学生的兴趣，使学生形成主动的、迫切的数学建模心向。积极和谐的教学情境也有利于学生数学建模的主动性和创造性的充分发挥。

（四）独立探究与合作探究相结合原则

数学建模教学应注重独立探究与合作探究相结合的原则，一方面强调发展学生的主体意识，鼓励学生积极主动地参与到数学建模的各个环节，要求学生独立思考、探究，进而提出解决方案；另一方面强调发展学生的合作意识，提倡采用小组学习、集体讨论等学习方式，以做到优势互补、发挥特长。简单的数学建模可由学生独立完成，复杂的数学建模可采用小组合作的学习方式。

五、影响学生数学建模能力的因素

（一）来自学生的内在因素

1. 数学阅读能力

数学建模的关键是将纷繁复杂的现实问题转化为数学模型。首先，学生必须根据题意整理数据，简化现实问题。在传统的数学教学中，呈现在学生面前的题目都是数据简单、语言精练、条件与问题都明显地写出来，不需要额外的假设，而在数学建模的过程中，呈现在学生面前的是一个现实生活中的实际问题，虽文字贴近生活，但叙述较长、数据较多、信息量大、数量关系复杂，有许多隐藏的条件，因此，这就要求学生在阅读过程中，对信息进行加工处理，提取有用的信息，并分析这些信息的内在联系，然后用数学语言表达出来。

2. 简化现实问题的能力

与传统的数学教学相比，高等的数学课堂中，虽已经增加了许多让学生解决非常规的数学问题的题目，但当这些题目呈现在学生面前时，大多已经是课堂模型的状态，不需学生自己设置变量和条件，或者是变量简单，不需花大的功夫就能明辨条件和问题，所以在数学建模过程中，当学生需要自己寻找影响问题解决的变量，以及设置条件简化实际问题时，他们会感到束手无策，有时会设错变量、遗漏变量，或不能正确地设置条件，使现实问题不能简化，因而不能成功地解决问题。实际上，模型假设表达建模过程中对主要因素的把握，对模糊因素的排除，乃至为数学方法的推演确立基础。

3. 了解比较广阔的应用数学知识

除了微积分、微分方程、线性代数及概率统计等基础知识外，建模过程中还会用到诸如线性规划、图论等有关应用数学知识，可以说任何一个数学分支都可能应用到建模过程中。由于高等学院数学是基础课，学时少，学生对高等数学的重视不够，导致在课余时间学习数学的积极性及压力不大。因此，学生自主学习应用数学知识的机会不多，在竞赛时可供选择的知识面小，因此，不能很好地解决问题。

4. 语言的组织能力

从学生数学建模的过程可知，由现实问题转化到数学模型的过程中，学生需要将日常语言翻译成数学语言；而当学生用数学模型的解来解释课堂模型并回到现实问题时，这就需要学生将数学语言再翻译成日常语言，这样的翻译过程需要学生具有一定的数学语言表达和组织能力。

5. 其他方面的能力

除了上述四种方面的能力可以直接影响建模的过程和论文的撰写外，学生在计算机应用方面能力不强，也会导致求解的准确性和速度；其次，学生在意志品质方面所表现的不怕吃苦的精神也是竞赛取得成败的关键。无论是平时的集训还是三天的竞赛都是在炎热的季节进行，尤其是竞赛的三天三夜，参加竞赛的同学都知道，没有吃苦耐劳、勇于战胜困难的决心和毅力是不能取得优异成绩的。

（二）团队协作精神是竞赛成功的关键

数学建模竞赛是以队为单位参加的，队员之间是否具有团结协作意识将直接影响竞赛的成功与否。实践证明，一个有良好关系的团队势必能战胜一切难以克服的困难，反之，即使成功就在眼前也可能与成功失之交臂。

六、数学建模的教学模式

（一）讲解——传授数学建模教学模式

1. 理论框架

讲解——传授教学模式的理论框架主要是凯洛夫教学思想和奥苏伯尔的有意义接受学习理论。凯洛夫教学思想强调以教师系统讲解知识的课堂教学为中心，重视基础知识、基本技能的教学。奥苏伯尔曾根据学习进行的方式把学习分为接受学习与发现学习。

2. 实施过程

一般认为，讲解——传授教学模式包含明了事理、丰富联想、形成系统、使用方法等四个阶段。在开展高等数学建模、教学活动的开始阶段主要应采取这一教学模式进行教学。在这个阶段，教师可选择一些简单的贴近学生生活，或由课本改编的基本数学建模题，以教师讲解为主，由师生共同建立数学模型，结合数学建模的一般含义、方法、步骤，进行讲解，使学生具有初步的建模能力，重点是如何运用数学语言刻画和构造数学模型。

（1）明了事理

根据教学内容所给的实际问题，进行认真审题。让学生清楚、明确地感知要解决的是什么问题，这类问题的一般解法是什么，可以怎么做。在感知的基础上形成丰富的数学联想。在这一阶段教师要善于及时提出问题，引人入胜，根据问题本身的内存联系，由浅入深地加以分解，进行比较分析，使学生清楚、准确地了解实际问题的各个方面。

（2）丰富联想

把要解决的实际问题跟有关的数学知识联系起来。教师的讲解要深入学生已有知识结构去，并与已知的实际问题建立起联系。此时这种联系并不十分清晰，教师应向学生指明方向，介绍联系的一般方法，掌握最基本的解决思路。

（3）形成系统

各种数学知识与实际问题联系只有进入更大范围的联合时，才能真正使知识"系统化"。这一阶段教师更应有条理地深入陈述、充分调动学生的想象力，培养学生的逻辑思维能力，并在此基础上做出概括。

（4）使用方法

把所学数学知识应用于实际问题中。建模教学过程达到了形成系统阶段，任务并没有完全形成，还必须通过一定形式的练习、一定的方法，使已获得的系统知识应用于实际问题，使其变得更加熟练和牢固。这个阶段，教师可以采用练习法，使学生通过一定形式、一定方法的练习，掌握建模的新知识，从而建模教学过程基本形成一个完整的周期。

3. 讲解—传授数学建模教学模式的认识

适当的启发提问，引导学生进行积极思考，有利于学生系统地掌握数学建模的知识，培养数学建模的兴趣，提高解决实际问题的能力。为了克服这一缺点，老师在教学过程中应穿插一些简短的提问或对话，应避免教师讲得多，学生参与得少，只重知识的传授，不注重能力的培养等，故此模式必须在正确处理好以下几个关系的基础上进行。

（1）关于教师的讲授与学生的自主性学习问题

教学是教师传授和学生自主学习的共同活动，数学建模也不例外。数学建模教学一般包括教师、学生、建模内容、建模手段四个基本要素，对于讲授的理解通常包括两层意思：传达、授业、解惑；启发、诱导、点拨。也就是传授建模知识、建模方法并教给学生如何进行数学建模。而发挥学生的主体性作用并不是放弃教师的教学过程中对系统的建模知识的讲解作用，把从只关注于"教"转到只关注于"学"同样是片面的。

教师的主导作用，应体现在具体的数学建模教学过程中教师的活动上，而主导并非整个建模过程中，都以教师的活动为主体，更不是在每一个环节上都是教师在活动，学生始终处于从属活动的地位。

在讲解—传授数学建模教学模式下，教师的讲授是最基本的方法，但这并不表明教学过程中的一切细节都必须由教师的讲解来完成。教师的主导作用并不能排斥学生的主体性和能动性的发挥。教师讲解的目的是唤起学生学习建模知识的愿望，启发学生浓厚的建模兴趣，培养学生良好的建模习惯。

（2）教师的讲授中数学思想方法的渗透

数学建模教学过程中，蕴含着许多的数学思想方法。因此，教学应在建模方法研究和改进上下功夫，加强建模教学设计研究、指导学生掌握建模知识的认识程序，把建模知识的讲授与数学思想方法的教学有机地结合起来，在讲授建模知识的同时，更突出数学思想方法的教学。

（3）善于系统讲授建模知识与发展能力问题

数学建模作为数学教育的一种新的教育形式，主要是通过数学课程系统地学习建模知识，并以系统地掌握数学建模知识为基础来发展能力、提升素质。数学由于本身的特性，抽象、概括、逻辑性强，因而历来被认为是进行思维训练、智力发展最好内容，为了发展学生的智力，在数学建模教学中应改变只偏重建模知识而忽视智力发展的现状，加强对学生思维能力的培养，学生在数学建模学习过程中，特别强调要提高分析问题解决问题的能力，发展学生的智力。

（二）活动—参与数学建模教学模式

1. 理论依据

活动—参与数学建模教学模式是作为活动课程教学基本结构提出来的。"活动"即要求教学以学生活动为中心，"参与"即要突出学生的主体性，在数学建模教学活动中特别要强调学生学习过程中的智力参与。现代建构主义理论，强调学生的自主参与，认为数学学习过程是一个自我的建构过程，建构主义的数学学习观其基本要点是数学学习不应被看成学生对教师所传授知识的被动接受，而是一个以学习已有知识经验为基础的主动建构过程。

因此，以建构主义理论为依据的数学建模教学模式特别强调教师提供资源创设情境，引导学生主动参与，自主进行问题探索学习，强调协作活动、意义建构，这里的"协作"是指学习者合作搜集与选取学习资源提出问题，提出设想和进行验证对资料进行分析探究，发现规律对某些学习成果的评价。

教学活动作为学生发展的重要基础，首先是学生参与。其目的是促进学生个性发展。要体现学生主体性，就要为学生提供参与的机会，激发学生学习热情，及时肯定学生学习效果，设置愉快情境，使学生充分展示自己的才华，不断体验获得新知，解决问题的愉悦。

2. 教学过程

一般包括如下五步：

（1）创设问题情境

创设合适的问题情境是引起学生对数学建模学习兴趣和求知欲的有效方法。问题情境的创设要精心设计，要有利于唤起学生的积极思维。创设合适的问题情境，应注意以下几个方面：

第一，问题情境的呈现应清晰、准确。

第二，能在问题情境中发现规律、提出猜想进行探索、研究。

第三，问题的难度要适中，能产生悬念，有利于激发学生去思考。

第四，创设的问题情况不宜过多、过于展开，同时也不要太长，以免冲淡主题，甚至画蛇添足。

（2）进行活动探索

活动探索是这一教学模式的主体部分和核心环节，教师根据具体情况组织适当的活动。可以全班进行、小组进行，也可以是个人活动探索。学生按照教师的要求，对问题情境进行分析、研究、搜集、整理研究问题的相关数据，然后解决问题。

（3）讨论与交流

讨论与交流是这一教学模式必不可少的环节，也是培养合作精神、进行数学交流的重要环节。在学生积极与小组或全班的交流和讨论的过程中，通过发言、提问和总结的多种机会培养学生数学思维条理性，鼓励学生把自己的思维活动整理，明确表达出来，这是培养学生逻辑思维能力和语言表达能力的一个重要途径。

（4）归纳和猜想

归纳与猜想与前面的活动探索、讨论与交流密不可分。常常相互交融在一起。有时甚至是先提出猜想，再讨论与交流。猜想是一种灵活，要产生灵活，除了必须具有一定的数学修养外，还应该对面临的问题有比较深刻的理解。

（5）验证与数学化

提出猜想得出结论，还需要验证。通常有实验法、演绎法或反例法。教师要引导学生证明猜想或举反例否定猜想，让学生明白，数学中只有经过理论证明得出的结论才是可信的。

（三）引导—发现数学建模教学模式

1. 理论基础

引导—发现数学建模教学模式是以美国著名的认知教育心理学家布鲁纳的认知发现学习论及其认知结构教学论为理论基础的。

现代数学教学理论特别强调"教会学生学习"。布鲁纳认为，无论是学生独立进行的发现学习，或是在教师指导下进行的发现学习，都可以锻炼学生的思维，它是使学生的理智发展达到最高峰的有效手段。发现学习的根本目的在于促进学生在获取知识的同时，发展思维能力，培养独立思考能力和创造精神。注重知识的发生、发展过程，让学生自己发现问题，主动获取知识，是发现学习的主要特点。

"引导—发现"数学建模教学模式对于教师和学生来说，都是一个学数学、用数学的过程。特别对于教师来说，它的主张应通过这个过程让学生在发现问题、探索求解的实践活动中学习数学，加深对数学意义、功能的理解，树立学好数学的信心，学会数学的思维，提高用数学知识解决问题的能力和意识。教师的"导"体现在为学生创设一个好的问题环境，激发起学生的探索欲望，最终由学生"自主发现解决"面临的问题，并使获取的知识成为继续发现问题、获取新知识的起点和手段，形成新的问题环境和学习过程的循环。

采用这种模式进行数学建模教学，对教师、学生内容的要求都比较高，教师需要熟悉学生形成模型，掌握建模方法的思维过程和学生的能力水平。学生则必须具备良好的认知结构，而内容必须是较复杂的，符合探究、发现等高级思维活动方式。

通过一年来的教学实践，我体会到"引导—发现"数学建模教学模式有如下三个特点：

（1）它是一种开放式的教学模式

它试图努力实现教学过程"两主"作用的有机结合。教师的主导作用体现在创设好的问题环境，激发学生自主探索解决问题的积极性和创造性上，学生的主体作用体现在问题的探索发现、解决的深度和方式上，由学生自主控制和完成。

（2）它体现了教学过程由以教为主到以学为主的重心的转移

教师从培养学生能力的目标出发组织教学，知识本身不再是由教师"批发"来的"货物"。课堂的主活动不是教师的讲授，而是学生自主地自学、探索、发现解决问题。

（3）它是由他律向自律方向发展的教学模式

学生的自学能力、探索精神、解决实际问题的能力的形成需要一个过程，而这个过程正是把教师的外部控制转变成学生的自我控制的过程，是由他律向自律转变的过程。"导学"是为学生提供一种学习的"模本"，是学生完成自学的体验和准备。而学生自己学会学习，掌握学习过程和方法，才有"可持续发展"的可能，这才是"导学"的最终目标。

2. 引导—发现教学模式的组成

引导—发现教学模式由以下四个环节组成：

（1）设置问题或创设发现情境

根据教学内容的重点、难点可以采用以下的方式设置问题：让学生通过自学课本提出、发现问题，根据学生在作业中出现的错误设置问题，根据学生在学习、讨论、研究中的发现引出问题，或从学生身边的生活实际导出问题。

（2）收集信息并进行探索实验

在问题情境的驱使下，学生从不同的途径去大量收集与建模问题有关的资料，运用假设、实验等手段来探索问题情境，并训练学生根据建模实验结果推导理论的能力。在建模过程中，模型解的结果要经过实验的检验，检验不合理、不成立，就要重新分析数据资料、重新假设、重新建模。所以老师应不断丰富学生获得的信息、拓宽其探究活动的范围。学生独立活动并不排斥个体之间的合作与交流；相反，独立探索基础上的讨论与交流能增强个体对问题的研究兴趣及理解的深度，从而保证个体在学习过程中的"发现"成功率。

（3）引导发现，激励学生自主地解决问题

教师的"引导"是根据建模的内容，从设置问题情境，制定出与问题的各方面有紧密联系的研究方案，由浅入深，由简到繁，循序渐进地组织学生思维活动。难度可逐步加大，这与创设发现情境常常融为一体。在学生收集信息并进行实验验证后，应鼓励学生自己对问题做出解释。

另外，发现不仅包括学生发现某些规律或结论，也包括发现或提出新的问题。有时，发现问题比发现结论的思维价值更大。

（4）引导评价，及时归纳总结，巩固成果

引导学生对前面探索发现和问题解决的过程与结论进行自我评价、自我总结。如将探索发现的问题的条件一般化，结果是否有更好的适应性，探索发现得是否充分，问题解决是否有效、彻底、简洁，得到的方法和结果有何意义，又有何应用价值。对于学生的评价或小结，教师还可以让学生作"评价"的评价，也可以让学生设计一些练习来巩固学习成果。

3. "引导—发现"数学建模教学模式的利与弊

充分调动学生的主动性和积极性，在探索、发现的过程中培养学生的思维能力和创新精神。在数学建模教学中，老师应有针对性地选择一些富有思考性、探索性的问题，引导学生在发现中学习。因为发现法有两个效用：一是"愉快"，即能使学生在发现中产生"兴奋感"，能使数学建模教学比较生动活泼；二是"迁移"能力的提高，这是指学生从发现学习中能获得这样一种能力，在遇到类似的但未学习过的问题时其思维过程将大大缩短，从而获得举一反三的能力。

引导—发现教学模式的宗旨是要人们意识到并掌握科学探究的过程，而不仅仅是找到问题的答案。在这一模式中，师生之间是一种既合作又严密的联系，师生比较平等，学生可以自由自主地进行探究，也有利于发展学生的自控能力。这一教学模式主要应用在数学建模的高级阶段，在这一阶段，学生已有一定的建模能力，可以接触较复杂的应用问题，学生在采集有用信息时，发现问题，在教师的引导下解决问题。但在教学实践中发现此模式对基础好、智力好的学生有利，对基础差、智力差的学生不利，容易造成学生成绩上的两极分化。而且用此模式进行数学建模教学一般费时较多。

在实际的数学建模教学过程中，不能单一地采用某一种教学模式，应综合应用多种教学模式，相互补充，形成良好的整体结构。教学模式的综合应用，要从建模目的、建模要求、学生水平、教师能力、教学条件等多方面考虑，针对具体情况，选择、设计最能体现教学规律，最优化教学过程的教学模式，最大限度地开发学生学习的潜能，全面提升学生的综合素质。

如在数学建模的初始阶段或对基础较差的学生主要采用"讲解—传授"教学模式。在学生具备了初步的建模能力后，教师可选择更具建模特点的问题给学生，有意识地引导学生开展建模活动，让学生亲自参与建模过程，这一阶段主要采用"活动—参与"教学模式；在学生具备了一定的建模能力基础上，用"引导—发现"教学模式进行数学建模教学，能充分调动学生的主动性和积极性，培养学生的思维能力和创新精神。

为此，教师要加强自身素养，做到知识常新、教法常新、教案常新。把教学作为一门艺术来对待，不断追求教学的个性化、艺术化与时代感。"教学有法，教无定法"是有序与无序统一的真实写照。因此，不能用几种简单的模式或格式来进行教学，数学教育不是面对少数人的"精英教育"，更不是为了培养少数几个数学家的教育，面向大众的数学教育需要人人学好作为文化的数学。

对于一名成熟的高等数学教师来说，教学模式的作用不尽相同，会发生微妙的变化。随着教学素养日渐提高，教学信息的大量贮存、教学经验的逐步积累，对丰富教学模式的内涵可以起到积极的促进作用，教师应根据自己的不断借鉴、实践，深化对模式的认识、理解。

七、如何在高等教学中开展数学建模教学

（一）教师准备充分是开展数学建模教学的首要条件

1. 知识上的准备

对于教师在课堂上所做的一切，乃至最终对于学生所学到的一切，教师所掌握的知识是最为重要的影响之一，事实上建模教学可看作数学素质教育的一种尝试，要适应这个教学，教师就要提高自身的数学专业素质。但事实上目前教师实际上所学来的数学应用知识寥寥无几，大多数只能口头向学生保证数学是有用的，努力规劝学生勤奋学习，却不能系统指明数学之用何在。因此，开展数学建模教学首先要求教师们对数学应用加以了解，学习关于应用数学的相关知识，并且注意在学中教、在教中学。

2. 观念上的准备

（1）应认清学生与教师在建模教学中的地位

在建模教学中，学生不再是被动吸取知识的客体，教师应当调动学生积极性，强调学生主动参与。把教学过程更自觉地变成学生活动的过程，尊重他们以自己的生活体验所提出的运用数学解决问题的策略，让学生以积极的心态，通过自己的"再创造"活动使新知识纳入自己的认知结构。教师在很大程度上应当适时扮演顾问的角色，提求解建议，提供可参考的信息，但并不代替学生做出决断，还应扮演仲裁者和欣赏者，评判学生工作及成果的价值、意义、优劣，鼓励学生有创造性的想法和做法。

（2）应区分数学模型与数学建模在教学中的不同功用

数学模型是指通过抽象和简化，使用数学语言对实际现象的一个近似计划，以便人们更深刻地认识所研究的对象。它与建模在数学教学过程中有不同功用。在研究他人的模型时，人们关心的往往是如何从已知的模型中导出问题的答案。而数学建模重在建，是将面临的实际问题经过适当的提取、假设等过程主动地设计和构造成自己的数学模型，在构建模型的过程中去体会应用。

（二）分步骤逐步深化

开展建模教学的重要方式建模教学应由浅入深逐步开展，在操作过程中应注重相关能力的培养，注意以学生较熟悉的知识作为切入点引入"建模"这个陌生的事物。数学建模实际上是针对一个实际问题，通过辨识问题中变量之间的关系而把实际问题转化为

由数学语言描述的形式。从而将其转化为数学问题，给出数学的解答，建模得到的结果的处理运用，将数学语言描述的内容用通俗的、非数学工作者能理解生活语言表达出来，使它能为更多的人所接受。训练方式可有如下几种：

1. 通过将课本中概念从实际引入来进行锻炼

数学概念是十分严谨的数学语言，如果在讲授概念时能结合实际，就可使学生将描述概念的数学语言与生活化语言相联系，从而完成从生活化语言向数学语言的转化。数和形的概念不是从其他任何地方，而是从现实世界中得来的。离开了客观存在，离开了从显示世界得来的感觉经验，数学概念就成了无源之水、无本之木，而只是主观自生的靠不住的东西。

对于教材中没有给出实际问题做背景的抽象概念，教师可适当选编一些实际生活中的问题来设置悬念，导入概念。

2. 注意引导学生发现生活中的数学语言

以准确、简明、抽象著称的数学语言正越来越多地进入人们的生活，应鼓励学生去发现。即使是很小的发现也应当鼓励，这样有助于学生认识到数学与客观现实之间的紧密联系，建立"数学可以清楚地描述现实"的观点。

3. 加强应用题训练，让学生熟悉建模情境

应用问题是非常好的进行建模初级训练的材料，因为它既带有相当实际的背景，又只需设定较少的变量，基本不需要进行各种参数的假设和估计便可建立所熟悉的方程、不等式、函数关系式等简单模型。解答应用题的过程就是将实际问题转化为数学模型后得到结果再去解释实际问题的过程，正是由于在解答应用题时不必去将现实世界的情况先简化为现实模型，而且题目中给定的量相对具体，所以也不必将所得结果进行多次回译、检验、调整。

4. 启发学生为课本习题编配实际"背景"

有时课本上一个简单的式子，可以有丰富的背景，鼓励学生展开想象，为这些式子配上相适应的背景，对学生是个很好的锻炼。

5. 选择"适合"问题，让学生完成建模的全过程体验

由于高等生知识的局限性，不可能对所有的问题都能做出比较完整的解答，而且阶段进行教学的目标是培养学生的初步分析问题、解决问题的能力，因此在建模教学中让学生体验建模全过程的问题就应当不求"广泛"而求"熟悉"。

6. 挖掘教材，在高等数学教学中渗透数学建模思想

数学教育不仅要教给学生数学知识，还要培养学生应用数学的意识、兴趣和能力，让学生学会用数学的思维方式观察周围的事物，用数学的思维方式分析解决现实世界中的实际问题。在数学的思维中渗透数学建模思想和方法其目的在于让学生知道数学有用和怎样用数学解决实际问题。

另外，作为微积分的实际应用举例，通过分析物理学、生物学、社会学经济学与自

然现象中的数量变化关系，建立简单的运动模型、人口模型和经济问题模型，如此一来，既加大了课程的信息量，又丰富了教学内容，扩宽了学生的思路与视野，激发了学生学习数学的兴趣和积极性，从而提高学生的数学素养，逐步将学生引入数学学科的殿堂。

将数学建模思想和方法融入课程教学，以实际问题作为导入，结合实际问题的处理，介绍数学知识以及分析处理问题的思想和方法，引导学生主动寻觅和学习知识，进行探讨式学习，在讲解过程中运用图形，深入浅出，提高学生对知识的理解。将数学建模思想方法融入数学类的主干课程的时候，不应该采取形而上学的思维方式，简单地在概念或命题的外表机械地套上一个数学模型的实例，把一个完整的数学体系变成处处用不同的数学模型驱动为支离破碎的大杂烩。

（三）高等数学建模教学策略

1. 突出学生的主体地位

数学建模的特点决定了每一个环节的教学都要把突出学生主体地位置于首位，教师要激励学生大胆尝试，鼓励学生动口表述、动手操作、动脑思考，使学生始终处于主动参与、主动探索的积极状态。

2. 分别要求，分层次推进

在数学建模教学中，要重视学生的个性差异，对学生分别要求、个别指导、分层次教学，对不同学生确定不同的教学要求和素质发展目标。对优生要多指导，提出较高的数学建模目标，多给予他们独立建模的机会，使其能独立完成高质量的建模论文；对中等程度的学生要多引导，多给予启发和有效的帮助，使中等程度的学生提高建模的水平，争取独立完成教学建模小论文；对差生要多辅导，重在渗透数学建模思想，只需完成难度较低的数学建模问题，不要求独立完成数学建模小论文，使所有学生都能在数学建模教学中取得收获与进步。

3. 全方位渗透数学思想方法

数学思想方法是数学知识的精髓，是知识、技能转化为能力的桥梁，是数学结构中强有力的支柱。由于数学建模问题灵活多变，数学建模教学过程应是渗透数学思想方法的过程，从而使学生从本质上理解数学建模的思想，将数学建模知识内化为学生的心智素质。

4. 实施以推迟判断为特征的教学结构

所谓"推迟判断"就是延缓结果出现的时间，其实质是教师不要把"结果"抛给学生，要求教师在倾听学生回答问题，特别是回答错误问题或回答得不太符合教师设计的思路时，应该有耐心，不宜立即判断，应精心组织学生与学生、学生与教师之间的教学交流。由于数学建模教学活动性强，教学成功的关键是教师要调动所有学生的探索欲望，积极参与教学过程。

5. 重视分析数学建模的思维过程

教学实践表明，学生普遍感到数学建模难度大，其主要原因是数学建模的思维方式与学生所习惯的数学知识学习有明显差异。突破此难点的关键是要分析数学建模的思维过程，通过建模发生、发展、应月过程的揭示，挖掘有价值的思维训练因素，抽象概括出数学建模过程所蕴含的数学思想和方法，发展学生多方面数学思维能力，培养学生创新意识，使每个学生各尽其智、各有所得、获得成功。

第四节　变式训练原理

一、概述

所谓变式，是指在核心内容不变的情况下，变换非本质的内容及形式，成为问题、习题、考题，使得学生在解题过程中能够抓住本质，更深刻地理解所学内容。

对于这一界定，还可以适当加以扩充。除了界定中核心内容不变的情形之外，变式问题还可以将核心内容中的构成要件部分地改变，然后通过观察所产生的效应，加深对数学本质的理解与认识。例如在学习概念时，通过将构成概念的要件进行变异，呈现概念的正反例证，从而让学生进行辨别判断；在解决问题时将问题的条件和结论进行变换，让学生猜想和研究，以培养学生的思维能力。

高等数学教学也要进行变式训练。数学问题千变万化，如何在纷乱的形式中抓住本质，则是一种重要的数学能力。变式训练的目的就在于培养解题能力。就像一个木工，尽管他的基本功锯、刨、凿、锉都非常好，但如果不能根据各种不同家具、不同部位的实际要求灵活运用这些基本功，以完成最后的产品，那就不能算是一个好木匠。变式训练的目的与此相像，目的是要学生在掌握基本概念和基本性质的基础上，面对不同的问题和对象能抓住其中的数学本质，熟练运用概念和性质解决问题。

二、变式训练的重要性

数学变式训练有着重要的智力价值和教育意义，其教学功能和作用主要体现在以下几个方面。

（一）变式训练能够提高学生的知识水平

数学学习要引导学生经历知识产生、形成和应用的完整过程，变式训练通过变化知识或问题的应用情境、已知条件等非本质属性，使学生逐步探寻知识的本质，或根据知识或问题的本质属性，通过变换条件和问题、变换情境、运用类比，推理等策略，将数学方面的知识进行加深理解并进行应用，提升学生对于数学知识的掌握能力。帮助学生积累数学的基本方法，提高学生的知识水平。

（二）变式训练能够发展学生的思维能力

变式训练的过程其实就是数学知识和问题研究的过程，学生要去观察、去对比、去发现、去归纳，经历比较复杂的知识处理过程，从而厘清知识的本质、促进知识的迁移和应用。在这个过程中，学生需要从"变"的现象中发现"不变"的本质，从"不变"的本质中探究"变"的规律。

（三）变式训练能够培养学生的应用意识和创新意识

变式训练强调变式策略与迁移原理在数学教学中的应用。教学中，变换已知条件、变换问题、变换情境等变式策略的应用，不但促使学生厘清了"不变"的知识本质，还可以引导学生将知识创造性地应用于不同的数学情境和生活情境中。通过创设有利于学生进行知识迁移的情境，鼓励学生应用已有知识经验和思想方法迁移类推出新知识、新问题的学习和解决。由此可见，变式训练能够培养学生的应用意识和创新意识。

三、变式训练在数学教学中的运用

（一）变式训练

变式练习是指在其他教学条件不变的情况下，变化概念和规则的例证。变式练习是学习以产生式表征的程序性知识的必要条件。变式题有这样几种：

第一，变条件，得出一种新题；

第二，条件不变，变结论，得出新题型；

第三，常量变成变量，使问题复杂，通过讨论才能解决问题；

第四，条件，结论都变化，解法不变，得出新题型。

（二）如何将变式训练与教学相结合

在教学中融入变式训练的方式是多种多样的，主要的结合方式有以下几种：

第一，将相似题型收集整合形成类比变式训练：在日常的习题练习过程中，教师可以将同一类型的数学题进行整合，将这一类型题目的难点与重点作为教学重点并结合学生实际情况进行汇总授课，课后学生可进行这类题型的多做多练以巩固教学成果。

第二，在讲解题型时，可以对题型进行反推，产生逆向变式训练：许多学生在数学解题中存在固定的思维模式，解题的思路过于僵化，导致解题能力较弱。在教学中可以将常见的题型进行反推，形成一道新的题目，使学生感受这类题型中的解题逻辑，建立较强的逻辑思维。

第三，学生之间组成学习小组，组内出题解题并分享解题思路：教师与学生之间的沟通相比之下要比单纯学生间的沟通困难一些，使学生成立学习小组可以快速地使学生们进行解题思路的沟通与融合。在日常中进行一些小组间比赛也可以充分调动起学生对于数学的学习热情，使所学的东西可以融会贯通。

四、变式训练的原则

数学作为一门工具性学科，其本质是使学生通过数学学习发展思维能力，培养独立思考、分析和解决问题的能力。其核心是让孩子在已有经验的基础上进行创新和创造，从而提高思维水平。目前，教学大纲的制定是为了让孩子在教学大纲规定的范围内学习，以教材为来源，发挥个人的主观能动性，进行研究和创造，根据教材课题进行研究、改进、取长补短。因此，作为教师，如何让孩子在理解教材的基础上设计好例子和可变话题，让孩子能够使教材中的知识得到提高，基于以上对教学的认识，如何运用练习进行教材变式教学是每一位数学教师都必须认真面对的问题。

变式训练是在学生学习基础较好的前提下进行的加强学习训练方法，对于一些基础较为薄弱的学生是不太适用的，教师应该结合本班的实际情况进行判断，如果本班学生大多处于基础扎实的情况，那么变式训练就可以对学生的思维发散与概括能力产生提升，拔高学生的逻辑思维，使其拥有较好的学习能力。

变式训练在教学运用中需要注意以下几点原则：

（一）针对性原则

变式训练不同于习题课程的授课，它需要贯穿于每一堂新课、习题课、复习课，是新老课程学习中都要存在的训练。变式训练不是单一的知识点它不会单独出现在某一讲堂，在教学进程中它存在于多种题型之间，应该由教师将此方面的内容渗透到新旧知识中，并让学生进行反复地练习。同时，变式训练也要与教学大纲紧密联系，在变式训练的教学模式中，教师需要根据教学目标和学生的学习情况制订教学计划，避免随机性和盲目性。

（二）可行性原则

选择课本习题进行变式，掌握变式的难易程度，以免损伤学生的学习热情。

（三）参与性原则

多数的教学环境中都是由教师主导"变"的环节，学生只需按照老师的题目进行相应的解答，但其实建立学习小组或者在班内进行"你变，我解"的活动，可以更好调动学生的发散思维，并且对学习内容有更深入的理解。

第七章 高等数学教育思想与数学能力培养

第一节 高等数学教育思想

一、数学教育的地位和作用

对 20 世纪 60 年代以来全球数学教育的现实情况进行综合分析，可以看到一些特殊现象：在数学教育领域内几乎每过 10 年就会出现一个新的口号，例如，20 世纪 60 年代的"新数学运动"，20 世纪 70 年代的"回到基础"，20 世纪 80 年代的"问题解决"，20 世纪 90 年代的"大众数学"，乃至现今提出的"建构主义""数学教育现代化"等。面对诸多的观点，应当采取什么样的立场？又是否存在这样的普遍性原则，由此即可对各种各样的观点做出必要的判断？不存在可以被用于解决一切问题的"万能良方"，但是，作为问题的另一方面，可以从理论上做出必要的总结，这样就可以对未来的实践活动发挥重要的指导或启发作用。

一般认为数学教育包括"数学方面"和"教育方面"两个方面，前者是指数学教育应当正确体现数学的本质，而后者指数学教育应当充分体现教育的社会目标并符合教育的规律。因而，能否很好地处理这两者之间的关系，应该是搞好数学教育的关键所在。近几年，数学教育改革又出现了新的论战，这是一件好事情，因为数学教育也应该"与时俱进"。数学教育，是一种文化现象，是学科教育的组成部分。数学，由于其极端重要性，在教育中占有无可比拟的地位。每个人在学校所受的教育中，数学是一个重要的部分，这是公认的事实。然而，使每个人都受到良好的数学教育，却是一个尚未解决的问题。从某种意义上讲，这是一个世界性问题。如果把这个问题局限于研究每个人应该掌握哪些数学知识与技能，以及如何把这些东西教好，那么数学教育的问题是解决不好的。更为根本的问题是应弄清楚数学在整个教育中的地位与重要性，长期以来，这些问题没有被认真讨论过，甚至数学是否有用都为一部分人所怀疑，这不仅有害于数学教学水平的提高，也会影响科学、技术甚至整个社会经济的发展。

事实上，数学教育的地位是由其作用决定的。在当前信息社会里，数学除了传统的"思维体操"作用之外，更多地体现在各种行业、各个学科中的重要作用。

（一）数学在自然科学中的作用

关于数学在科学中的位置，人们在逐渐形成共识。过去把科学分为自然科学、社会科学两大类，数学是自然科学里的一门，数、理、化、天、地、生都是自然科学。现在许多人认为，自然科学是以研究物质的某一运动形态为特征的，如物理、化学等都各有自己的运动形态作为研究对象，而数学是忽略了物质的具体形态和属性，纯粹从数量关系和空间形式的角度来研究现实世界的，从而与理、化、生等不属于同一层次，不是自然科学的一种，而很像研究思维规律的哲学，具有超越具体科学和普遍适用的特征，具有公共基础的地位。所以，现在有些著名科学家把科学分为自然科学、哲学社会科学和数学科学三大类。这种观点的自然延伸，认为数学不是一种理学，不应该放在理学院中，从而单独成立数学科学学院就成为顺理成章的事了。

在现今科学、技术发达的社会里，扫除"数学盲"的任务已经可以与扫除"文盲"的任务相提并论，成为当今教育的重要目标。事实上，可以说大家都生活在数学的时代——科学已经"数学化"，甚至文化已经"数学化"，数学水平的高低，已经成为一个公民、一个民族科学技术水平高低的标志。

多年来的经验证明：不同层次的高质量的科学和数学教学，是保持一个国家科学实力的关键因素之一。充分认识数学的科学教育功能，不仅仅是数学界、科学界、教育界的当务之急，而且是政府部门乃至全社会的当务之急。

数学，在科学中具有至高无上的重要性。当今社会的生存与繁荣靠科学技术。科学技术的发展依赖于数学。例如，现代物理越发展越数学化，规范场理论体现在数学上，其实质就是数学家陈省身的纤维丛理论。

又如，物质的微观结构本来就与几何学密切相关，DNA 是一种双螺旋结构，它是数学中纽结理论的研究对象。

再如，经济结构模型，人工智能数学模型，神通广大的电脑更能体现数学的功能。

数学教育可以使学生掌握一个认识世界、发现世界的有用工具。即获得数学知识与技能。

随着经济适应信息时代的需要，绝大多数学生需要更多的数学能力为今后从事普通职业做准备。在每天的报纸和公众的政策讨论中都广泛使用图表、统计数据，为了更有效地参加社会生活，要求普通公民具有更高标准的数量意识。市场经济需要人们掌握成本、利润、投入、产出、贷款、效益、股份、市场、预测、风险评估等。

一系列经济词汇的频繁使用，买与卖、存款与保险、股票与债券……几乎每天都会碰到，对这些概念的理解，都离不开数学这一强有力的工具。更有甚者，数学在今天已渗透到人类文化的诸多领域，连一些相沿已久的单一定性描述的学科也日渐走上定量分析的道路。苏联数学家柯尔莫哥洛夫就是从数学角度对诗的节奏做了精密的研究，从而诞生了艺术计量学。

在生活中，随时随地要和数打交道，时间、距离、物价、温度、风力、雨量等都是用数表示的。随着科技的进步，几乎所有的信息都数字化了，出现了诸如数字化照相机、数字化电视机等高科技产品，还出现了"数字地球"这样的说法。

数学，从字义来看，就是数的科学。到了数学家手里，数奇妙无比，最简单的整数也有着非常丰富的内涵。比如，素数的分布、代数方程整数解的寻求等，已有 2000 多年的研究历史，但仍然是现代数学中的重要课题。随着人类实践的发展，出现了有理数、无理数、虚数以及许多复杂的"数"的代数体系。除了常数以外，数学还研究变数和函数，它们反映着世界上各种变化着的数量及其相互关系，由它们组成的各种方程，特别是微分方程，是现代数学最重要的研究对象之一。

数学还研究形。任何具体的事物都占有一定的空间位置，具有一定的几何形状。自古以来，从测量、航海、天文观察等方面积累了大量的几何知识，又形成了有严格逻辑结构的体系和理论。爱因斯坦的相对论中，时间和空间融为一体成为四维时空，引力场就体现为时空的弯曲。

数学是人类理性文明高度发展的结晶，体现出人的巨大的创造力。有意思的是，这种创造又成为认识世界和改造世界的犀利武器。比如虚数，似乎是完全虚构的数，可是，它在电工计算中和飞机设计中有很大的作用，而且，在反映微观世界物理规律的量子力学中，只有用了虚数，才能有正确的理论基础。

很早就有人说："数学是科学的女王和仆人。""女王"指的是结构的严谨和内容的优美，以及它对其他学科所起的权威性作用。"仆人"意味着服务者，它为一切科学服务，成为一切科学的有效工具。这里的一切科学，还应该包括社会科学。是否能够用得上数学，已经是一门科学发展得是否成熟的一个标志。

电子计算机的发明对人类历史进程产生了巨大的影响。它的主要思想，是数学家研究出来的。它的出现，使数学的服务功能大大发挥出来了。各门科学，对所研究的问题往往需要建立起适当的"数学模型"，通过求解和实验验证得到正确的结论。因为有了充分发达的计算机和有效的算法和软件，科学计算成为和科学实验相并列的现代科学方法了。

人类已进入信息社会。对于大量的数据，如何收集、整理、储存、提取、保密、传送和使用它们，如何从中得出有效的统计规律，帮助大家做出各种决策，数学起着重要作用。在金融全球化的今天，数学进入经济领域，也已成为现实。数论是研究整数的性质和它们相互之间关系的一个非常深奥的数学分支。长期以来大家都认为数论没有什么实际用途，只是纯学术研究和数学游戏。但是，近年来在信息安全方面，数论发挥了重要作用，现在信息科学发展得非常快，在信息的传输过程中，必须非常安全，而初等数论和解析数论派上了用场。

当然，数学在科学上的神奇功效和数学研究的超前性，其根源应是科学的本性而不是数学的本性。众所周知，17、18世纪微积分的应用十分广泛且成效显著。例如，在天文学中利用它能精确地计算行星、彗星的运行轨道和它所处的位置。数学应用显示出了不可思议的有效性，而20世纪则达到了白热化的程度。

当为数学在科学上的成功运用感到神秘不可思议时，恰恰忽略了大量由于没有得到数学工具的支持而"胎死腹中没有成形"的科学思想。抽象数学可有效用于自然科学并常常超前于自然科学发展的根本原因在于人类认识能力的局限性，使人们一方面不能从根本上明晰数学本体及其与世界的关系；另外也没有彻底解决数学自身的合理可靠性，有了上述认识，就可以说不是数学用之于自然科学，而是自然科学乞助于数学。

总之，数学是一门创造性极强又非常严谨的科学，基础数学的研究是高度抽象的精神产品，对人类进步具有非常重要的意义。数学又具有很强的应用性，可以成为一切科学的工具，掌握好这个工具，对从事各方面的工作，都是非常有益的。数学为有志者开启了广阔的创造园地，引导人们去探索和占领理性文明的一个又一个高峰，数学又面临着各门科学、社会经济发展的挑战，有着解决各种应用领域的众多问题的巨大能力，等待人们去应用和开拓。

（二）数学在社会科学中的作用

数学不仅在科学推理中具有重要的价值，在科学研究中起着核心的作用，在工程设计中也必不可少。而且，数学在人类文明中一直是一种主要的文化力量，数学决定了大部分哲学思想的内容和研究方法，为政治学和经济学提供了依据，塑造了众多流派的绘画、音乐、建筑和文学风格，创立了逻辑学。数学在社会科学中的作用日益扩大，尤其是电脑参与后所发生的巨大变革，使数学在社会中的地位日益提高，数学社会化、社会数学化已是明显的事实。人们可能把数学对社会的贡献比喻为空气和食物对生命的作用，随着数学科学的发展和科学（自然科学、社会科学）的发展，以及数学在社会中应用的发展，这一点将会显得越来越重要。数学不仅在自然科学中具有至高无上的重要性，在社会科学中同样具有决定性作用。例如，计量经济学、数理经济学等都是直接应用数学的。近年来，获得诺贝尔经济学奖的学者中，很多是因为借助了先进的数学理论和方法而做出重大贡献的。

（三）数学教育对人才素质的影响

数学教育不单纯是为了使学生掌握数学这一工具，而是一种文化素质的教育。数学教育的根本目的在于培育人，提高人的素质。它用自己学科的优良品质陶冶人、启迪人、充实人，促使人的素质全面发展；它是一种文化（数学文化），使人得到数学方面的修养，更好地理解、领略和创造现代社会文明；它是一种方法论，使人善于处世和做事，提高工作效率；它是一种精神和态度，使人实事求是，锲而不舍，坚持不懈地追求真理；它是"思维的体操"，使人思维敏锐，表达清楚。

学生们在初中、高中等接受的数学知识，因毕业进入社会后几乎没有什么机会应用这种作为知识的数学，所以通常是出校门后不到一两年，就很快就忘掉了。然而，不管他们从事什么工作，唯有深深地铭刻于头脑中的数学的精神、数学的思维方法、研究方法、推理方法和着眼点等（若培养了这方面的素质的话），却随时随地发生作用，使他们受益终身。

数学教育在整个教育体系中占有极其重要的地位，而且越来越受到全世界教育界的重视，世界范围内的教育改革差不多都从数学教育入手。

数学随着定量化和计算机的发展——改变着人们的思考方式。随着社会的发展、科技的进步，数学对人类生活的各个方面将产生越来越深广的影响。数学不仅作为科学的语言，它也以直接的和基本的方式为商业、财政和国防等作出贡献。它为学生打开职业的大门，它使国民能够做出有充分依据的决定，它为国家提供技术经济竞争的学问。可以说，数学教育对人才素质的养成起关键作用。受过良好数学教育的人，他们在数学方面的学习和训练可形成的科学素质，无论干什么工作，都会起到作用。如：数学中必须准确把握概念，这会使他们在工作中一丝不苟、精益求精、不走偏、不曲解他人的思想；数学中讨论的问题非常明确、实际，因此他们在工作中能够避免遇事含糊不清或流于空泛议论；数学中严密的逻辑思维，使他们在工作中具有洞察事物本质并迅速找出解决问题方法的能力；数学中严格、简洁的叙述和论证，会使他们在工作中形成不拖泥带水的作风，谈话行文简明扼要，避免和减少失误；数学求解问题的技巧，会使他们能够妥善地处理矛盾；数学中繁杂的精确计算，会使他们善于经营，巧于安排；数学中演绎和归纳的训练，会使他们善于分析和综合，避免片面性。

数学学科占有如此重要的地位，是数学的性质决定的。数学是研究现实世界的空间形式和数量关系的科学。数学的发展，使其对象更为广阔，现在人们认为数学的对象可以包括客观现实中的任何形式和关系，只要这些形式和关系客观上能如此独立于它们的内容，即能完全撇开具体的内容，而又能十分精确地表达它们的概念，能保留丰富的联系，因而能给纯逻辑地发展理论奠定基础。

当前国际经济的竞争，在某种程度上已转化为数学教育的竞争。对所有学生进行优质的数学教育是一个国家经济兴旺发达所必需的。

二、数学教育观念的哲学思考

数学的重要性正在日益被越来越多的人所认识和感受。但是，数学还远远没有普及到广大公众之中，数学的思维方式更远远没有被多数人所掌握。世界上大部分国家在着力进行数学教育的现代化改革。任何改革中，观念的转变总是处于最高层次上的，要有效实施数学教育，首先就要转变观念，树立起正确的数学教育观。因为，教师所持有的观念在很大程度上决定着教师所进行的教学活动，决定着教师和学生在数教学活动中的地位和作用，包括两者相互作用的方式等。一个教师的数学教育观念会直接影响他的教学行为，包括教学目标的定位、教学原则的贯彻、教学模式及策略的制定、教学评价的实施等方面。数学哲学思想对数学教育的指导作用，突出地表现在人们对数学教育观念本质的深层认识及其作用意义的新思考。自然，不应当仅仅把数学教育视为知识和技能的传播。只有比较全面地、深入地理解数学教育的含义，数学起到的作用才会得以发挥。

几千年前数学就已作为一门课程进入学校了。我国最早的教育中就关注到了数学。从中国古代的"六艺"教育、希腊古代的"七艺"教育，直到当代，数学都是教育的核心内容之一（只有少数例外）。人们早已意识到数学不只是让人学会生活和生活得更好的知识或工具，它还能使人自身得到发展和完善。在人类社会实践活动中，有产品的开发，科技的开发、同时人们也认识到，还有人（或人类）自身的开发。事实上，人类已从许多方面在关心着自身的开发，然而这在今天具有特别的意义。数学教育的作用更是不可忽视的。

从根本上说，应当把数学教育视为文化素质教育，或者说它本应是一种文化素质教育或人文素质教育。数学课程虽不能直截了当地叫作人文课程，但它是最接近人文课程的科学课程，最能起到人文教育作用的科学课程。

（一）数学教育观念的本质

观念，既是客观事物在人脑里留下的概括形象，也是人的思想意识。数学教育观念，是人们在一定的社会实践中，直接或间接形成的对数学教育问题的认识或反映。人们在对数学教育的认识、探索中提出的问题是多种多样、纷繁复杂的，如果根据问题的类型、层次等特征，可以大致将数学教育问题分为三个层级：第一层级是数学教育的元问题；第二层级是数学教育的基本问题；第三层级是数学教育的具体问题。一般而言，数学教师具有的数学观念大致分为以下四种类型：

1. 动态的、易谬主义数学观

这主要是把数学看成一种处于探索发展过程中的知识，从而一定包含有错误、尝试、改进与改进过程。

2. 静态的、绝对主义数学观

这是把数学知识看成不容置疑的真理的集合，它是一个精心组织起来的高度统一且十分严密的逻辑体系。

3. 工具主义的数学观

这主要是把数学看成处理和求解各类（试行）问题的方法和技巧的汇集，因而并不成为高度统一的整体。

4. 文化主义的数学观

这主要是把数学看作一种特定形态的人类文化，或可称为人类文化的"子文化"。它是一种富于理性主义、思维方法、美学思想与文化功能意识的特定的知识体系。

数学教育的元问题，是数学教育最高层次的问题，包括数学教育本体意义上的问题，亦涉及数学对象本体等方面的问题。处于第二层次级的数学教育的基本问题，属于人们对数学教育在认识论方面的反映，包括数学教育对社会和个人的价值如何？数学教育的目的是什么？它在何种程度上影响人的发展和社会的进步？教师和学生在数学教学活动中的地位和作用如何等？位于第三层级的数学教育的具体问题，涉及数学教育及教学活动的细节，属于方法论方面的问题，如教师的教学方法，学生学习的方式方法等。

对于第一层级、第二层级即数学教育的元问题和基本问题的回答，便形成了数学教育的本质观、价值观、目的观、发展观及教师观和学生观等，这些教育观的集合便构成了通常意义上的数学教育观念。

（二）数学教育观念的形成、表现形式和社会层次

当今世界，科学技术日新月异，各国之间综合国力的竞争日趋激烈，"科教兴国"已经成为我国的基本国策，这一切都与作为科学技术基础的数学息息相关。随着社会的发展，"终身学习"和"人的可持续发展"等教育理念进一步得到人们的认同，数学教育观念的形成和发展，受教师自身对数学教育本质的理解程度决定。其主要受两个因素的制约：从数学层面看，对数学本质的认识，即数学观是一个因素；从教育层面看，对教学本质的认识，即教学观是第二个因素。数学教育观念面临重大变革。数学教育观念的表现形式，大致可以分为个人的、群体的、社会的三种类型。个人的数学教育观念，大多来自个人与数学教育直接或间接联系中的经验体会，这些经验体会的日积月累，便形成了一定的数学教育观念。群体的数学教育观念，是个人数学教育观念为别人所认同或接纳转化而来的。它本身带有明显而浓厚的个人色彩，著名的数学教育思想的传播，本质就是个人的数学教育观念寻求别人的认同和接纳，转化为群体的数学教育观念，社会的数学教育观念，是一个社会在特定的历史时期对数学教育的根本看法。它涉及当时社会的政治、经济、文化等诸多方面，较为客观地反映着当时社会、历史对数学教育的要求。

教师的教育观念是对教育活动的一种价值取向，指导教师的教育、教学行为，是提高教育、教学质量的必要条件，是课程改革的关键性问题。就数学学科而言，数学教师教育观念指数学教师在理论学习过程中和教育教学实践中形成的对相关教育现象，特别是对自己的教学能力和教学对象的主体性认识，它直接影响教师的知觉、判断，进而影响教学行为和教学效果。

社会的数学教育观念，一旦形成后，便成为所处时期进行数学教育的理论和依据，并处于社会意识层次的水平之上，个人的、群体的数学教育观念，多是经验型的自发的观念，处于社会心理层次上，这两种社会层次的数学教育观念，是相互联系、相互作用和相互影响的。当个人、群体的数学教育观念适应社会对数学教育的要求，体现当时社会的数学教育特色时，可得到社会的认同，转化为社会的数学教育观念。同时，处于社会意识层次上的数学教育观念，其实施必须为个人、群体所同化，即转化为社会心理层次上的数学教育观念，才能实现预定目标，取得预期效果。

（三）哲学对数学教育观念改革的意义

随着数学教育理论研究的深入开展，对数学教育的哲学思考也逐步受到关注。这种在数学教育现象哲学层面上的思考可以概括为数学教育哲学的研究。一个社会在一定时期的数学发展状况、数学教育策略，与当时社会人们对数学的哲学认识和思考有关，这种哲学认识和思考，涉及数学的本体论、认识论和方法论等方面的问题。应该承认，有可能部分数学工作者、数学教育工作者的上述认识和思考是无意识或不自觉的。但从社会的整体性而言，认识和思考对当时社会的数学持续发展水平、方向，对数学教育的推动是不容忽视的。同样地，从哲学角度认识和思考数学教育观念的本体论、认识论和方法论等方面的问题，对所处时代的数学教育的改革与发展，亦具有重要意义。

每个数学教师，无论自觉与否，总是在一定观念的指导或影响下从事自己的教学工作的。同时，数学教育观念，总是寓于对数学教育的理解、实践等活动之中，为这些活动提供存在的依据。因此，数学教育的改革，突出表现在新旧数学教育观念的变更，尤其是个人、群体的数学教育观念与反映社会发展所需要的社会教学教育观念的相互转化是其成败的关键，从哲学的角度认识数学教育观念具有重要的意义。用哲学的观点和方法对数学教育的问题进行研究，则是采用哲学的视角去看待数学教育，因而对树立正确的数学教育观念是极其重要的。更进一步地说，数学教育观念可以看作是数学教育哲学基础的重要内容。

首先，数学教育观念可帮助确立数学教育的指导思想、方针政策。数学教育的指导思想，体现了社会、国家办好数学教育的根本性质、方向、目标和任务，具有方向性、全面性和长远性，它是通过国家行政部门和有关机构强制推行的。因此，将反映社会发展需要的数学教育观念转化为数学教育的指导思想，成为制定有关政策的依据，进而总体上促进人们数学教育观念的更新和改变，推动全社会数学教育改革，显得非常重要。

其次，数学教育观念能增强数学教育实践的效力。数学教育实践活动，每个都有明确的目标和预期目的。然而，每一个数学教育实践主体不同程度地都有自己的数学教育观念。它直接支配着个体的数学教育实践。由于这些个体的数学教育观念处在社会心理层次上，具有一定的局限性，只有将它们与社会意识层次上的数学教育观念相一致，将社会意识层次上的数学教育观念同化，才能使每个教育实践主体的行为符合社会发展的需要，提高社会数学教育实践的质量。

最后，数学教育观念有助于改造社会心理层次上的数学教育观念。社会存在决定社会意识，社会意识对社会存在具有反作用，这是辩证唯物主义和历史唯物主义的观点，这种社会存在对社会意识的决定作用，以及社会意识对社会存在的反作用，都是通过社会心理来实现的，社会心理是作用和反作用得以实现的中介，社会意识只有在更广泛的基础上转化、凝结、沉淀为人们的社会心理，才能有效地发挥作用。处于社会意识层次上的社会数学教育观念，只有转化为社会心理层次上的、个人的或群体的数学教育观念，实现个人、群体数学教育观念由自在到自为的转变，才能对数学教育实践活动发挥积极、有效的指导作用。因此，数学教育改革，仅停留于方针、政策的制定和更新，仅停留于学校内部、教师队伍之间教学方式、方法的推陈出新，是目光短浅的、有缺陷的；应注重发挥全社会的整体效能，重视长期被忽视的社会心理层次上的、个人的和群体的数学教育观念转变。否则，数学教育改革事倍功半，难以赶上社会发展的步伐，满足时代的需要。

大众数学所追求的教育目的是让每个人能够掌握有用的数学，它有两个方面的含义，一是人人学有用的数学；二是人人掌握数学。把受教育的权利扩大到所有人，表达了大众数学教育的社会和政治意义，因此它体现了社会公正、民主的原则，是社会进步的标志，也是社会发展的必然产物。

进入 20 世纪 90 年代，世界各国，尤其是各发达国家纷纷提出教育改革的报告、方针或方案，改革的目标都是面向 21 世纪，为培养适应高科技信息社会和更加激烈的市场竞争所需要的人才，谁既能培养出合格的劳动者，又能造就一流的杰出科学技术和经济管理人才，谁就能占有 21 世纪。这是因为，当历史进入 20 世纪后末叶，信息社会的出现，已预示着力量来自智力 —— 知识加能力，来自全体人民而不仅仅是少数英才的智力，而全体人民智力的开发，有赖于新的教育。在这种情形下，大众数学就备受国际数学教育界的青睐。

1. 数学素质的内涵

关于数学素质的内涵至今还没有一个统一的说法，特别是教育界、数学教育界更是众说纷纭，数学素质的内涵主要指数学智力水平、数学文化程度、数学思想水平三个要素；其中数学智力水平主要指创新、观察、注意、记忆、思维、表达等数学认知水平；数学文化程度主要指掌握的数学科学技术知识、数学文化知识；前面曾谈到，所谓数学思想即人类在发现与创作数学的过程中逐步形成并不断发展的关于数学的认识论与方法论，是客观世界数、形规律与人类主观意志精神的统一。其主要指对数学的态度，能否正确评价数学的社会作用、能否尊重数学、正确运用数学方法分析问题、解决问题的能力。

2. 数学素质的含义与特征

素质是指人自身所存在的内在的、相对稳定的身心特征及其结构，是决定其主体活动功能、状况质量的基本因素。数学作为一种客观抽象出来的自然科学，属于社会素质的范畴。人的数学素质是人的数学素养和专业素质的双重体现，按照当前数学教育界比较一致的公论，数学素质大致含义有以下四个表现特征。

（1）数学意识

数学意识即用数学的眼光去观察、分析和表示各种事物的数量关系、空间关系和数学信息，以形成量化意识和良好的数感，进而达到用数理逻辑的观点来科学地看待世界，人的数学意识的高低强弱无时无刻不反映出来。如数学教育家马明在观看电视转播的世界杯排球比赛时，从场地工作人员擦地一事想到，如果用一米宽的拖布把整个场地拖一次至少要走多长路程的问题，并用化归法原理把所走的路程（长度）转化成场地面积来计算，这是一般人很少注意或不屑一顾的事，却是数学家运用数学的良好机会。足见一个高素质的数学工作者具备不失时机地应用数学的意识。

（2）数学语言

数学语言作为一种科学语言，它是数学的载体，具有通用、简捷、准确的数学语言是人类共同交流的工具之一。

（3）数学技能

数学的作图、心算、口算、笔算、器算是数学最基本的技能，而把现实的生产、生活、流通以至科学研究中的实际问题转化为数学模型，达到问题解决，形成数学建模的技能，这是数学的创造，在数学技能解释、判断自然或社会现象及预测未来的同时也发展与创造数学本身。众所周知的欧洲17世纪哥尼斯堡七桥问题无解的结论就引出了一个新的数学分支——图论。

（4）数学思维

数学学习本质上是一种思维活动。数学在训练思维、提高思维水平方面发挥着突出的作用。数学是思维的体操，抽象、概括、归纳与推理等形式化的思维以及直觉、猜想、想象等非形式化的思维，都是数学思维方法、方式与策略的重要体现，数学直觉思维、数学逻辑思维、数学辩证思维都是人的高级思维形式。时至今日，数学的知识和技术有逐步发展成为人们日常生活和工作中所需要的一种通用技术的趋势，这是因为现代社会生活是高度社会化的，而高度社会化的一个基本特点和发展趋势就是定量化和定量思维，定量化和定量思维的基本语言和工具就是数学。由此可见，未来人的数学素质将与人的生存息息相关。

三、华罗庚科学教育思想

华罗庚不仅是伟大的数学家和数学教育家，也是科学思想深邃的哲人。他有着先进的治学方法和精辟的"学习学"论述，特别是关于数学学习原理，即"怎样学与为什么这样学"的问题，以及数学思维原理、创造性思维等问题有着独到的论述，将其概括为数学学习的五项原则。

（一）重视非智力因素原则

非智力因素原则要求学习者根据个人的自身素质和修养，形成良好的学习品质，包括兴趣、情感、意志、需要、灵感、顽强的进取精神等。聪明在于学习，天才由于积累。科学上的发现都是日积月累长期辛勤思考的结果，都是每一步看来不难，但却是步步积累的结果。数学学科其知识结构不同于其他学科，它一环套一环，学习科学知识有如筑塔，级级上升，每一级都建筑在以下诸级之上，因此，一级不稳，就筑不上去。

（二）自主学习原则

自我学习即自我识别、选择、培养、发展、形成自身的学习和思维的特点，成为学习的主人。华罗庚在学习和研究数学的过程中，善于选择最佳路线。他攀登数学高峰的足迹：善于发现问题→独立思考→班门弄斧→引人注目→进入最高学府→研究世界难题→赶超世界大师。不论是在课堂上还是在研究所都结合自己的成长过程经常教导青年人一定要学会自学，人的一生，工作时间比在校时间长得多，学会自修，终身受益。

（三）重视智能学习原则

智能学习即掌握知识与发展能力相统一。他剖析古书所赞美的"博闻强记"。"学富五车"，不过是活书库、活辞典，比起"闻一知三""闻一知十"者，相去甚远。因为后者会推理，前者不会，会推理的人有可能由"知"至"识"，会发明创造。这一点正是中国传统文化的不足，是西方科学的长处和近代科学发展的有力支撑点。由"知""学""见"到"识"，是感性到理性发生质的飞跃，是螺旋式的循环往复前进，他主张，不但要提"求知欲"，尤其要提"求识欲"，后者比前者又高了一个档次。所以要学会读书，他的宝贵经验是，不只要看到书面上，而且要看到书背后的东西，为了具备这种能力，他总结了一个精彩的读书程序：薄→厚→薄。

（四）创新学习原则

创新学习原则即探索式原则，超出原有知识范围的自由思考和充分研究，形成较强的创新能力，这一原则正是在构建创造性教学模式中努力遵循的重要原则，它要求教师的教育教学活动应富有探索性，为学生创设探索情境，提出探索性问题。独立思考是取得正确认识的必要方法，也是科学中克服困难的不二法门。

科学乃是逐步深入，乃至无限深入的，不是一成不变、一个规格到底的，而往往每去掉一层障碍就发现一些真理，在突破这层层障碍的时候，往往要用以往迥然不同的新的独创方法，才能获得成功，而开创的本领往往不是旁人所能帮助的。这里，华罗庚触及数学创造性思维的原理和认识结构问题，是很深刻的分析。

（五）效用学习原则

所谓效用学习原则，一方面，以较少时间尽量多学并形成科学优化知识、智能结构；另一方面，学习应与社会经济发展的需求相适应，做贡献。他领导的"典型群讨论班"，就是贯彻这一原则的范例。为了带领一批刚毕业的大学生走向科学研究的前沿，他选择了这个课题，着眼点有以下几点：需要的预备知识少，将来的发展前途大，中途可以熟悉近代几何、代数的一些知识，补基础、增能力，研究成果多方面的用途，将来可以迅速转移到其他有希望的领域，使这批骨干占领更广阔的战线。由于他高瞻远瞩，注重实效，结局正如他所预期的，这在世界数学教育史和数学研究史上传为美谈。

此外，华罗庚文学功底十分深厚，常把数学入诗，阐述哲理。

他曾这样写道：

数形本是相倚依，怎能分作两边飞。

数缺形时少直觉，形少数时难入微。

数形结合百般好，隔离分家万事休。

几何代数统一体，永远联系莫分离。

此诗把数学的具象——数形结合的思维方式作为载体，用节奏鲜明生动有趣的语言，把学习数学的方法进行了辩证的阐述，让人读来亲切可掬。

（六）对当前我国数学教育的启示

第一，华罗庚远不只是一位具有强烈爱国主义精神的科学家，华罗庚科学思想还是个内容丰富的思想库。

第二，华罗庚几十年都坚持用马克思主义哲学指导自己的数学研究与数学教学；他不是只在哲学范畴内思考哲学，而是参与数学的研究与实践，从中概括上升，进行哲学思维，这不仅加深了对马克思主义哲学的理解、坚实了信念，而且在某些方面丰富了马克思主义哲学。

第三，华罗庚对数学教育的潜力、当代教育学的科学的科学化程度、中外教育方法与制度等都有所研究。他用他的数学观与方法论，对新型人才的知识能力结构提出了新的模式。21世纪是人才竞争的时代，其根本要素是人才及其创造性，而培养新型人才的基础是先进的教育。哪个国家在教育上有大的创新，走到了前头，哪个国家就主动了，而华罗庚关于数学教育的某些思想观点在当今世界上仍是独一无二的，是我国独有的宝贵思想。

第四，华罗庚有一套独特而科学的学习、发展与成才的目标、战略、思维方法、学习方法与治学品格。他不仅在成才与贡献上志向高远，而且善于"自主学习、勤奋学习、科学学习与创造性学习"和具有优秀的学习品质，这一特点是他取得重大科学成就的基础。

华罗庚为青少年树立了自学成才的光辉榜样，他经常教育青年们要树立自学成才的信心，自修能有成绩的主要关键在于毅力和耐心，没有什么秘密的学习方法。不怕困难，刻苦练习，是学好数学最主要的经验，所谓天才就是靠坚持不断的努力。

第五，华罗庚有着深刻的数学思想和数学观。他的数学教育思想最直接的来自他深刻的数学思想和数学观。"数学源于实践""数学是一切科学得力的助手和工具"，为普及数学方法提供了前提，而"数学是一门富有概括性的学问，抽象是它的特色"及"数学本身是一个互相联系的有机整体"，又为他独特的教学法提供了理论依据。

第六，华罗庚有永恒的信念。华罗庚热爱祖国，忧国忧民，为国争光，是他永恒的信念，也是他永恒的追求。科学家战斗的武器是科学，科学家报效祖国的方法也只能是科学。他的肺腑之言是"我的知识源于人民，我要把知识还给人民"。在这种思想指导之下，为国育英才当然会成为华罗庚义不容辞的事。

第二节　高等数学教学与数学能力培养

一、命题与推理的教学

在数学中，表示判断的语句称为数学命题，因为判断可真可假，所以命题亦可真可假。在数学中，根据已知概念和公理及已知的真命题，遵照逻辑规律运用逻辑推理方法推导得出的真实性命题称为定理。

所谓推理是指由一个或几个已知的判断推导出一个或几个新命题的思维形式。是探求新结果，由已知得到未知的思维方法，在人们的认识过程和数学学习研究中有巨大的作用，它不但可以获得新的知识，也可以帮助论证或反驳某个论断。

一个推理包含前提和结论两个部分，前提是推理的依据，已知的知识是什么；结论是推理的结果，即依据前提所推出的命题，推出的新知识是什么。众所周知，数学是一门论证科学，它的结论都是经过证明才得到肯定的，而证明便是由一系列推理构成的。在数学中，不论是定理的证明、公式的推导、习题的解答以至在实践中运用数学方法来解决问题，都需要用逻辑推理。因此，正确掌握和运用逻辑推理，对于数学学习和提高学生的逻辑论证能力都是非常重要的。

数学中的推理有以下三种分类方法：

第一，根据推出的知识的性质，推理分为或然性的推理和必然性的推理。如果推理得出的知识是或然性的 —— 其真实性可能对也可能不对，这样的推理称为或然性推理；如果推理得出的知识是真实可信，结论正确，这样的推理称为必然性推理，也称确实性推理。

第二，根据推理所依据的前提是一个或多个而将推理划分为直接推理和间接推理。

第三，根据推理过程的方向，将推理分为归纳推理、演绎推理和类比推理。

以下分别就数学中最常见的归纳推理、演绎推理和类比推理予以论述：

（一）归纳推理

所谓归纳推理是从特殊事例中概括出一般的原理或方法的思维形式。简言之，归纳推理是由特殊到一般的推理。它从个别的、单一的事物的数与量的性质、特点和关系中，概括出一类事物的数与量的性质、特点和关系，并且由不太深刻的一般到更为深刻的一般，由范围不太大的类到范围更为广泛的类。在归纳过程中，认识从单一到特殊再到一般。总的来说，人们的认识过程是从观察和试验开始的，在观察和试验的基础上，人们的思维便逐步形成了抽象和概括。在把各个对象的特殊情形概括为一般性的认识过程中，使能建立起概念和判断，得出新的命题，在这个过程中离不开归纳推理。

归纳有三个方面的基本作用：

第一，归纳是一种推理方法。从它可以由两个或几个单称判断或特称判断（前提）得出一个新的全称判断（结论）。

第二，归纳是一种研究方法。当需要研究某一对象集（或某一现象）时，用它来研究各个对象（或各种情况），从中找出各个对象集所具有的性质（或者那个现象的各种情况）。

第三，归纳还是一种教与学的方法。

人们为什么运用归纳推理能从个别事例归纳出一般性的结论呢？这是因为客观事物中，个别中包含一般，而一般又存在于个别之中，这样一来，同类事物必然存在相同的属性、关系和本质。世间一切现象的发生，并非毫无秩序、杂乱无章的，而是有规律的，

143

这一规律性，就表现在各种现象、它们的性质以及各过程的不断重复中，而这种重复性正好成为归纳推理的客观基础。

归纳推理有完全归纳推理和不完全归纳推理：由于观察了某类中全体对象都具有某种属性，从而归纳得出该类也具有这种属性，这种推理称之为完全归纳推理；如果由观察、研究某类中一些事物具有某种属性，就归纳出该类全体也具有这种属性，这种推理称之为不完全归纳推理。

（二）演绎推理

所谓演绎推理是指根据一类事物都具有的一般属性、关系和本质来推断该类中个别事物所具有的属性、关系和本质的推理方法。简言之，它是从一般到特殊的推理。

演绎推理的典型形式是三段论式。在三段论式中，把关于一类事物的一般性判断称作大前提，把关于属于同类事物的某个具体事物的特殊判断称作小前提，把根据一般性判断和特殊判断而对该具体事物做出的新判断称作结论。三段论式的结构是由大前提、小前提和结论三部分构成，那么三段论式推理便是这样一种推理过程：由大前提提供一个关于一类事物的一般性判断，由小前提提供一个关于某个具体事物的特殊判断，然后通过大前提与小前提之间的关系得出结论。三段论式中如果大前提和小前提不真实，则按照三段论式推出来的结论必定真实。因此，三段论式作为辑绎推理是一种严谨的推理方法。它是数学中被广泛应用的一种推理方法。

（三）类比推理

所谓类比推理是指根据两个或两类对象有一部分属性相类似，推出这两个或两类对象的其他属性亦相类似的思维形式。简言之，类比推理是一种从特殊到特殊，从一般到一般的推理。

科学研究（包括数学学习）本身就是利用现有知识来认识未知对象以及对象未知方面的活动。人们在向未知领域探索的时候，常常把它们与已知领域作对比，找出它们与熟悉对象之间的共同点，再利用这些共同点作为桥梁去推测未知方面。人类的许多发明创造和某一学科的新概念、新体系的提出，开始往往是从相似的事物、对象的类比中得到启发并加以引申，深入下去获得成功的。

利用类比可以获得新知识、新发现，也可以在论证过程中增强说服力。对数学学习来说，类比确实可以帮助学生发现有意义的真命题。况且类比推理常常成为联系新旧知识的一种逻辑方法，所以它在数学的教与学中是常用的推理方法。如果学生一旦养成了类比的习惯，掌握了一定的方法要领，思路就会变宽，思维就会活跃。因此，类比推理在数学学习中有着重要的意义，它是一种不可缺少的思维形式。

由于类比推理的客观根据只是对象间的类比性，类比性程度高，结论的可靠性程度就高；类比性程度低，结论的可靠性程度就低。对象间的类比可能是主要的、本质的、必然的，也可能是次要的、表象的、偶然的。如果对象间的共有属性是主要的、本质的、必然的，那么结论就是可靠的；如果对象间的共有属性是次要的、表象的、偶然的，那么推移属性就不一定可靠。因此类比推理的结论具有或然性质，可能正确也可能错误，要真正确认结论是否正确，还必须通过证明，所以类比推理不是论证，由类比推理得到的判断，只能作为猜想或假设。

类比法的形式比较简单，因此在数学发现中有着广泛的应用。比如，数与式之间，平面与空间之间，一元与多元之间，低次与高次之间，相等与不相等之间，有限与无限之间等，都可以类比。

定理是数学知识体系中的重要组成部分，也是后继知识的基础和前提，因此定理教学是整个教学内容中的一个重要环节。在定理教学中应注意以下方面：

1. 要使学生了解定理的由来

数学定理是从现实世界的空间形式或数量关系中抽象出来的。一般说来，数学中的定理在现实世界中总能找到它的原型。在教学中，一般不要先提出定理的具体内容，而尽量先让学生通过对具体事物的观察、测量、计算等实践活动，来猜想定理的具体内容。对有些较抽象的定理，可以通过推理的方法来发现。这样做有利于学生对定理的理解。

2. 要使学生认识定理的结构

这就是说，要指导学生弄清定理的条件和结论，分析定理所涉及的有关概念、图形特征、符号意义，将定理的已知条件和求证准确而简练地表达出来，特别要指出定理的条件与结论的制约关系。

3. 要使学生掌握定理的证明思路

定理的证明是定理教学的重点，首先应让学生掌握证明的思路和方法。为此，在教学中应加强分析，把分析法和综合法结合起来使用一些比较复杂的定理，可以先以分析法来寻求证明的思路，使学生了解证明方法的来龙去脉，然后用综合法来叙述证明的过程。叙述要注意连贯、完整、严谨。这样做，使学生对定理的理解，不仅知其然，而且知其所以然有利于掌握和应用。如利用极限的 ε-N、ε-δ 定义去验证极限时采用的就是分析综合法。

4. 要使学生熟悉定理的应用

一般说来，学生是否理解了所讲的定理，要看他是否会应用定理。事实上，懂而不会应用的知识是不牢靠的，是极易遗忘的。只有在应用中加深理解，才能真正掌握。因此，应用所学定理去解答有关实际问题是掌握定理的重要环节。在定理的教学中，一般可结合例题、习题教学，让学生动脑、动口、动笔，领会定理的适用范围，明确应用时的注意事项，把握应用定理所能解决问题的基本类型。

5. 指导学生整理定理的系统

数学的系统性很强，任何一个定理都处在一定的知识系统之中。要让学生弄清每个定理的地位和作用，以及定理之间的内在联系，从而在整体上、全局上把握定理的全貌。因此，在定理教学过程中，应瞻前顾后，搞清每个定理在知识体系中的地位和作用，指导学生在每个阶段总结时，运用图示、表解等方法，把学过的定理进行系统的整理。

公式是一种特殊形式的数学命题。不少公式也是以定理的形式出现的，如微分公式、牛顿－莱布尼茨公式、傅里叶级数展开公式等。因此，如上所述的定理教学的要求，同样也适用于公式教学；由于公式还具有一些自身的特点，所以在公式的教学中要重视公式的意义，掌握公式的推导；要阐明公式的由来，指导学生善于对公式进行变形和逆用；注意根据公式的外形和特点，指导学生记忆公式。如分部积分公式、向量叉积计算公式的记忆特征等。

二、教学思维与教学思想方法

学习数学不仅要掌握数学的基本概念基本知识和重要理论，而且要注重培养数学思想，增强数学素质，提高数学能力。数学教学的效果和质量，不仅仅表现为学生深刻而熟练地掌握系统的数学学科的基础知识和形成一定的基本技能，而且表现为通过教学发展学生的数学思维和提高能力。

数学的教学过程中，经常采用的思维过程：分析—综合过程，归纳—辑绎过程，特殊—概括过程，具体—抽象过程，猜测—搜索过程，并且还会充分运用概念、判断、推理等的思维形式。从思维的内容来看数学思维有三种基本类型：一是确定型思维，二是随机型思维，三是模糊型思维。所谓确定型思维，就是反映事物变化服从确定的因果联系的一种思维方式，这种思维的特点是事物变化的运动状态必然是前面运动变化状态的逻辑结果。所谓随机型思维，就是反映随机现象统计规律的一种思维方式。具体一点来说，就是事物的发展变化往往有几种不同的可能性，究竟出现哪一种结果完全是偶然的、随机的，但是某一种指定结果出现的可能性则是服从一定规律的。就是说，当随机现象由大量成员组成，或者成员虽然不多，但出现次数很多的时候就可以显示某种统计平均规律。这种统计规律在人们头脑中的反映就是随机型思维。确定型思维和随机型思维，虽然有不同的特点，但它们都是以普通集合论为其理论基础的，都可以分明地精确地进行刻画，但是在客观现实中还有一类现象，其内涵、外延往往是不明确的，常常呈现"亦此亦彼"性。为了描述此类现象，人们只好使用模糊集论的数学语言去描述，用模糊数学概念去刻画。从而创造了对复杂模糊系统进行定量描述和处理的数学方法。这种从定量角度去反映模糊系统规律的思维方式就是模糊型数学思维。上述三种思维类型是人们对必然现象、偶然现象和模糊现象进行逻辑描述或统计描述或模糊评判的不可缺少的思维方法。

数学思维的方式，可以按不同的标准进行分类。按思维的指向是沿着单一方向还是多方向进行，可以划分为集中思维（又叫收敛思维）与发散思维；根据思维是否以每前进一步都有充足理由为其保证而进行，可以划分为逻辑思维与直觉思维；根据思维是依靠对象的表征形象或是抽取同类事物的共同本质特性而进行，可以划分为形象思维与抽象思维。现在有人又根据思维的结果有无创新，将其划分为创造性思维与再现性思维。

（一）集中思维和发散思维

集中思维是指从同一来源材料探求一个正确答案的思维过程，思维方向集中于同一方向。在数学学习中，集中思维表现为严格按照定义、定理、公式、法则等，使思维朝着一个方向聚敛前进，使思维规范化。

发散思维是指从同一来源材料探求不同答案的思维过程，思维方向发散于不同的方面。在数学学习中，发散思维表现为依据定义、定理、公式和已知条件，思维朝着各种可能的方向扩散前进，不局限于既定的模式，从不同的角度寻找解决问题的各种可能的途径。

集中思维与发散思维既有区别，又是紧密相连不可分割的。例如，在解决数学问题过程中，解答者希望迅速确定解题方案，找出最佳答案，一般表现为集中思维；他首先要弄清题目的条件和结论，而在这个过程中就会有大量的联想产生，这表现为发散思维；接下来他若想到有几种可能的解决问题的途径，这仍表现为发散思维；然后他对一个或几个可能的途径加以检验，直到找出正确答案为止，这又表现为集中思维。由此可见，在解决问题过程中，集中思维与发散思维往往是交替出现的。当然，根据问题的性质和难易程度，有时集中思维占主导地位，有时发散思维占主导地位。通常，在探求解题方案时，发散思维相对突出，而在解题方案确定以后，在具体实施解题方案时，集中思维相对突出。

（二）逻辑思维与直觉思维

逻辑思维是指按照逻辑的规律、方法和形式，有步骤、有根据地从已知的知识和条件推导出新结论的思维形式。在数学学习中，这是经常运用的，所以学习数学十分有利于发展学生的逻辑思维能力。直觉思维是未经过一步步分析推证，没有清晰的思考步骤，而是对问题突然间领悟、理解得出答案的思维形式。通常把预感、猜想、假设、灵感等都看作直觉思维。灵感就是在微不足道的时间里通过猜测而抓住事物本质的联系。在数学中直觉概念是从两种不同的意义上来使用的：一方面，说某人是直觉的思维者，即他花了许多时间做一道题目，突然做出来了，但是还须为答案提供形式证明。另一方面，说某人是具有良好直觉能力的数学家，即当别人向他提问时，他能够迅速做出很好的猜想，判定某事物是不是这样，或说出在几种解题方法中哪一种有效。直觉思维往往表现在长久沉思后的"顿悟"它具有下意识性和偶然性，没有明显的根据与思索的步骤，而是直接把握事物的整体，洞察问题的实质，跳跃式地突如其来地迅速指出结论，而很难陈述思维的出现过程。

分析思维的特点是其每个具体步骤均表达得很清晰，思考者可以把这些步骤向他人叙述。进行这种思维时思考者往往相对地完全意识到其思维的内容和思维的过程……与分析思维相反，直觉思维的特点是缺少清晰的确定步骤。它倾向于以对整个问题的理解为基础进行思维，人们获得答案（这个答案可能对或错）而意识不到他赖以求得答案的过程（假如一般来讲这个过程存在的话）……通常，直觉思维基于对该领域的基础知识及其结构的了解，正是这一点才使一个人能以飞跃、迅速越级和放过个别细节的方式进行直觉思维；这些特点需要用分析的手段——归纳和演绎——对所得的结论加以检验。直觉思维在解决问题中有重要的作用，许多数学问题，都是先从数与形的直觉感知中得到某种猜想，然后进行逻辑证明的。因此，培养学生的直觉思维与逻辑思维不能偏废，应该很好结合起来。

（三）抽象思维与形象思维

形象思维是指通过客体的直观形象反映数学对象"纯粹的量"的本质和规律性的关系的思维。形象思维是与客体的直观形象密切联系和相互作用的一种思维方式。

数学形象性材料，具有直观性、形象概括性、可变换性和形象独创性（主要表现为几何直觉），而与数学抽象性材料（如概念、理论）不同。所以抽象思维所提供的是关于数学的概念和判断，而形象思维所提供的却是各种数学想象、联想与观念形象。

在数学教育中，一直是抽象逻辑思维占统治地位，难道形象思维在教学中就不能为自己争得一席之地吗？其实不然。那么，形象思维的科学价值和教育意义又何在呢？

第一，图形语言和几何直观为发展数学科学提供了丰富的源泉。数学科学发展的历史告诉人们，许多数学科学概念脱离不开图形语言（尤其是几何图形语言），许多数学科学观念的形成也都是由于借助图形形象而触发人的直觉才促成的。

在现代数学中经常出现几何图形语言的原因，不仅仅是由于有众多的数学分支是以几何形象为模型抽象出来的，而且由于图像语言是与概念的形成紧密相连的。代数和分析数学中经常出现几何图形语言，显示了在某种意义上几何形象的直觉渗透到一切数学中。为什么像希尔伯特空间的内积和测度论的测度，这样一些十分抽象的概念，在它们的形成和对它们的理解过程中，图形形象仍然保持其应有的活力呢？显然，这是因为图形语言所能启示的东西是很重要的、直观的和形象有趣的。

第二，图形是数学和其他自然科学的一种特殊的语言，它弥补了口述、文字、式子语言的不足，能处理一些其他语言形式无法表达的现象和思维过程。正像符号语言由于文字符号参加运算使数学思维过程变得简单一样，数学图形语言具有直观、形象，易于触发几何直觉等特点和优点。如计算积分时，先画出积分区域，对选择积分顺序是十分有益的。学生学会用图形语言来进行思考，同会用符号语言来进行思考一样，对人类的发展进步都是极为重要的。

第三，如果说符号语言具有抽象的特点，那么数学中的图形语言则具有直观形象的特点，发展这两种语言都是重要的。发展符号语言有利于抽象思维的发展，发展图形语言却有利于形象思维的发展。

第四，正如前述，人们在思考问题过程中，视觉形象、经验形象和观念形象是经常起作用的。例如，学生在学习数学过程中，尤其在解题时这种形象往往浮现在眼前，活跃在脑海中，用以搜寻有用的信息，激活解题思路。对于典型解法、解题经验等形象有时虽然时隔已久，但在用得着时，这种形象便会复活，跃然纸上。不仅如此，学生学习数学时，还常常表现出一种趋向：对抽象的数学概念总喜欢从几何上给出形象说明，即几何意义，有时即便是纯代数问题，也会唤起他们的几何形象。

综上所述，形象思维不仅对数学科学有很高的科学价值，而且对培养教育人才具有十分重要的意义。

数学思想是指对数学活动的基本观点，泛指某些具有重大意义、内容比较丰富、思想比较深刻的数学成果，或者是指数学科学及其认识过程中处理数学问题时的基本观念、观点、意识与指向。数学方法是在数学思想指导下，为数学活动提供思路和手段及具体操作原则的方法。二者具有相对性，即许多数学思想同时也是数学方法。虽然有些数学方法不能称为数学思想，但大范围内的数学方法也可以是小范围内的数学思想。大家知道，数学知识是数学活动的结果，它借助文字、图形、语言、符号等工具，具有一定的表现形式。数学思想方法则是数学知识发生过程的提炼、抽象、概括和升华，是对数学规律更一般的认识，它蕴藏在数学知识中，需要学习者去挖掘。

在高等数学中，基本的数学思想有变换思想、字母代数思想、集合与映射思想、方程思想、因果思想、递推思想、极限思想、参数思想等。基本的数学方法，除了一般的科学方法——观察与实验、类比与联想、分析与综合、归纳与演绎、一般与特殊等之外，还有具有数学学科特点的具体方法——配方法、换元法、数形结合法、待定系数法、解析法、向量法、参数法等。这些思想方法相互联系、沟通、渗透、补充，将整个数学内容构成一个有机的、和谐统一的整体。

数学思想方法的学习，贯穿于数学学习的始终。某一种思想方法的领会和掌握，须经较长时间、不同内容的学习过程，往往不能靠几次课就能奏效。它既要通过教师长期的、有意识的、有目的的启发诱导，又要靠学生自己不断体会、挖掘、领悟、深化。数学思想方法的学习和掌握一般经过三个阶段：

1. 数学思想方法学习的潜意识阶段

数学教学内容始终反映着两条线，即数学基础知识和数学思想方法。数学教材的每一章节乃至每一道题，都体现着这两条线的有机结合，这是因为没有脱离数学知识的数学思想方法，也没有不包含数学思想方法的数学知识。在数学课上，学生往往只注意了数学知识的学习，注意了知识的增长，而未曾注意联想到这些知识的观点以及由此出发产生的解决问题的方法与策略。即使有所觉察，也是处于"朦朦胧胧""似有所悟"的境界。例如，学生在学习定积分概念时，虽已接触"元素法"的思想：以直线代替曲线、以常量代替变量，但尚属于无意识的接受，知其然不知其所以然。

2. 数学思想方法学习的明朗化阶段

在学生接触过较多的数学问题之后，数学思想方法的学习逐渐过渡到明朗期，即学生对数学思想方法的认识已经明朗，开始理解解题过程中所使用的探索方法与策略，并能概括、总结出来。当然，这也是在教师有意识的启示下逐渐形成的。

3. 数学思想方法学习的深刻化阶段

数学思想方法学习的进一步要求是对它深入理解与初步应用。这就要求学习者能够依据题意，恰当运用某种思想方法进行探索，以求得问题解决。实际上数学思想方法学习的深化阶段是进一步学习数学思想方法的阶段，也是实际应用思想方法的阶段。通过这一阶段的学习，学习者基本上掌握了数学思想方法，达到了继续深入学习的目的。在"深化期"，学习者将接触探索性问题的综合题，通过解这类数学题，掌握寻求解题思路的一些探索方法。

三、数学能力的培养与发展

能力往往是指一个人迅速、成功地完成某种活动的个性特征。而数学能力是指一个人迅速、成功地完成数学活动（数学学习、数学研究、数学问题解决）的一种个性特征。数学能力从活动水平可以分为"再造性"数学能力和"创造性"数学能力。所谓再造性数学能力是指迅速而顺利地掌握知识、形成技能和灵活运用知识、技能的能力。这通常表现为学生学习数学的能力。所谓创造性数学能力是指在数学研究活动中，发现数学新事实、创造新成果的能力。显然，这两种能力既有联系又有区别。一般来说，再造性数学能力并不等于创造性数学能力但创造性数学能力的提高需要再造性数学能力为基础。因此，对高等数学教学来说，再造性数学能力当然是基本的重要的，它是创造性数学能力的基础，但创造性数学能力的培养也不可小视。

数学能力从结构上可以分为：数学观察能力、数学记忆能力、逻辑思维能力、空间想象能力。

（一）数学观察能力

观察是一种有目的、有计划、持久的知觉活动。数学观察能力主要表现在能迅速抓住事物的"数"和"形"这一侧面，找出或发现具有数学意义的关系与特征；从所给数学材料的形式和结构中正确、迅速地辨认出或分离出某些对解决问题有效的成分与有数学意义的结构数学观察能力是学生学习数学活动中的一种重要智力表现，如果学生不能主动地从各种数学材料中最大限度地获得对掌握数学有用的信息，要想学好数学那将是困难的。为了有效地发展学生的数学观察能力，数学教学除了注意发展学生观察的目的性、持久性、精确性和概括性外，还必须注意引导学生从具体事实中解脱出来，把注意力集中到感知数量之间的纯粹关系上。

例如，连续的凸曲线弧具有明显的特征：曲线上任意两点连接而成的弦总在曲线弧的下方（凹曲线弧的特征：曲线弧上任意两点连接而成的弦总在曲线弧的上方）。这自然可以作为凸弧的定义 $f\left(\dfrac{x_1+x_2}{2}\right) > \dfrac{f(x_1)+f(x_2)}{2}$。此外，对于"正态"的凸弧而言，峰顶两侧曲线的切线呈现的倾斜程度是不同的，左侧切线斜率（导数的符号）大于零，而右侧切线的斜率（导数的符号）小于零，导数由正变负单调递减，那么它的导数（导函数的导数）自然就小于零。该结论的逆命题正是判别曲线凹凸的一个充分条件。

（二）数学记忆能力

所谓记忆，就是过去发生过的事情在人的头脑中的反映，是过去感知过和经历过的事物在人的头脑中留下的痕迹。数学记忆虽与一般记忆一样，经历识记、保持、再认与回忆三个基本阶段，但仍具有自身的特性。首先，从记忆的对象来看，它所识记的是通过抽象概括后用数学语言符号表示的概念、原理、方法等的数学规律和推证模式与解题方法，完全脱离了具体内容，具有高度的抽象性与概括性。其次，要把识记的数学知识、思想方法保持巩固下来，能随时提取与应用，就必须理解用数学语言符号所表示的数学内容与意义，否则就难以保持、巩固，更不可能用它来解决问题。最后，数学记忆具有选择性与组织性，即把所学数学知识进行思维加工，精练、概括有关的信息，略去多余的信息，提炼出知识的核心成分，分层次组成一个知识系统，以便于保持与应用。数学记忆能力就是指记忆抽象概括的数学规律、形式结构、知识系统、推证模式和解题方法的能力。

数学记忆的本质在于，对典型的推理和运算模式的概括地记忆。一个数学家没有必要在他的记忆中保持一个定理的全部证明，他只需记住起点和终点以及关于证明的思路。

（三）逻辑思维能力

逻辑思维是在感性认识的基础上，运用概念、判断、推理等形式对客观世界的进行间接的、概括的反映过程。它包括形式思维和辩证思维两种形态。形式思维是从抽象同一性，相对静止和质的稳定性等方面去反映事物的；辩证思维是从运动、变化和发展上来认识事物的。在数学发现中，既需要形式思维，也需要辩证思维，二者是相辅相成的。数学是一门逻辑性很强、逻辑因素十分丰富的科学，一般来说，数学对发展学生的逻辑思维能力起着特殊的重要作用，在学习数学时一定要进行各种逻辑训练。

数学教学，从根本上来说，就是教学生学会思维。而教会学生思维，重要的是教会推理，推理能力是思维能力的核心。教会学生懂得什么叫"推理论证"不是一件轻而易举的事情，这种能力的形成不仅要贯穿在整个教学过程中，而且集中体现在解题教学中。实践证明，解题是发展学生思维和提高他们数学能力最有效的途径之一。

逻辑思维能力主要包括分析与综合能力、概括与抽象能力、判断与各种推理能力。下面来分别阐述这几种能力：

1. 分析与综合能力

在数学中，分析是指由结果追溯到产生这一结果的原因的一种思维方法。用分析法分析数学问题时，经常是将需要证明的命题的结论本身作为论证的出发点，通过逻辑证明的步骤，把这个命题归结为已知的真命题。所谓综合，就是指从原因推导到由原因产生的结果的一种思维方法。用综合法证明数学问题时，一般是先找出适当的真命题（通过分析法来找），按照逻辑论证的步骤，逐步将这个真命题变形到需要证明的结论上去。

人们在实际思考问题的过程中，分析与综合往往是结合起来使用的，分析中有综合，综合中也有分析。不过在证明数学问题时，一般先用分析法来分析论题，找出使结论成立的必要条件，然后用综合法进行表述，同时证明条件是充分的，从而完成证明。这样便为人们证明问题提供了一个完整的思考问题的过程。如果这种分析 —— 综合机能，以一定的结构形式在一个人身上固定下来，形成一种持久的、稳定的个性特征，这便是

分析 —— 综合能力。利用极限定义验证极限时所采用的方法就充分体现了这种能力；论述的微分概念的教学方法模式，也非常有助于分析与综合能力的提高。在数学学习中，这是一种基本而又十分重要的能力。分析与综合有着很高的科学价值和认识价值，因为分析是通向发现之路，而综合是通向论证之路。

2. 概括与抽象能力

概括就是指摆脱具体内容，并且在各种对象、关系运算的结构中，抽取出相似的、一般的和本质的东西的思维过程。人们在对数学对象进行概括时，一方面必须注意发现数学对象之间相似的情境，另一方面必须掌握解法的概括化类型和证明或论证的概括化模式。如果这种概括功能以某种结构形式在一个人身上固定下来，形成一种持久的、稳定的个性特征，这就是概括能力。概括能力一般表现为：第一，从特殊的和具体的事物中，发现某些一般的，主体已经知道的东西的能力，这也就是把个别特例纳入一个已知的一般概念的能力；第二，从孤立的和特殊的事物中看出某些一般的，尚未为主体所知道的东西的能力，这也就是从一些特例推演出一般，并形成一般概念的能力。

抽象就是在头脑中舍弃所研究对象的某些非本质的特征，揭示其本质特征的思维过程。抽象是以一般的形式反映现实，从而是对客观现实的间接的、媒介的再现。对感觉的经验与实践所得到的印象，进行抽象的思考，经过这样的过程得到的认识，却比直接的感性经验更深刻、更正确地反映现实。

抽象反映在思维过程中善于概括归纳，逻辑抽象性强，善于抓住事物的本质，开展系统的理性活动。如果这种抽象的机能以一定的结构形式在个体身上固定下来，形成一种持久的、稳定的个性特征，这就是抽象能力。

从一定意义上来讲，概括和抽象是数学的本质特征，数学思维主要是概括和抽象思维。数学是最抽象的科学，数学全部内容都具有抽象的特征，不仅数学概念是抽象的、思辨的，就连数学方法也是抽象的、思辨的。从具体材料中，即从数、已知图形、已知关系中进行抽象的能力是一项重要的数学能力。必须运用抽象思维来学习数学，同时在学习数学的过程中培养和提高抽象思维的能力。

3. 判断与推理能力

判断就是反映对象本身及其某些属性和联系存在或不存在的思维形式。数学中的判断，通常称为命题。数学命题是反映概念之间的逻辑关系的。掌握命题的结构、命题的基本形式及其关系，以及数学命题中充分条件和必要条件等都是数学判断的基本内容。在思维中，概念不是毫无关联地堆积在一起的，而是以一定的方式与此联系着的。判断是概念相互联系的形式，每一个判断中都确定了几个概念之间的某种联系或关系，而且判断本身就肯定这些概念所包含的对象之间存在联系和关系。如果这种判断功能以某种结构形式在个体身上固定下来，形成一种持久的、稳定的个性特征，这就是判断能力。

推理就是由一个或几个判断推出另一个新的判断的思维过程。思维之所以得以实现概括地、间接地认识过程，主要是由于有推理过程存在。在数学中，提出问题、明确问题、提出假设、检验假设，这一系列思维过程的完成，主要的途径也是依靠了逻辑推理。

数学中的正确推理要求前提真实，并且遵循逻辑规则来正确运用推理形式，以得出真实的结论。根据已经建立的概念及已经承认的真命题，遵循逻辑规律运用正确逻辑推理方法来证明命题的真实性，是探索数学新事实和学习数学的重要的思维过程。如果这种推理的机能以一定的结构形式在个体身上固定下来，形成一种持久的、稳定的个性特征，这就是推理能力。在数学中，不论是定理的证明、公式的推导、习题的解答，还是在实际工作中与数学有关的问题的提炼与解决，都需要逻辑推理能力。

（四）空间想象能力

空间想象能力，是指人们对于客观存在的空间形式，即物体的形态、结构、大小、位置关系进行观察、分析、抽象、概括，在头脑中形成反映客观事物的形象和图形。正确判断空间元素之间的位置关系和度量关系的能力。在数学中，空间想象能力体现为在头脑中从复杂的图形中区分基本图形，分析基本图形的基本元素之间度量关系和位置关系（垂直、平行、从属及其基本变化关系等）的能力；借助图形来反映并思考客观事物的空间形状和位置关系的能力；借助图形来反映并思考用语言或式子来表达空间形状和位置关系的能力。空间形状和位置关系的直观想象能力在数学中是基本的、重要的，对学生来说，这种能力的形成也是较为困难的。

在数学教学中，培养学生的空间想象能力，主要有以下几个方面的要求：

第一，能想象出几何概念的实物原型。

第二，熟悉基本的几何图形，能正确地画图，在头脑中分析基本图形的基本元素之间的位置关系和度量关系，并能从复杂的图形中分解出基本图形。

第三，对于客观存在着的空间模型，能在头脑中正确地反映出来，形成空间观念。

第四，能借助图形来反映并思考客观事物的空间形状及位置关系。

第五，能借助图形来反映并思考用语言或式子所表达的空间形状及位置关系。发展和提高学生的数学能力，是数学教育目标的一个重要组成部分，这是因为在科学技术迅猛发展，知识更新加剧的现代社会，学生在校学习掌握的知识技能不可能一劳永逸地满足一生工作的需要，所以学校的教育要授人之"渔"，要教会学生如何学习，培养学生自主学习的能力。

为了培养学生的数学能力，在数学教学中应注意以下几点：

1. 注重数学思想方法的学习

从分析数学认知结构与解决数学问题可知，他们所需的知识，是那些具有较高概括性和包容性、显示数学特色和贯穿数学前后的基本概念、原理、观念和方法，即数学思想方法。一旦学生掌握了它，就能触类旁通，促进迁移。因此，学习基本的数学思想方法是形成和发展数学能力的基础。许多心理学家都十分重视学科基本原理、观念的学习。对数学来说，也就是基本思想方法的学习。学习学科的基本结构，也即学习学科的基本理论和观念，有四点好处：第一，懂得基本原理可以使学科更容易理解；第二，学习基本原理、观念，有助于长期记忆，就是在部分知识遗忘的时候，也能得以重新构思起来；第三，领会基本的原理和概念，是通向适当"训练迁移"的大道；第四，学习基本的原理和概念，能够缩小"高级"知识和"初级"知识的差距。由此看来，在学习中，不能就事论事，不分主次、不问基本的与非基本的知识，而要抓住要害、关键与摄取具体知识和方法的核心的东西，即基本数学思想方法。

高等数学课程中，主要的思想方法有：

（1）符号化思想方法

数学中引进"符号"，是它很大的一个特点和优点，采用符号化语言表达数学的内容，使数学面貌焕然一新可以说是从经验的数学向理论的数学发展的一大标志。采用符号语言，使复杂的内容与关系表现得十分简洁明了，并易于开展复杂的高难度的思维活动。不难想象如果不使用字母符号而用自然语言来表述数学概念、数学公式，那将会多么复杂和难懂。

（2）集合、对应思想方法

通常的函数思想方法、变换思想方法、数形结合思想方法等都是由集合、对应思想方法衍生出来的，是数学中广为运用的十分重要的思想方法。如果把其中一部分内容再细分，那么它将包括常见的坐标法、参数法、向量法、复数法、对数法、换元法等，并且还可以与数学方法论中"关系映射反演原理（RMI）"相沟通，拓宽解决问题的思路。因此，在数学学习中，不仅要理解掌握一个有关的方法，而且要从基本数学思想方法的高度，把它们加以概括，以便于今后的学习和提高分析问题及解决问题的能力。

（3）极限思想方法

刘徽在研究圆的周长、面积时采用了"割圆术"，其指导思想是建立在极限思想方法的基础上。对一些问题的看法，如把点看成半径为 0 的圆或长短半轴为 0 的椭圆，以及"有限"与"无限"之间、"曲"与"直"之间的矛盾转化，都体现朴素的直观的极限思想方法。"数列的极限"与"函数的极限"的概念及其运算，乃至整个微积分的建立，都是极限思想方法的体现，它是整个高等数学中一个重要的、基本的数学思想方法。

（4）公理化思想方法

把积累起来的丰富的数学材料，加以逻辑整理，组成一个严密的理论体系，在数学中往往采用公理化思想方法，特别在现代数学中更是普遍使用。公理化思想方法，就是在建立一个数学理论体系时，选取若干原始概念（或基本概念）和公理，组成公理系统，并以此为基础，要求一切新的概念不用原始概念或已定义的概念来给予定义，一切新的命题的真实性都要以公理或已证明为真的命题即定理作为根据来加以证明；同时对公理系统需满足无矛盾性、独立性和完备性的要求。

2. 重视一般科学思想方法的训练

数学能力是在数学学习活动中形成的，并随着数学活动的深入而不断向前发展与提高。怎样开展数学学习活动，或采用怎样的学习方式方法，直接影响数学能力的形成与发展。从分析数学学习活动情况可知，其中经常起作用的是一般科学思想方法，如观察、实验、联想、类比、分析、综合、归纳、演绎、一般化、特殊化等。所以，在学习过程中，在获得数学知识和技能的同时，要特别注意学习一般科学思想方法，并自觉进行训练。从数学问题的发现或提出新命题的过程来看，一般是从具体问题或素材出发，经过类比、联想或观察、实验、归纳等两条不同的途径，形成命题（只是猜想）或加以确认。

一般地，数学真理的发现，往往依靠归纳与类比方法，甚至在数学里，发现真理的主要工具也是归纳和类比。再从数学证明的方法来看，常使用的数学方法有演绎法、完全归纳法、数学归纳法、分析法、综合法、反证法、同一法等，它们在数学中的重要性是众所周知的。学生通过不断训练，掌握这些一般科学思想方法，对能力的提高是有很大帮助的。

数学的起源来自人类生产、生活的需要，其发展也需要社会实践活动和生产实际中涌现出来的大量问题来推动，正像定积分中提出来的"元素法"推广到利用各类积分解决几何上的、物理学中的各种实际问题。

3. 知识的精练与其应用相结合

在数学学习活动中，发展和提高数学能力，一方面要及时精练所学的知识，优化数学认知结构；另一方面要通过对知识的运用，发挥独立思考与创新精神，以加深对知识的理解和取得解决问题的经验等。显然，这两方面是密切相关、不可偏废的。优化数学认知结构有利于知识的运用（解题），而解决问题反过来又促进数学认知结构的优化，可见，它们处于相互依赖、相互促进、相互结合、共同发展之中。在数学学习中就要注意如下两点：

第一，在学习中，知识的精练是一项经常性的工作，要从小到大，从局部到整体进行。学生不仅在学过一个单元后，要对知识技能进行归纳整理，而且要在这基础上，对整节、整章和整本书的内容进行整理、提炼。在对知识的精练过程中，不是罗列学过的概念、定理、公式、法则等，而是建立知识间的内在联系，分清主次，找出其基本思想方法，并能反映出这部分内容的规律、特点。

第二，对知识要深刻领会，灵活运用。学习时不仅要对知识的来龙去脉弄清楚，而且对它的适用范围以及如何运用等都要掌握。做好题是学好数学的重要一环，这是人所共知的。但是盲目多做，不仅费时而且得益少，所以"题海战术"是不可取的。学生每做一题必须有所得，或能加深理解巩固所学知识，或可促进数学技能的形成，或能学到解题的方法、取得解题的经验等。解题是锻炼思维的好机会，是培养良好思维品质的好方式，要充分发挥它的效用。

4. 发展良好的个性品质

数学能力的形成和发展，还受学习者自身某些个性品质的重要影响，如兴趣、勤奋和意志。

（1）对数学的热爱

对数学活动的浓厚兴趣，是发展数学能力的强大动力。数学能力是在数学学习活动中形成和发展的，而促使学生努力参与数学学习活动的重要因素、动力就是兴趣，一个人对数学有了兴趣就能专心致志，从而有力地运用和发展他的能力。因此能力与兴趣息息相关，培养学生对数学的兴趣，就能促进他数学能力的发展与提高。

（2）勤奋是发展数学能力的重要条件

要使数学能力得到高度发展，没有个人的勤奋努力是不可能办到的。勤奋之所以成为能力发展的重要因素，是因为它能够影响一个人所从事活动的深度和广度。那种停留于表面的、肤浅的学习，是不利于能力发展的。只有勤奋学习，刻苦钻研，才能把数学学习推向深入，领会到所学内容的精神实质，促进数学能力的发展。

（3）数学能力的提高

教学能力的提高往往需要在学习中通过克服各种困难，经受种种磨炼，并持之以恒，才有可能达到。这里靠的就是顽强的意志，如果缺乏它，就会严重影响能力的提高。学生在学习数学过程中，往往有这样的体会，当遇到某一困难内容或问题时，经过自己的顽强努力，想了多种办法才获得解决，这样不仅留下的印象深刻，而且对后面的学习有推动作用，甚至会感到学习容易了一些。这中间就体现着能力的提高。可见，发展意志品质对促进能力的提高有密切的关系。

数学能力的形成与发展，除上述所列学习者自身的因素外，还受到环境因素的重要影响。其中，特别是受数学教师的重要影响，这是不言而喻的了。

第八章 高等数学教育中创造性思维的培养

第一节 创造性思维的形式

一、直觉思维

著名的物理学家爱因斯坦曾说过："我相信直觉和灵感。"人们在思维过程中，有时会在脑海中突然闪现出某些新思想、新观念和新办法。比如，突然在思想上曾经过长期思考而没有得到解决的问题的办法，发现了一直没有发现的答案；突然从纷繁复杂的现象中顿悟了事情的实质。

这种突然"闪现""突然产生""突然顿悟"就是直觉。人们认识过程中的这种特殊的认识方式叫作直觉思维。直觉思维的形式不是以一次前进一步为特征的，而是突然认知的，是顿悟的形式，是飞跃的认识过程。直觉是某种外部刺激所带来的联想，是神经联系的重新组合和认识思维结构上的突破与更新。正是这个原因才使一个人能以飞跃、迅速、越级和放过个别细节的方式进行思维，从而使他在思想中激起和释放出某些新思想、新观念和新办法。直觉在教学过程中也是客观存在的，并且有其特点，研究这些特点，对发展学生的直觉思维，促进其创造性思维能力的发展是有重要意义的。受到其他事物的启发是捕捉直觉的一条重要途径。利用具有启发作用的事物和所要思考的对象的某些相似之处，进行"类比""联想"和"迁移"有助于触发学生的直觉思维。

随着科学由经验时期发展到理性时期，直觉在科学认识活动中的作用越来越引起人们的关注。逻辑是证明的工具，直觉是发明的工具。逻辑可以告诉大家走这条路或那条路保证不遇见任何障碍，但是它不能告诉大家哪一条道路能引导到达目的地。为此，必须从远处瞭望目标，引导瞭望的本领是直觉。没有直觉，数学家便会像这样一个作家：他只是按语法写诗，但是却毫无思想。爱因斯坦认为直觉是科学家真正可贵的因素，物理学家的最高使命是要得到那些普遍的基本定律，由此世界体系就能用单纯的演绎法建立起来。要通向这些定律，并没有逻辑的道路，只有通过那种以对经验的共鸣的理解为依据的直觉，才能得到这些定律。

直觉有逻辑思维所不能替代的特殊作用。概括地说，这种特殊作用主要表现在以下方面：

首先，在科学认识活动中，科学家常常依靠直觉进行辨别、选择、找到解决问题的正确道路或最佳方案。构造各种各样的思想的组合仅仅是发明创造的初步。发明创造就是排除那些无用的组合，保留那些有用的组合，而有用的组合仅仅是极少数。因此可以说，发明就是辨别，就是选择。人们在尝试解决复杂的科学问题时，大都预先要遇到多种可能的思路，究竟先选择哪条思路？暂时搁置或放弃哪条思路？单凭逻辑思维或形象思维往往难以解决，在不少情况下需要借助直觉的力量，凭借直觉去辨别、去选择。

其次，在科学认识活动中，科学家常常凭借直觉启迪思路，发现新的概念、新的方法和新的思想。科学发展的历史表明，许多重大的科学发现，既不是从以前的知说中按严格的逻辑推理得到的，也不是作为经验材料的简单总结、归纳而形成的。科学家当解决问题的逻辑通道受到阻塞时，常常凭借直觉从大量复杂的经验材料中直接得出结论，做出新的发现。

最后，在科学认识活动中，科学家常常利用直觉获得猜想（公理或假说），然后演绎地推出若干定理，建立科学理论体系。

众所周知，形成科学理论有两条基本途径：一是以逻辑方法为主的逻辑通道；二是以直觉为主的非逻辑通道，在现代科学发展中，科学家常常采用非逻辑的通道。对此，爱因斯坦认为，由经验事实上升到理论体系的公理，没有逻辑通道可言，主要依靠思维的自由创造。

二、猜想思维

猜想是对研究的对象或问题进行观察、实验、分析、比较、联想、类比、归纳等，依据已有的材料和知识做出符合一定经验与事实的推测性想象的思维形式。猜想是一种合情推理，属于综合程度较高的带有一定直觉性的高级认识过程。对于数学研究或者发现学习来说，猜想方法是一种重要的基本思维方法。在你证明一个数学定理之前，你必须猜想到这个定理，在你弄清楚证明细节之前，你必须猜想出证明的主导思想。因此，研究猜想的规律和方法，对于培养能力、开发智力、发展思维有重要的意义。

数学猜想是在数学证明之前构想数学命题的思维过程。数学事实先是被猜想，然后是被证实。那么构想或推测的思维活动。的本质是什么呢？从其主要倾向来说，它是一种创造性的形象特征推理。就是说猜想的形成是对研究的对象或问题联系已有知识与经验进行形象的分解、选择、加工、改造的整合过程。黎曼关于函数 $\xi(z) = \sum\limits_{n=1}^{\infty} \dfrac{1}{n^2}$ $\$($ 其中 $z=x+iy)$ 零点分布的猜想；希尔伯特 23 个问题中提出的假设或猜想等都是数学猜想的著名例子。这些猜想有些是正确的，有些是不正确的或不可能的问题，它们已被数学家所证明或否定或加以改进；有些则至今仍未得到解决。但是所有这些猜想或问题吸引了无数优秀的数学家去研究，成为推动数学发展的强大动力。

数学猜想和数学证明是数学学习和研究中的两个相辅相成互相联系的方面。在数学教学中"必须两样都教"，即既要使学生掌握论证推理，也要使他们懂得合情推理。"会区别有效的论证与无效的尝试，会区别证明与猜想""区别更合理的猜想与较不合理的猜想。"因此，掌握数学猜想的一些基本方法是数学教学中应予以加强的一项重要工作。

严格意义上的数学猜想是指数学新知识发现过程中形成的猜想。例如非欧几何产生过程中的有关猜想以及上面谈到的一些猜想例子都属于这一类。但是这些猜想并不能在短时间内形成。它们实际上来源于广义的数学猜想，即在数学学习或解决问题时展开的尝试和探索，是关于解题的主导思想、方法以及答案的形式、范围、数值等的猜测。不仅包括对问题结论整体的猜想，也包括对某一局部情形或环节的猜想。在这种意义上，数学猜想的一些基本形式：类比性猜想、归纳性猜想、探索性猜想、仿造性猜想及审美性猜想等。它们同时反映了数学猜想的一些基本方法。

类比性猜想是指运用类比方法，通过比较两个对象或问题的相似性，得出数学新命题或新方法的猜想。常见的类比猜想方法有形象类比、形式类比、实质类比、特性类比、相似类比、关系类比、方法类比、有限与无限的类比、个别到一般的类比、低维到高维的类比等。

归纳性猜想是指运用不完全归纳法，对研究对象或问题以一定数量的个例、特例进行观察、分析，从而得出有关命题的形式、结论或方法的猜想。

探索性猜想是指运用尝试探索法，依据已有知识和经验，对研究的对象或问题做出的逼近结论的方向性或局部性的猜想。也可对数学问题变换条件，或者做出分解，进行逐级猜想。探索性猜想是一种需要按照探索分析的深入程度加以修改而逐步增强其可靠性或合理性的猜测。探索性猜想与探索性演绎是相互交叉前进的。在对一个问题的结论或证明方法没有明确表达的猜想时，可以先给出探索性猜想，再用探索性演绎来验证或改进这个猜想在已有明确表达的猜想时，则可用探索性演绎来确定它们的真或假。

仿造性猜想是指由于受到物理学、生物学或其他科学中有关的客观事物、模型或方法的启示，依据它们与数学对象或问题之间的相似性做出的有关数学规律或方法的猜想。因此，模拟方法是形成仿造性猜想的主要方法。例如，由物理学的表面张力实验猜想等周问题的极值。从光的反射规律猜想数学中有关最短线的解答；从力的分解与合成猜想有关图形的几何性质；由抛射运动猜想和解决有关抛物线的几何性质等都是仿造性猜想的典型事例。

审美性猜想是运用数学美的思想——简单性、对称性、相似性、和谐性、奇异性等，对研究的对象或问题的特点，结合已有知识与经验通过直观想象或审美直觉，或逆向思维与悖向思维所作出的猜想。例如，困难的问题可能存在简单的解答；对称的条件能够导致对称的结论以及可能运用对称变换的方法去求解，如奇函数在对称区域上的积分为零；相似的对象具有相似的因素或相似的性质，导数、定积分的本质都是极限，因此它们的一些运算法则与极限运算法则相同；和谐或奇异的构思有助于问题的明朗或简化等均属此列。审美性猜想也与其他猜想一样，可以根据具体情况猜想出问题的结论或者问题的解法等。

三、灵感思维

所谓灵感，恐怕是人脑有那么一部分对于这些信息再加工，但是人并没有意识到。灵感是直觉思维的另一种形式，它表现为人们对长期探索而未能解决的问题的一种突然性领悟，也就是对问题百思不得其解时的一种"茅塞顿开"。

翻开数学发现的历史，可以看到许多数学发现来自数学家的灵感。例如笛卡儿在17世纪10年代的一天晚上，带着长时间思索而不得其解的问题（如何把代数与几何结合起来的问题）入睡了。他夜里连续做了几个梦，梦中找到了他所要找寻的答案。对此，笛卡儿后来回忆道，受梦（灵感）的启示，"第二天，我开始懂得这惊人发现的基本原理"。这个基本原理就是坐标几何的思想。19世纪80年代法国著名数学家庞加莱为寻找富克斯函数的变换方法，进行了长期的紧张思索工作，但一直毫无头绪。一天，他打算暂时把工作停下来到乡下去旅行，以便放松一下自己的头脑。然而，就在他登上马车的一瞬间，一个新的思想闯入了他的脑海，用来定义富克斯函数的变换方法同非欧几何的变换方法是完全一样的。像这种由于长期探索、百思不得其解，脚突然灵犀一点茅塞顿开的灵感导致数学的发现是很多的。这种由于灵感的迸发而导致发明、发现的成功，又何止出现于数学家身上，古今中外的诗人、文学家、艺术家、科学家、发明家、军事家、社会活动家，都有许多成功地运用显意识调动潜意识而获得灵感时经验，总结、归纳他们的一些经验做法，可作为在数学学习和数学研究中激发灵感的借鉴。

从产生数学灵感的上述实例可以看出，数学灵感来源于数学家或数学工作者对数学科学研究或探索的激情，是长期或至少是长时间地把思想沉浸于工作与解决问题的境域之中，然后受到偶发信息或精神松弛状态下的某种因素的启迪，爆发出思想的闪光与火花，于是接通显意识，产生跃迁式的顿悟，最后进行验证获得创造性的成果。因此，灵感通常是突发式的。但是若能按照上述机制诱导，则对数学工作者来说，努力形成灵感容易诱发的环境与条件，如查阅文献资料，与有关人员进行交流讨论，善于对各种现象进行观察、剖析，善于汲取各家、各学科的思想与方法，有时可把问题暂时搁置，或者上床静思渐入梦境，一旦有奇思妙想，要立即跟踪记录等，则灵感也可以是诱发的。

四、发散思维

发散思维是从特定的信息中产生信息，其着重点是从同一的来源中产生各种各样的为数众多的输出，很可能会发生转换作用。这种思维的特点：向不同方向进行思考，多端输出、灵活变化、思路宽广、考虑精细、答案新颖、互不相同。因此，也把发散思维称为求异思维，它是一种重要的创造性思维。

一般说来，数学上的新思想、新概念和新方法往往来源于发散思维。按照现代心理学家的见解，数学家创造能力的大小应和他的发散思维能力成正比。一般而言，任何一位科学家的创造能力可用如下公式来估计：

创造能力 = 知识量 × 发散思维能力。

第二节　创造性思维品质与创造性人才的自我设计

数学教学的目的在于培养学生的数学思维能力，而思维能力往往反映在通常所说的思维品质上，它是教学思维结构中的重要部分。思维品质是评价和衡量学生思维优劣的重要标志。因此、在数学学习中要重视对学生良好思维品质的培养。

一、思维的广阔性

思维的广阔性表现在能多方面、多角度去思考问题；善于发现事物之间的多方面的联系，找出多种解决问题的办法，并能把它推广到类似的问题中。思维的广阔性还表现在：有了一种很好的方法或理论，能从多方面设想，探求这种方法或理论适用的各种问题，扩大它的应用范围。数学中的换元法、判别式法、对称法等在各类问题中的应用都是如此。

二、思维的深刻性

思维的深刻性表现在能深入地钻研与思考问题，善于从复杂的事物中把握住它的本质，而不被一些表面现象所迷惑，特别是能在学习中克服思维的表面性、绝对化与不求甚解的毛病。要做到思维深刻，在概念学习中，就要分清一些容易混淆的概念；在定理、公式、法则的学习中，就要完整地掌握它们（包括条件、结论和适用范围），领会其精神实质，切忌形式主义、表面化和一知半解、不求甚解。

三、思维的灵活性

科学家爱因斯坦把思维的灵活性看成创造性的典型特征。在数学学习中，思维的灵活性表现在能对具体问题作具体分析，善于根据情况的变化，及时调整原有的思维过程与方法，灵活地运用有关定理、公式、法则，并且思维不囿于固定程式或模式，具有较强的应变能力。要培养思维的灵活性，传统提倡的"一题多解"是一个好办法；"一题多变"也是值得注意的。

四、思维的批判性

思维的批判性表现在有主见地评价事物，能严格地评判自己提出的假设或解题的方法是否正确和优良；喜欢独立思考，善于提出问题和发表不同的看法既不人云亦云，也不自以为是。如有的学生能自觉纠正自己所做作业中的错误，分析错误的原因，评价各种解法的优点和缺点等。要培养思维的批判性，就要训练"质疑"，多问几个"能行吗？""为什么？"另外，构造反例，驳倒似是而非的命题，也是培养思维批判性的好办法。

五、思维的独创性

思维的独创性表现在能独立地发现问题、分析问题和解决问题，主动地提出新的见解和采用新的方法。例如，高斯 10 岁时就能摆脱常规算法，采用新法，迅速算出 1+2+3+……+100=5050，是具有独创性的。平时教学中，要注意培养学生独立思考的自觉性，教育他们要勇于创新，敢于突破常规的思考方法和解题模式，大胆提出新颖的见解和解法，使他们逐步具有思维独创性这一良好品质。

创造性思维是思维的高级形态，是个人在已有经验的基础上，从某些事实中寻求新关系，找出独特、新颖的答案的思维过程。它是随着创造性活动而产生的思维过程，存在于人类社会的一切领域及活动中，发挥着重要的作用。由于创造性思维具有独特性、发散性和新颖性，因而具有创造性思维的人，就其思维方法和心理品格而言，应具有以下特征：

（一）富于思考，敢于质疑

他们对书本上的知识和教师的言行，不盲目崇拜。对待权威的传统观念常投以怀疑的目光，喜欢从更高的角度和更广的范围去思索、考察已有的结论，从中发现问题，敢于提出与权威相抵触的看法，力图寻找一种更为普遍和简捷的理论来概括现有流行的理论。

（二）观察敏锐，大胆猜想

他们有敏锐的观察能力和很强的直觉思维能力，喜欢遨游于旧理论、旧知识的山穷水尽之处。对于某些"千古之谜"，他们却能洞察其中的渊薮并产生极大的兴趣。善于察觉矛盾，提出问题，思考答案，做出大胆的猜测。

（三）知识广博，力求精深

他们知识面广又善于扬长避短，善于集中自己的智慧于一焦点上去捕获灵感。他们常凭借已有的知识去幻想新的东西。爱因斯坦称颂这种品格说：想象力比知识更为重要，因为知识是有限的，而想象力概括着世界上的一切，推动着进步，并且是知识进化的源泉。

（四）求异心切，勇于创新

他们喜欢花时间去探索感兴趣的未知的新事物，不羁于现成的模式，也不满足于一种答案和结论，常玩味反思于所得结论，从中去寻觅新的闪光点。兴趣上常带有偏爱，对有兴趣的学科、专业，则孜孜不倦。

（五）精力旺盛，事业心强

他们失败后不气馁，愿为追求科学中的真、善、美的统一，为了人类的文明，为了所从事的工作和科学事业的发展，毕生奋斗，矢志不移，甘当蜡烛，勇于献身。

一个人的创造性思维，并非先天性的先知先觉，而是由良好的家庭、学校、社会的教育和个人进行坚毅拔的奋斗求索所造就。

是否任何教育都能造就这样的人才？注入式的教学方法能造就吗？学生不讲究科学的学习方法，脑子中塞满越来越多的公式，定律就能自然产生吗？能否自然而然地出现幻想，想象、灵感和洞察力？

因此，教育必须采取利于培养创造性思维能力的科学的教育方式。今天，学生在学校受教育的过程，应当是培养创造能力、训练创造方法的过程，是激励人们创造性的过程。学生应立于教与学的主体地位，所谓教师之主导作用，贵在善于引导启迪，使学生自食其力，自致其知，非谓教师滔滔讲说，学生默默聆取。尝试教师教各种学科，其最终目的在达到不复需教，而学生能自为研索，自求解决。因此，大学生在学习过程中，应充分发挥自治自理的精神，要学会自我设计，把握住学习的主动权，去自觉地培养和发展自己的创造性思维能力。

如何才能做好自我设计？

1. 必须对培养创造性能力的目的有明确的认识

要看到这是时代的要求，是时代赋予青年的历史使命。青年必须以高度的责任感和自信心来对自己的学习阶段做出恰当的规划、设计。

2. 要有高度的定向能力

一旦对大学的每个学习阶段的知识学习和能力训练的要求明确以后，就要排除外界各种干扰信息，不畏惧困难，保持高度的注意紧张性，促使自觉地、有目的地去索取知识与培养能力，并把重心放在能力的培养上。

3. 要用心去探究、理解科学知识的孕育过程

这就是假设推理验证或间接的验证修正假设推理再验证……这一循环往复的过程。

这个过程，正是揭露知识内在矛盾和发现真理的过程，也是遵循唯物辩证法的认识过程。

4. 要研究推敲知识的局限性，真理的相对性

正如爱因斯坦所指出，科学的现状没有永久的意义。

5. 要敢于用批判的态度去学习知识

学会从书本中去发现问题，从课外读物中去寻找新的思路与线索。要学会凭直觉的想象去大胆猜想，猜想出的结论并不一定都是正确的，要学会去分析、肯定和扬弃。即使猜想被扬弃，但获得了创造能力的训练，这也是大家所要追求的。因为任何一个创造性的错误要胜过一打无懈可击的老生常谈。

6. 要学习科学的方法论，学会正确的学习方法和思考方法

切记，学习最大的障碍是已知的东西，而非未知的东西，不能在已知的领域中停步不前。

7. 要学会科学地安排时间

因为时间对每个人来说，都是个"常数"。要珍惜时间、利用时间，就得学会"挤"时间，"抓"时间，把精力的最佳时刻用在思维的关节点上，用在思维的最重要目标上，以保持创造思维的最佳效果。

8. 要学会建立良好的人际关系

有价值的良好的创造活动，常常需要不同的单位和个人的协作，需要提供更多的信息和保持良好的工作条件。因此，正确的、良好的人际关系是一个从事创造性活动的人所必不可少的。

一旦按照所学的专业的要求和自身的情况做出了实事求是的自我设计，就应当以坚忍不拔的毅力，勤奋刻苦地学习，步步实现自我设计。功夫不负有心人，艰苦的劳动，必然赢得能力攀升，功成名遂！

第三节　创造性思维能力的培养

影响数学创造力的因素有三点，即在内容上有赖于一定的知识量和良好的知识结构；在程度上有赖于智力水平；在力度上有赖于心理素质，如兴趣、性格、意志等。

一、数学知识与结构是数学创造性的基础

科学知识是前人创造活动的产物，同时又是后人进行创造性活动的基础。一个人掌握的知识量影响其创造能力的发挥。知识贫乏者不会有丰富的数学想象，但知识多也未必就有良好的思维创新。那么，数学知识与技能如何影响数学创造性思维呢？如果把人的大脑比作思维的"信息原料库"，则知识量的多寡只表明"原料"量的积累，而知识

的系统才是"原料"的质的表现。杂乱无章的信息堆积已经很难检索，当然就更难进行创造性的思维加工了。只有系统合理的知识结构，才便于知识的输出或迁移使用，进而促进思维内容丰富，形式灵活，并产生新的设想、新的观念以及新的选择和组合。因此，是否具有良好的数学知识结构对数学创造性思维活动的运行至关重要。

二、一定的智力水平是创造性的必要条件

创造力本身是智力发展的结果，它必须以知识技能为基础，以一定的智力水平为前提。创造性思维的智力水平集中体现在对信息的接受能力和处理能力上，也就是思维的技能。衡量一个人的数学思维技能的主要标志是他对数学信息的接受能力和处理能力。

对数学信息的接受能力主要表现在对数学的观察力和对信息的储存能力。观察力是对数学问题的感知能力，通过对问题的解剖和选择，获取感性认识和新的信息。一个人是否具备敏锐、准确、全面的观察力，对捕捉数学信息至关重要。信息的储存能力主要体现在大脑的记忆功能，即完成对数学信息的输入和有序保存。以供创造性思维活动检索和使用。因此，信息储存能力是开拓创造性思维活动的保障。

信息处理能力是指大脑对已有数学信息进行选择、判断、推理、假设、联想的能力、想象能力和操作能力。这里应特别指出，丰富的数学想象力是数学创造性思维的翅膀，求异的发散思维是打开新境界的突破口。

三、通过数学教育提高创造性思维能力

（一）转变教育观念，将创造性能力作为整个数学教育的原则

要相信每个人身上都存在着创造潜力，学生和科学家一样，都有创造性，只是在创造层次和水平上有所不同而已。科学家探索新的规律，在人类认识史上是"第一次"的，而学生学习的是前人发现和积累的知识，但对学生本人来说是新的。只要有点新意思，新思想、新观念、新设计、新意图、新做法、新方法，就称得上创造。所以对每个学生个体而言，都是在从事一个再发现、再创造的过程。将数学作为一种活动来进行解释，建立在这一基础上的教学活动，称为再创造方法。今天原则上似乎已普遍接受再创造方法，但在实践上真正做到的却并不多，其理由也许容易理解。因为教育是一个从理想到现实，从要求到完成的长期过程。再创造是关于研究层次的一个教学原则，它应该是整个数学教育的原则。通过数学教学这种活动来培养和发展学生的数学创造性思维，才能为未来学生成为创造型人才打下基础。

（二）在启发式教学中采用的几点可操作性措施

数学教学经验表明，启发式方法是使学生在数学教学过程中发挥主动的创造性的基本方法之一。而教学是一种艺术，在一般的启发式教学中艺术地采用以下可操作的措施对学生的数学创造性思维是有益的。

1. 观察试验，引发猜想

准备工作基本上是自觉的，无论如何是由意识支配的，必须把核心问题从所有偶然现象中清楚地剥离出来。这里偶然现象是观察试验的结果，从中剥离出核心问题是一种创造行为。这种行为达到基本上自觉时，就会形成一种创造意识。在数学教学中有意识设计、安排学生观察试验、猜想命题、找规律的练习，逐步形成学生思考问题时的自觉操作，学生的创造性思维就会有较大的发展。

2. 数形结合，萌生构想

提出新的问题，新的可能性，从新的角度去看旧的问题，都需要有创造性的想象力。在数学教学之中，适时地抓住数形结合途径，是培养创造性想象力的极好契机。

3. 类比模拟，积极联想

类比是一种从类似事物的启发中得到解题途径的方法。类似事物是原型，受原型启发、推陈出新；类似事物是个性，由个性中提出共性就是创新。

4. 发散求异，多方设想

在发散思维中沿着各种不同方向去思考，即有时去探索新运算，有时去追求多样性。发散思维能力有助于提出新问题，孕育新思想，建立新概念，构筑新方法，数学家创造能力的大小，应和他的发散思维能力成正比。在数学教学中，一题多解是通过数学教学培养发散思维的一条有效途径。

5. 思维设计，允许幻想

数学发明创造的动力不是推理，而是想象力的发挥。幻想是极其可贵的品质，在数学上也是需要幻想的，甚至没有它就不可能发明微积分。在数学抽象思维中，动脑设计，构想程序，可以锻炼抽象思维中的建构能力。最拙笨的建筑师和最巧妙的蜜蜂相比显得优越的是建筑师在建造一座房子之前，已经在他的头脑中把它构成了。根据需要在头脑中构想方案，建立某种结构是一种非常重要的创造能力。

6. 直觉顿悟，突发奇想

数学直觉是对数学对象的某种直接领悟或洞察，它是一种不包含普通逻辑推理过程的直接悟性。科学直觉直接引导与影响数学家们的研究活动，能使数学家们不在无意义的问题上浪费时间，直觉与审美能力密切相关。这在科学研究中是唯一不能言传而只能意会的一种才能。在数学教学中，可以从模糊估量、整体把握、智力图像三个方面去创设情境，诱发直觉，使堵塞的思路突然接通。

7. 群体智力，民主畅想

良好的教学环境和学习气氛有利于培养学生的创造性思维能力。课堂上教师对学生讲授解题技巧是纵向交流垂直启发，而学生之间的相互交流和切磋则可以促进个体之间创造性思维成果的横向扩散或水平流动。

（三）具体到数学教学中，要注意以下几个方面

第一，加强基础知识教学和基本技能训练，为发展学生的数学思维和提高他们的创造能力奠定坚实的基础。一定的知识和能力是学生今后学习和工作成功的必备条件。就知识和能力的关系而论，脱离开知识，能力培养便失去基础；不去发展能力，便难以有效掌握知识，两者是不可分割的辩证统一体，教学方法的实质就在于如何在教与学的过程中，把获得知识和发展能力统一起来，使之相互促进。在教学中，知识和能力的统一问题，经常表现为正确处理好学懂与学会的矛盾问题。数学光学懂了不行，还要看解决问题的能力如何。数学知识的学习既要做到学懂，还要做到学会，但学懂是基础。如果事先还没有学懂那根本谈不上学会。从教学角度来分析，懂得获得知识的问题，会是增长能力的问题。从懂到会要经过一番智力操作（其中特别是思维），是把人的外在因素转变为内在因素的过程。

第二，要重视在传授知识的过程中训练学生思维、培养能力。数学教学不仅要传授知识，而且要传授思想方法，发展学生的思维和提高他们的能力。而能力的发展要求与基础知识教学紧密地结合起来。从大量的知识内容中去获得思想方法和发展能力的因素。从反复的练习中去学会运用这种思想方法和发展能力。譬如，从总的方面来看，学生逻辑思维能力的发展经过了以下几个阶段：在小学阶段的教学中，理论和法则的阐述都是建立在归纳法（或叫作不完全归纳法）的基础上的。在传授知识过程中，开始总是摆事实，摆了一层又一层，在相信一层又一层事实的基础上，归纳出数学的定理和法则。这时的逻辑训练是在教学生交换律、结合律、分配律等运算的基本定律，学生就是在获得这些基础知识的过程中，不知不觉掌握归纳的推理方法，为今后学习物理、化学、生物等学科打下基础，学会如何通过几个实验、数量模型等归纳出科学的规律来。学生应善于运用所掌握的思维方法，会有较强的接受能力。从初中几何课开始，学生开始系统地接受演绎思维的训练。演绎法是一种严密的推理方法，它是人类认识客观世界在思维方面的发展。单靠直观上的正确不能满足认识上的需要，要证明两个线段相等不能靠量一量了事，要证明两个图形全等不能靠剪下来看是否重合，而是从已知条件出发，根据定义、公理和已被证明的定理演绎出必然的结果。学生到了高中阶段，思想方法逐渐严密，他们产生这样一种思想，不满足用归纳法得出结果，还要求对这些结果进行演绎法的证明，证明它们或者成立，或者不成立。不仅了解局部的演绎证明，还想了解整个课程是按照一个什么样的演绎逻辑系统展开的。这样，高中教育无形中引导学生进入近代科学探讨问题的境界。总之，不能脱离知识孤立地谈论能力培养，而是要在传授知识的过程中，结合知识获得的同时，一点一滴地去培养学生的能力。到了大学阶段，学生的基本思维能力均已具备，教学中就应重点考虑创造性：思维能力的培养。

第三，要研究把知识转化为能力的过程。对任何人来说，知识是外在因素，能力是内在因素。教学工作就是要促进知识转化为能力，而且转化得越快越好，这是教学方法的科学实质。只有在知识和能力之间建立起来一种联系才能促使其相互转化，这种联系是大脑功能的反映，是思维的产物。在教学高中生思维的内容就是教学内容，教师必须

深入研究学生在学习过程中的思维状况，知识是在思维活动过程中形成的。在教学中智力对知识的操作是通过思维来实现的。这一般表现为求异思维和求同思维，这是学习过程中的基本的思维方式。求异思维就是对事物进行分析比较，找出事物之间的相同点和不同点。求同思维就是从不同事物中抽取出相似的、一般的和本质的东西来认识对象的过程。

第四，解题是发展学生思维和提高能力的有效途径。所谓问题是指有意识地寻求某一适当的行动，以便达到一个被清楚地意识到但又不能立即达到的目的。而解题指的就是寻求达到这种目的的过程。掌握数学意味着善于解题，不仅善于解一些标准的题，而且善于解一些要求独立思考、思路开阔、见解独到和有发明创造的题。从广义上说，学校学生的数学活动，其实也就是解决各种类型数学问题的活动。

解题是一种富有特征的活动，它是知识、技能、思维和能力综合运用的过程。在数学学习中，解题能力强的学生要比能力低的学生更能把握题目的实质，更能区分哪些因素对解题来说是重要的和基本的；有能力的学生对解题类型和解题方法能迅速地、容易地作出概括，并且将掌握的方法迁移到其他题目上面去。他们趋向跳过逻辑论证的中间步骤，容易从一种解法转到另一种解法上，并且在可能的情况下力求一种"优美"的解法；他们还能够在必要时顺利地把自己思路逆推回去。最后，有能力的学生趋向于记住题目中的各种关系和解法本质，而能力较低的学生只能回忆起题目中一些特殊的细节。

思维与解题过程的密切联系是大家都清楚的，虽然思维并非总等同于解题过程，然而思维的形成最有效的办法是通过解题来实现。正是在解数学题的过程中，有可能达到数学教学的直接目的的同时，最自然地使学生形成创造性的数学思维。在现代数学教学体系中，为了发展学生的数学思维和提高他们的数学能力，要求在数学课中必须有一个适当的习题系统，这些习题的配置和解答过程，至少应当考虑部分适应发展学生的数学思维和提高数学能力的特点和需要。因此，数学教学一项最重要的职责是强调解题过程思维和方法训练。

第五，变式教学是"双基"教学、思维训练和能力培养的重要途径。所谓变式是指变换问题的条件或形式，而问题的实质不改变。不改变问题的实质，只改变其形态或者通过引入新条件、新关系，将所给问题或条件变换成具有新形态、新性质的问题或条件，以达到加强"双基"教学，训练学生思维和提高他们能力的目的，这种教学途径有着很高的教育价值。变式不仅是一种教学途径而且是一种重要的思想方法，采取变式方式进行教学叫作变式教学。

变式有多种形式，如形式变式、内容变式、方法变式。

1. 形式变式

如变换用来说明概念的直观材料或事例的呈现形式，使其中的本质属性不变，而非本质属性时有时无。例如将揭示某一概念的图形由标准位置改变为非标准位置，由标准图形改变为非标准图形，就是形式变式。把这种形式变式叫作图形变式。其实，由罗尔微分中值定理中的几何图形，稍微旋转就得到拉格朗日微分中值定理中的图形。

2. 内容变式

如对习题进行引申或改编，将一个单一性问题变化成多种形式、多种可能的问题。一题多变就是通过变化内容使一个单一内容的问题，辐射成具有多种内容的问题。这种变式可以促使问题层层深入，思维不断深化。

3. 方法变式

如一题多解，通过方法变式，使同一问题变成一个用多种方法去解决，从多种渠道去思考的问题，这样可以促使思维灵活、深刻。

在高等数学教学中，要结合相关的知识点，着重培养学生的创造性思维能力。

（1）直觉思维能力的培养

直觉思维、预感的训练，是正式的学术学科和日常生活中创造性思维的很受忽视而重要的特征。具体在教学活动中，要注意以下几点：

①重视数学基本问题和基本方法的牢固掌握和应用，加深学生对数学知识的直觉认识，形成数学知识体系。数学中的知识单元一般由若干个定义、定理、公式、法则等组成，它们集中地反映在一些基本问题、典型题型或方法模式中。许多其他问题的解决往往可以归结为一个或几个基本问题，化归为某类典型问题，或者运用某种方法模式。

②强调数形结合，发展学生的几何思维和空间想象能力。数学形象直感是数学灵感思维的源泉之一，而数学形象直感是一种几何直觉或空间观念的表现，对于几何问题要培养几何自身的变换、变形的直观感受能力；对于非几何问题则尽量用几何的眼光去审视分析就能逐步过渡到几何思维方式。

③凭借直觉启迪思路，发现新的概念、新的思想方法。从事数学发明、创造活动，逻辑思维很难见效，而运用数学直觉常常可以容易地抓住数学对象之间的内部联系，提出新的思路，从而发现新的内容与思想方法。

（2）猜想思维能力的培养

鼓励学生利用直觉进行大胆猜想，养成善于猜想的数学思维习惯。猜想是一种合理推理，它与论证所用的逻辑推理相辅相成。对于未给出结论的数学问题，猜想的形成有利于解题思路的正确诱导；对于已有结论的问题，猜想也是寻求解题思维策略的重要手段。培养敢于猜想、善于探索的思维习惯是形成数学直觉、发展数学思维、获得数学发现的基本素质。

①通过强化或减弱定理的条件提出猜想，可称为变换条件法。另外，还可通过命题等价转化由一个猜想提出新的等价猜想，称为逐级猜想法。

②通过逆向思维或悖向思维提出猜想。悖向思维是指背离原来的认识并在直接对立的意义上去探索新的发展可能性。由于悖向思维也是在与原先认识相反的方向上进行的，因此它是逆向思维的极端否定形式。数学史上无理数、虚数的引进在当时均是极度大胆的猜想，曾经遭到激烈的批评和反对。非欧几何公理的提出是逆向思维的大胆猜测。

③通过观察与经验概括，物理或生物模拟，直观想象或审美直觉提出猜想。

在现实世界中，对称现象非常普及。反映到数学中，对称原理也是随处可见。尤其在描述、刻画现实世界中运动变化现象的重要学科——微分方程的理论中更是大显身手，即使在高度抽象的"算子"理论中也充分体现出数学的对称美。在学知识体系中，利用对称原理考虑、处理问题也是一个重要的思想方法。借鉴对称原理，在研究微分算子的单边奇异性问题的基础上，首次利用对称微分算子研究讨论了两端奇异的自伴微分算子问题，然后由对称情形——两端亏指数相等的情形推导出非对称情形——两端亏指数不相等的结论，而使两端奇异的自伴微分算子的解析描述问题得到彻底解决。

（3）灵感思维能力的培养

通过研究数学史，结合心理学知识，人们总结出如下激发灵感的方法可供借鉴。

①追捕热线法。"热线"是由显意识孕育成熟了的，并可以和潜意识相沟通的主要课题和思路。大脑中一旦"热线"闪现，就一定要紧紧追捕迅速将思维活动和心理活动同时推向高潮，务必求得一定的结果。一旦产生"热线"，有了新思想，就要立刻紧紧抓住，否则稍纵即逝。

②暗示右脑法。人的右脑主管着许多高级功能。比如音乐、图画、图形等感觉能力，几何学和空间性能力，以及综合化、整体化功能，都优越于左脑。因此，右脑主管着人的潜思维——孕育着灵感的潜意识。近几十年来，世界上许多心理学家、教育学家都相继把研究目光转向重视发挥潜意识的作用。

③寻求诱因法。灵感的迸发几乎必须通过某一信息或偶然事件的刺激、诱发。数学及其他科学发现中的大量事实表明，当思维活动达到高潮，问题仍百思不得其解时，诱发因素就尤为宝贵，它直接关系到研究的成功或失败。这种诱发因素的获得办法有多种，如自由的想象，科学的幻想，发散式的联想，大胆的怀疑，多向的反思等。

④暂搁问题法。如果思考的问题总是悬而难决，那就把它暂搁下来，转换思维的方向和环境，或去学习和研究别的问题，过一段时间再回到这个问题上来，或不自觉地使你回到原题上来，有时就会突然悟出解决的办法。"文武之道，一张一弛。"长期紧张的用脑思索之后，辅之以体育活动、文艺活动或散步、赏花、谈心、下棋、看戏、沐浴、洗衣等，有意识地使思维离开原题，让大脑皮层的兴奋与抑制关系得到调剂，才能有效地发挥潜思维的作用促使灵感的顿发。

⑤西托梦境法。一个人身心进入似睡似醒状态时，脑电图显示出一系列长长的、频率为 4 ~ 8 周的电波，这种状态称为"西托"，这种电波称为"西托波"。而在西托状态中做梦常常会迸发出创造性灵感。这种"西托"式的梦境，只有在思考的问题焦点时期，思索紧张，以致达到吃不好、睡不着的程度才易于出现。因此，并非一切"做梦"都能诱发灵感，应当创造条件，为有利的"做梦"提供机会。

⑥养气虚静法。以"养气"使身心进入"虚静"（排除内心一切杂念，使精神净化），在"虚静"境界里，求得灵感的到来。这是中国古代提出的诱发灵感发生的成功方法。由于"养气"是要"清和其心，调畅其气"，使其心情舒畅、思路清晰、虚心静气。实践证明：采取练气功方式可达到"养气"的目的。

⑦跟踪记录法。灵感像个精灵，来去匆匆，稍纵即逝，必须跟踪记录，随身携带笔

和小本子，只要灵感火花一现，就即刻把它捕获记下。

上述方法，如用于数学学习中，学习就不只局限于再现式的学习，它将引导你去取得创造性学习的成功；如用于研究数学问题中，将把你的思考引向新的境界，以获取某些新的创见。尽管灵感的生理机制和心理机制目前尚不清楚，但它确实存在，亦可捕捉。要学会捕捉它，从捕捉它的过程中，逐步掌握这种创造性的学习和思考的方法，逐步培养和提高自己的灵感思维能力。

（4）发散思维能力的培养

数学问题中的发散对象是多方面的。例如，对数学概念的拓广，对数学命题的推广与引申（其中又可分为对条件、结论或关系的发散），对方法（解题方法、证明方法）的发散运用等。发散的方式或方法更是多种多样，可以多角度、多方向地思考。例如，在命题的演变中可以采取种种逆向处理（交换命题的条件和结论构成逆命题，否定条件构成否命题），可以采取保留条件、加强结论、特殊化、一般化、悖向处理提出新假设等各种方式。对于解法的发散方式则可以采取几何法，代数法，三角法，数形结合法，直接法或间接法，分析法或综合法，归纳法或递推法，模型法，运动，变换，映射方法，以及各种具体的解题方法等。

加强发散思维能力的训练是培养学生创造性思维的重要环节。那么，怎样训练学生的发散思维能力呢？

①问题的条件进行发散：对问题的条件进行发散是指问题的结论确定以后，尽可能变通已知条件，进而从不同的角度，用不同的知识来解决问题。这样，一方面可以充分揭示数学问题的层次，另一方面又可以充分暴露学生自身的思维层次，使学生从中汲取数学知识的营养。

例如，求一平面区域的面积时，可将该平面图形放在二维坐标系中用定积分方法计算，也可以放在三维空间中的坐标面内，用二重积分、三重积分解决，还可以用第一类曲面积分知识、格林公式解决。

②对问题的结论进行发散：与已知条件的发散相反，结论的发散是确定了已知条件后，没有固定的结论，让学生自己尽可能多地确定未知元素，并去求解这些未知元素。这个过程是充分揭示思维的广度与深度的过程。

③对图形进行发散：图形的发散是指图形中某些元素的位置不断变化，从而产生一系列新的图形。了解几何图形的演变过程，不仅可以举一反三，触类旁通，还可以通过演变过程了解它们之间的区别和联系，找出特殊与一般之间的关系。

④对解法进行发散：解法的发散即一题多解。

⑤发现和研究新问题：在数学学习中，学生可以从某些熟知的数学问题出发，提出若干富有探索性的新问题，并凭借自己的知识和技能，经过独立钻研，去探索数学的内在规律，从而获得新的知识和技能，逐步掌握数学方法的本质，并训练和培养自己的发散性思维能力。

第四节　解决数学问题与培养创造能力

对于学生来说，数学学习不仅意味着掌握数学知识，形成数学技能，而且会发现与创建"新知识"（再创造），即能够进行一定的创造性数学活动。学生的创造性活动同科学家的创造性活动有很大的不同，当然两者也有深刻的一致性。学生在学习数学的活动中不断产生对他们自己来说是新鲜的、开创性的东西，这是一种创造。只要有点新意思、新思想、新观念、新设计、新意图、新做法、新方法，就称得上创造。要把创造的范围看得广一点，不要把它看得太神秘，不是非要有新的科学理论才叫创造，学生的创造性往往是在解决数学问题的过程中逐渐培养起来的。学生学习解决数学问题的过程，实际上也是学习创造性数学活动经验的过程。

一、教师要引导学生独立解决问题

数学问题解决的活动应由学生主动独立地进行，教师的指导应体现在为学生创设情境、启迪思维、引导方向上。

学习解题的最好途径是自己去发现。在问题解决的学习过程中，教师要为学生创造一个适合学生自己去寻找知识的意境，使学生经常处于"愤"和"悱"的境地，引导学生自己去做力所能及的事。这里有一个"放手"的问题，也有一个"力所能及"的问题。"放手"，是由学习的主动性与独立性原则所决定的；"力所能及"，则是由高难度与量力性原则的一致性所决定的。

引导学生自己去做，就必然出现学生经常不用教师讲的或课本上现成的方法去解答问题的现象。解对了，当然好，这说明学生对基本原理真的懂了。解错了，好不好？或者，虽然对了，但方法太繁，好不好？也好，这说明学生不满足于依葫芦画瓢，也说明学生有创新精神，有胆量。解错了，或者方法太繁，这正需要教师的热情指导。

要让学生独立进行解题活动，并不是取消教师对学生解题活动的必要指导。恰恰相反，学生的解题活动必须置于教师的合理控制之下，这种合理性主要表现在使学生按照有利于他们发挥主动精神，有利于他们发现解题方法的"程序"进行解题活动。同时还应有利于学生对学习兴趣、爱好、情感等的良好发展，以及勇于克服困难的意志的形成等。

二、创造性的培养与训练，要体现在问题解决的具体过程中

学生每解决一个问题，都要付出一定的脑力劳动，也得到一次思维的训练。在解题教学中，教师要善于利用问题解决的具体过程，培养与训练学生的创造性能力。

三、寻找问题也是学生创造性的一个重要表现

在问题解决的学习中，要尽量通过问题的选择、提法和安排来激发学生，唤起他们的好胜心与创造力。

善问是数学教师的基本功，也是所有数学教育家十分重视研究的问题。一个恰当而富有吸引力的问题往往能拨动全班学生思维之弦，奏出一曲耐人寻味，甚至波澜起伏的大合唱。

（一）问题要选择在学生能力的"最近发展区"内

这就是说，教师要能细致地钻研教学内容，研究学生的思维发展阶段和知识经验能力水平等因素，所提问题能符合高难度与量力性原则的一致性，既不能用降低难度来满足量力性，也不能不顾量力性而一味追求高难度。

（二）问题的提法要有教学艺术性

这就是说，问题的提法不同，会有不同的效果；要设法使提法新颖，让学生坐不住，欲解决而后快。

（三）问题的安排也要有教学艺术性

这就是说，安排问题既要符合需要，掌握时机与分寸，又要考虑学生的特点，注意他们的"口味"与喜好。题目的安排要由浅入深，由易到难，由同一类型到灵活性稍大的一组题等。

（四）激励学生自己提出问题，培养他们创造性的重要途径

在数学问题解决中，实际上已涉及提出问题。在解决问题的过程中，常常需要引进辅助问题。如果你不能解决所提出的问题，可先解决一个与此有关的问题。你能不能想出一个更容易着手的有关问题？一个更普遍的问题？一个更特殊的问题？一个类比的问题？由此可知，提出问题在数学问题解决中的重要性，也是创造性思维的一种重要表现。提出一个问题比解决一个问题更为重要，因为解决问题也许是一个数学上或实验上的技能而已，而提出新的问题、新的可能性，从新的角度去看旧的问题，却需要创造性的想象力，而且标志着科学的真正进步。因此，在解决数学问题中，有意识、有目的地鼓励学生提出问题，这是培养他们创造性的重要一环。

具体到数学教学活动中，应该注意以下几点：

第一，在数学教育中，如何教会学生解决问题，这是数学教育的一个重大课题。在这个问题上，传统数学教育，长期停留在引导学生用常规思维方法去解决常规数学问题的算法；最多偶尔也引导学生采取探索启发式去解决问题。至于如何解答非常规数学问题，课堂教学中一直是一项空白。采取试探策略引导学生运用创造性技术去解决问题，无疑对于培养学生的创造性有极大的益处。

第二，激发创造性思维的有效途径有三条：①设置活跃创造性思维的环境条件；②坚持以创造为目标的定向学习；③实施启发教育。

但是，一直未有寻求到一种把三者恰到好处结合在一起的形式，现在看来，非常规数学"问题解答"至少提供了把上述三者结合起来的一种途径。

第三，要教会学生思维，特别是如何进行创造性思维，研究解答问题的思维过程几乎是不可少的。因此，问题解答应注意解答问题的思考过程，而不只是其答案。问题解答成功的过程比正确的答案更富有教育意义，如果出现学生被问题吸引住了并且愿意去不断地进行解答，那么数学教育将会获得极大的成功。

第四，许多学生原有的思路（预先做出的想法）常常把他们引入死胡同，这种例子既不少见，也不意外。如果学生研究了所有可能的信息，但仍然找不到一个解法，这时教师就应该引导他们改变想法，着手考虑另外的途径。传统数学教育正是在这一点上显示出弱点，经常的做法是常常指点学生通过最有效的途径去解题，而不是让学生一步步地进行试探来解决问题。

第五，在问题解答的整个过程中，应当通过教师的提问，使学生回过头来思考一下问题的解答。传统数学教育常常是趋向于不去理会一个已被"解决"的问题（已经找出答案的问题），为的是继续解下一个问题。这样便失去了从数学活动中可能得到的额外的非常有价值的东西的机会。应该仔细地检查解答，询问一些关键的地方，提出许多个"如果……会怎么样……"的问题让学生去思考，这样便会大大增进数学解题的教育意义。

第六，鼓励学生猜测思考和进行想象的创造性思维。在一个积极的课堂教学气氛中，学生可以像他们所希望的那样去自由思考问题，如果在回答问题时学生说出他们自己的某种想法，教师千万别责怪学生是"离题"的回答，重要的是问题解答的过程和学生参与的热情。

系统的试行尝试错误法以及审慎地选择猜想，两者都是可供使用的创造性技术。猜测或者仔细地试行尝试错误法都应该练习，并给予鼓励。做一个好的猜测者是困难的，但是要争取做一个好的猜测者，这一点很重要，这也是被传统数学教育所忽略的。

第七，让学生构建一个他们自己的问题解答过程的框图，随着问题解答过程不断地发展，框图也应该变得更加复杂。用文字、符号或图表简明地表达解答过程或结果的能力，叙述表达自己解题思路的能力，这也是问题解答所必需的。

第八，不仅要重视常规教学，而且与此同时也应重视非常规教学，不能总是靠模仿着一种样子学会走路，几十年总是按照一种模子来进行教学。不仅要重视常规数学问题的解答，也应重视非常规数学问题的解答；不仅要重视常规思维和强思维方法的训练，也应重视非常规思维和弱思维方法的训练，但后者是在前者的基础上进行的，后者是前者的必然引申和发展。

数学教学中应以提出问题，解决问题为主线，以发展创造性思维能力为核心。而直觉思维、猜想思维、灵感思维、发散思维、求异思维正是创造性学习所必备的思维能力。因此，在数学教学中应注重创新教育，培养学生的创新意识、独立思考的习惯、提出问题和自主解决问题的能力。

怎样才能在数学学习中发现问题并提出问题呢？

　　首先要善于质疑。学贵在疑。学习知识，"疑"是提出问题的起点。能否发出疑问也是一个人数学思维能力强弱的表现。许多人往往在学习中满足于一知半解，表面看像懂了，实则似懂非懂，提不出任何疑问，反映思考不够，或不会在思考中寻疑。如何在学习中寻疑？建议从以下几方面去思索：

1. 从概念的理解中去寻疑

　　对于数学概念的学习，必须先理解其含义，然后去质疑。该概念揭露了事物的何种本质属性？其内涵反映了哪些特征？它的外延范围怎样？它是按何种形式下的定义？可以有几种定义的形式？比较其各自的特点？

　　和它邻近的概念是什么？它们在内涵和外延上有什么关系？此概念在理解上可能会产生哪些错误？

　　例如，极限概念的理解就十分重要，它是由初等数学进入高等数学的桥梁，微分、积分中的有关定义，都是通过极限来叙述的，深刻理解极限概念对理解高等数学中其他的概念帮助很大。如果思考、分析一下函数在一点的极限定义，可以找到两种常见的等价定义，即"柯西定义"和"海涅定义"。

　　柯西定义：$\forall \varepsilon > 0$，$\exists \delta > 0$，当 $0 < |x - x_0| < \delta$ 时，总有 $|f(x) - a| < \varepsilon$。

　　海涅定义：$\forall x_n \neq x_0 (n = 1, 2, 3 \cdots)$，当 $\lim_{n \to \infty} x_n = x_0$ 时，总有 $\lim_{n \to \infty} f(x_n) = a$。

　　比较这两个定义，结构都很复杂，学习中难度都比较大。相对而言，这两种定义哪一种易于理解或有利于学习呢？似乎柯西定义比海涅定义难。理由是经过高中阶段和已学过的数列训练，已有了序列极限的基础，因此，采取序列极限形式的海涅定义来定义函数极限比较自然；柯西定义一开始就出现三个量词，且顺序不能颠倒，学生易错。然而，就逻辑上言，海涅定义中用到的量词虽然少一些，但出现的关于自变量的序列的量词，所引起的困难也不小。回过来，再剖析一下柯西定义，按定义本身的结构而言，与序列极限的定义接近，学习起来也不难理解。

　　柯西定义的结构和函数连续性定义的结构一样，只要在定义中用 $f(x_0)$ 代替数 a，且补充要求函数 $f(x)$ 在 $x=x_0$ 有定义，于是就可得到函数在一点连续的定义。这样有利于保持前后学习的一致性。

　　若再会用"形数结合"的特点，在定义中使用"邻域"的概念，就可使函数极限概念得到十分直观、鲜明的几何观念：无论取 a 点的一个多么小的 ε- 邻域（在 Oy 轴上），都能找到（直接做出）点的这样一个 δ- 邻域（在 Ox 轴上），使对于"进入"这个领域的一切 x 相应的函数值都将"进入"点 a 的 ε- 邻域（与 a 的差小于 ε）。

　　如果在学习中，再选一套练习题来对此做一些训练，便可使学生能够较快地按给定的 ε 求出 δ，使由 $0 < |x - x_0| < \delta$ 得 $|f(x) - a| < \varepsilon$ 或在连续的情况下，$|f(x) - f(x_0)| < \varepsilon$。经过这样的"数形结合"及练习训练，可减少学习"$\varepsilon$-$\delta$ 语言"的困难，从而加深对极限概念的理解，亦不会因"ε-δ 语言"的抽象而发怵。

2. 从定理的分析中去寻疑

必须先理解定理陈述了何种事实，然后考察。该定理的条件在论证中用到何处？起到何种作用？定理的条件可否增、减？增强条件后，结论将发生何种变化？推证过程和原定理的论证相比，哪些地方简易了？若将条件减弱后，论证又将增加何种困难？能否达到严谨的证明？定理的论证中应用了哪些基础知识？采用了哪些数学工具？原来的证明中有没有不足之处？论证中的基本思路怎样？何处是证明的关键？能否有其他的证明途径？如有，将如何实现？对于不同的证明方法，各有何优劣？证明中可能会产生些什么错误？常出现在什么地方？

3. 从数学公式的剖析中去寻疑

原公式是从何种事实中抽象出来的数学模型？这种抽象抓住了哪些本质属性？又舍去了哪些非本质的属性？抽象中做了哪些简化假设？

原公式若是从已有的数学知识中推导出来的，那么这种推导的基础是什么？有几种推导方法？有哪些限制条件？这些条件可否增、减？增、减后公式的结果、适用范围又将发生何种变化？公式的适用范围怎样？如何用它去解决有关的数学问题和实际问题？在解决实际问题时，应有何要求？公式的形式是否还可简化？

4. 从解题的方法中去寻疑

已做出的解题方法的思路怎样？求解过程中的关键在何处？审题中易犯哪些错误？解题中用了哪些基础知识和基本公式？在应用中有无条件限制？可能有几种解题的入门思路？哪些走得通？哪些走不通？为什么？该题的求解过程中，易犯何种错误？在何处容易出错？错误的原因是什么？若有几种不同的解法，比较它们各有哪些优、缺点？各自的思路有何异同？

另外，要会整理问题。当在数学学习中提出疑问，发现问题之后，应经过进一步的分析、整理，从提出的一系列矛盾中找出主要矛盾，明确主要问题。把次要的问题暂搁一边，有的对于解决问题无伤大局，有的会在解决主要问题后迎刃而解。明确问题，应厘清数学矛盾或问题的症结所在，并正确地用简明的语言把问题表达出来。

数学学习中，发现疑问和整理问题常常是结合在一起进行的，它们是数学思维的基本出发点和前提。有疑才会有问，有问则必有所思，有思才会促使学习深化。因此，在学习数学时，应把发现问题和解决问题放在首位，在发展数学思维能力上多下功夫。

培养学生提出问题、分析问题、解决问题及创造性能力，教师在教学中不仅要"教知识"，而且要"教思考""教猜想"，将自己的思维过程原汁原味地奉献给学生。

第一，探索问题的非常规解法，培养思维的创造性、培养学生的想象力和创造精神是实施创造性教育中的一个重要部分，教师要启迪学生创造性地"学"，敢于标新立异，打破常规，克服思维定式的干扰，善于猜想，发现新规律，采用新方法。激发学生的直觉思维、灵感思维，去大胆地探讨问题，积极地解决问题，以增强学生思维的灵活性、开放性和创造性。

如计算重积分时，总是化为累次积分计算，但对于三重积分，有时采用截面法会比化为三次定积分更好一些。

第二，创设问题情境，诱发思维的发散性。思维的发散性，表现在思维过程中，不受一定解题模式的束缚，从问题的个性中探求共寻求变异，多角度、多层次地去猜想、延伸、开拓，是一种不定式的思维形式。发散思维具有多变性、开放性的特点，是创造性思维的核心。

在教学中，教师的诱导需精心创设问题情境，组织学生进行生动有趣的讨论、辩论、猜想等活动，留给学生想象和思维的空间，充分揭示获取知识的思维过程，使学生在教与学的过程中"学会"并"会学"。

第三，换位思考，探索思维的求异性。求异思维是指在同一问题中，敢于质疑，产生各种不同于一般的思维形式，它是一种创造性的思维活动。在教学中要诱发学生借助于求异思维，从不同的方位探索问题的多种思路。

学起于思，思源于疑，疑则诱发创新，教师要创设求异的情境，鼓励学生多思、多问、多变，训练学生勇于质疑，在探索和求异中有所发现和创新。

第九章　高等数学教育教学实践

第一节　高等数学教学美的应用

一、数学美概论

数学美的分属同美的领域的划分有关。关于美的划分，按照不同的标准可以有不同的划分：按感性现象的形成、按艺术的种类、内容和形式等。

按感性现象的形成划分，即按给人以美感的对象产生的不同方式来划分。据此可分为自然美与艺术美两类。狭义的自然美是指大自然的美，如山水风景美；广义的自然美包括人类社会在内的现实生活中体验的美，这时又称现实美。与自然美对立的是艺术美，是专门艺术作品产生的美。这种划分是将其作了两极的划分，但是在现实生活和艺术创造中，除了现实美与艺术美以外，还有具有审美属性的技术产品，比如机械、器具、交通工具、建筑、桥梁、道路、工艺品等。因此，在现实美中又可分为自然美与技术美，以技术美作为自然美与艺术美的补充。

按内容与形式可分为形式美与内容美。形式美是在某种谐调的形式上产生的，它遵守一系列形式法则，其基本的法则是"多样性的统一"，使整体按照容易把握的秩序构成。内容美是表现为适应于有机的精神生活内容时产生的。由于形式与内容的不可分离性，二者的结合便是表现美。

由于美学的发展，审美观照物已由客观事物的感性形象发展到观念的、超"感性的"美，即观念美。作为其代表的是科学美。关于科学美，人们至今尚未深入探讨，因而没有统一的界定。总的趋势是将在对观念形态的认知过程中体验到的，在科学认知中具有审美属性的超感性对象作为观照物的美称为科学美。数学美就是在认知量化模式的过程中，将量化模式作为观照物的美。

数学美作为科学美，具有科学美的一切特征。首先，它不以感性对象作审美观照，同自然美、艺术美、技术美的审美客体不同；其次，美感不具有具象性，是一种抽象的"超感觉"的美。数学美作为特殊的科学美，具有自己的特殊性。首先，科学认知对象特殊，即数学模式作为认知对象，不同于其他科学美的对象，在这种特殊的认知对象的认知过程中产生的美感、审美体验和审美享受。其次，由于数学科学的形式化、逻辑化、工具性的普适化特征，在数学美中反映为形式美、逻辑美与普适美。

二、数学美的基本样式——统一美

中外数学家几乎都体验到数学美，感觉数学的美，感觉数与形的调和，感觉几何学的优雅，这是所有真正的数学家都知道的真正美感。那么，数学美是怎样被体验、感受的呢？实际上，其基本表现形态是多种类、多层次、多样化模式基础上的统一美，其进一步表现形态是协调美、对称美、简洁美、奇异美。

数学在一般情况下被认为是杂乱无章的，分支细碎，多种类、多层次的。在这个背景下，数学的统一给人以整体感、稳定感和秩序感，成为一种冷峻的美。如果认识了数学的统一，会使人对数学事实与方法产生全局性的认识，能够坚定人对掌握数学科学的决心和信心。

首先，数学的统一基础，就是集合论。比如几何学，欧几里得几何出现的两千年里没人怀疑它的真理性。其中的平行公理说："平面上过直线外一点只能引一条与该直线平行的直线。"

平面上过直线外一点至少能引两条与该直线不相交的直线。代替它，结果建立了无矛盾性的新的罗巴切夫斯基几何学。后来，庞加莱在欧氏平面上做出了罗氏几何的模型：把半平面 π 上的半圆叫作罗氏直线，将平面分成半平面的直线 Φ 上的点看作无穷远点，任一条罗氏直线 a 都与 Φ 相交于两点，因而罗氏直线有两个无穷远点。过 a 外一点 A 可以作两条直线，与 a' 同 a''，同 a 切于无穷远点，因而与 a 不相交。而过 A 在区域 I、II 的任一罗氏直线 b 都与 a 不相交。这样，罗氏几何与欧氏几何便得到了统一。只要欧氏几何无矛盾，罗氏几何也无矛盾。欧氏几何的无矛盾性又可用解析几何来解释，因为建立了坐标系之后，坐标平面上的点，与它的坐标有序实数对是一一对应的。这样，欧氏几何无矛盾性又与实数系的无矛盾性统一起来。戴德金把实数定义为有理数的分割，有理数的每个分割都决定一个实数，而有理数的无矛盾性与自然数的无矛盾性统一。但是，弗雷格与戴德金的自然数概念是用集合概念定义的。因此，最后统一到集合上来了。纯数学的几何学、代数学、分析学的共同理论基础就是集合论。

　　就数与形即代数学与几何学的关系来说，直到 16 世纪，人们一直将几何学作为数学的"正统"，几何学家就是数学家，将代数看作从属于几何的。16 世纪以后，代数学的研究才活跃起来。17 世纪 30 年代笛卡儿创立了解析几何学，将几何的点与坐标平面上的有序实数对应起来，将平面曲线与二元方程 $f(x,y)=0$ 对应起来，点即数对 (a,b)，曲线即方程，反之亦然。这样就把几何学与代数学统一起来，将形与数合二为一。于是，研究曲线、曲面等形的特征，可以通过研究它们的方程的性质来进行；研究函数、方程等数量的性质，可以通过它们形的特征的研究进行。

　　就几何学来说，17 世纪以后，出现了各种各样的几何学。几何学的共同基础是什么？几何学就是关于在变换群下的不变式的理论，不变式就是不变量与不变性。拓扑学就是关于拓扑变换群即——对应且双方连续变换群下的不变式理论，比如橡皮在拉伸或挤压下的性质；射影几何学是关于射影变换群下的不变式理论，比如线性、共线性、交叉比、调和共轭性等；仿射几何学是仿射变换群下的不变式的理论，因为仿射变换群是射影变换群的子群，因此，它保持射影性质，同时又具有自己的不变性与不变量，比如平行性等；欧氏几何是刚体变换群下的不变式理论，刚体变换群又是仿射变换群的子群，它保持仿射性质，又有自己的欧氏性质：密度、角度、面积不变等。在刚体变换群下不仅有欧氏几何，还有罗氏几何和黎曼几何，而且只有这三种几何。这样，克莱因就用群的观点把各种几何统一起来了。欧氏几何中的二次曲线，即圆、椭圆、抛物线、双曲线可以在生成上由圆锥面与平面相交的截线统一起来，它们的方程可以用极坐标统一表示出来，等等。

　　其次，数学的统一美表现在数学的统一结构上。数学模式的研究之一就是模式的结构。法国数学家小组布尔巴基学派于 20 世纪 30 年代提出用数学结构来统一数学。他们将数学结构分为三大类，称为"母结构"。一是代数结构即由离散元素通过运算构成的结构系统，比如，群、环、域、代数系统、范畴、线性空间等；二是序结构，比如，全序集、半序集、良序集等；三是拓扑结构，比如，拓扑空间、连续集等。布尔巴基学派指出，各种数学的分支科学都具有以上三种母结构之一种或多种，或者它们的交叉结构，都可以统一到这三种母结构上。比如，实直线是由实数组成的，如果在其上定义了"加"和"乘"两种运算，又定义了"≤"关系，那么它具有代数结构的环结构，序结构中的全序结构，拓扑结构中的连续性结构，是这三种结构的结合、交叉的结构。

　　最后，数学方法的统一。就数学发展来看，统一在"实践—理论—实践"的哲学方法，由感性到理性的辩证唯物论与唯物辩证方法上。就数学理论体系的建立来看，统一在机械化法与公理化法的结合上。《九章算术》是机械化法的光辉代表，《几何原本》是公理化法的典范。如，高中的初等代数，总体上是机械化法，局部上是公理化法；高中的初等几何则是总体上的公理化法，局部上的机械化法。它们都是机械化法与公理化法的结合。即使数学问题的解决，在具体的策略方法水平上也是这样，比如，证明策略可以统一在归纳推理证明（合情推理）与演绎推理证明的结合上，统一在直接证法与间接证法的结合上，统一在分析法与综合法的结合上，等等。

三、数学教学与审美教育

（一）普通学校的美育

一方面，要不断创造人的全面发展的社会物质条件，实现工业化和生产的商品化、社会化、现代化；另一方面，实行全面发展的教育，培养现代化建设需要全面发展的人；用全面发展的人推进社会主义现代化建设，以进一步强化人的全面发展的社会物质条件。因此，进行德、智、体、美、劳等全面发展的教育是社会主义社会教育制度和教育方针的表征。

实行全面发展的教育制度和方针，对各级各类教育尤其是学校教育来说，同重视德育、智育、体育、劳动技术教育一样，也要重视美育。

美育是"审美教育"的简称，又称"艺术教育"。审美教育有广、狭两义。狭义的审美教育是专门艺术教育，旨在培养专门艺术工作者，在专门的艺术院校进行；广义的审美教育不是专门的艺术教育，旨在培养人的审美能力，提高人的综合素质，在普通学校进行。

普通学校的审美教育，其目标在于培养全面发展的人，主要通过艺术课程同时也通过其他课程进行。艺术课程又分两类，一类是显性艺术课程如普通的美术课、音乐课及高等院校的美术欣赏，音乐欣赏课等；另一类是隐性艺术课程的艺术实践活动如校内外的文娱活动、歌唱比赛、书法比赛以及由学校组织的旅游观赏大自然、参加音乐会、参观美术作品展览等。普通学校的非艺术课程，如思想道德课程、智育课程、体育课程、劳动技术课程同艺术课程一样，主要担负各自的思想道德教育、智育、体育、劳动技术教育的任务，同时也有美育的因素，正像艺术课程主要担负审美教育同时也有其他各育的因素一样。正是在这个意义上称其为德育课程、智育课程等等。

人的思想道德素质、身体素质、心理素质、科学素质、文化素质、审美素质、劳动技术素质等是人的全面发展的相互制约、相互影响的诸因素，应当协调发展，共同形成了人的综合素质结构。某一方面的片面发展将破坏人的整体素质。在消灭了私有制后进行现代化建设尤其是知识经济的时代，这种片面发展与社会对人的发展的需要极不相适应。因此，各种各类课程不仅是为了进行相应的素质教育，更是为了人的全面素质的整体提高，这是当代重要的课程观和教学观。因此，某一类课程如德育课程、智育课程等只能"主要"为德育、智育，而非"只"为德育、智育。事实上，思想道德教育中无论世界观的教育、政治教育还是品德教育等都有相应的知识为基础，都隐含着审美教育的因素，具有智育、美育的特征。智育类等课程亦有德育、体育、美育、劳动技术教育的内容。

（二）数学教学中的审美教育

数学教学的审美功能同其他智育课一样是隐含于智育教育中审美因素发挥的。一个是数学美的审美功能，另一个是数学教学艺术的审美功能。

对于数学教学艺术而言，数学美是数学教学艺术的科学基础；但是对于数学教学而言，数学美本身又具有审美功能。这一审美功能在教学时同数学教学的智育功能同时存在，即在传授数学知识、训练数学智力技能、开发和提高智力的同时出现的审美情感、审美体验和审美享受的。这种在智育的同时进行的审美教育不能单独存在，它依附于数学教学的智育功能身上具有依附的性质。如前所述，虽然它具有依附性质，但是它可以强化数学教学的智育功能，因此又必须进行这种数学美的教育。

在数学教学中进行数学美的教育，重要的是教师要善于表现出数学美，展现出数学的统一美、谐调美、对称美、简洁美、奇异美等，才能激发学生的审美情感。而教学的主体是学生不是数学家，数学教学是数学活动的教学，数学活动是用以表示学生在学习数学的过程中的特定的思维活动，习惯上只用它来表示数学家的活动，即数学科学中的第一次发现者的活动。而学生发现那些在科学上早已被发现的东西时，他是像第一位发现者那样去推理的。数学教育学的任务是形成和发展那些具有数学思维特点的智力活动结构，并且促进数学中的发现。这并没有说数学家的思维与学生的学习一样，数学家是创造性思维，学生是再现性思维；而是说在智力结构上都是特定的数学思维。当一个儿童由两个集合中各取一个元素配上对子以后，指哪一个比这一个集合元素多的时候，他已经在进行虽为简单但确实是"特定的数学思维"了。当学生进一步由具体东西的集合的运算发展到相应的基数的运算，而把具体东西的性质舍弃掉，这就是更高水平的数学活动了。发现数的运算规律，由具体的数里抽象出这些规律来，并用变量代替数，学生就进行了新水平的数学活动。进而，当学生由一些规律推出另一些规律时，他就进行了更高一级的数学活动。智力活动无论在科学的前沿或是在几年级都一样。因此，数学教师善于表现数学美、展现数学统一美及各种美的样式，来激发学生的审美感受，归根到底是进行这种"特定数学思维活动"，就是建构各种数学量化模式的活动。

还有，要发挥数学美的审美功能的关键是能不能移情。什么是移情呢？移情是当直接地、带感情地把握感性观照对象的内容时，实际上是把与之类比的自己的感情，从自己的内部投射给对象，并且把它当作属于对象的东西来体验。这种独特的精神活动就叫移情。当学生带感情地对待数学量化模式时，把自己的感情看作数学量化模式本身的东西，使数学量化模式也似乎是具有感情色彩的东西了。这样就把自己的感情移到了数学量化模式中。比如，数学美的基本样式是数学的统一美，各数学分支有统一的基础、统一的结构、统一的方法等等。至于数学统一美转化的各种美的样式，如谐调、对称、简洁、奇异等也可以由学生自己的美感类比地移情。具体的数学模式，同样是移情而生美感。比如"直线给人以刚毅之感"是将刚毅的人的形象与直线的形象类比，将对刚毅之人的敬佩之情投射到直线上，使这种情感成了直线所具有的东西；"曲线给人以温柔之感"同样是将略有微波的水面与曲线的形象进行类比、移情的结果。平面图形的对称即轴对称与中心对称本身给人以视觉美感，而对称多项式的对称美也是借助于移情。至于精巧的证明，数学问题的妙解，则是更高层次的移情获得的审美情感。

数学教学的另一类审美教育则是数学教学艺术具有的审美功能为基础的教育。这是将数学教学活动由于技艺和专门艺术的手法成为审美观照对象而产生的美感、审美体验和审美享受的过程，这种审美教会对运用数学教学艺术进行智育来说，同样具有依附性，离不开智育活动，在智育的同时进行的审美教育。数学教学艺术有表演艺术、造型艺术的手法；教师的讲解有声乐艺术、曲艺艺术的手法；教师的板书有绘画艺术、书法艺术的手法等。这些教学艺术都是依附于数学智育目标的实现；离开了智育，片面追求数学教学美，片面讲究数学教学艺术，就没有任何意义。因此，数学教学艺术围绕数学教学的智育进行，立足于数学教学论，遵循数学教学规律，遵守数学教学原则。

在逻辑上，数学教学美是将数学教学过程作为审美观照对象，将数学教学活动作为审美客体时产生的审美意识。但事实是，数学教学是师生共同进行的认知活动，它的主体是师生。那么，"客体"在哪儿呢？能够离开教师或离开学生吗？实际上，"数学教学作为审美观照对象"中的"对象"不是像在欣赏一幅名画，比如欣赏达·芬奇的"蒙娜丽莎"那样，把达·芬奇的画作为审美观照对象，欣赏者是审美主体。而数学教学艺术的审美观照对象是师生的共同活动，审美主体是师生自己，这是数学教学的审美功能与专门艺术的审美功能在审美关系中的不同之处。

四、数学美育

（一）数学美育的概念

所谓数学美育是指在数学教育过程中，培养数学审美能力、审美情趣和审美理想的教育。数学美育又称之为数学审美教育，或称数学美感教育。即以数学美的内容、形式和力量去激发学生的激情、纯洁学生的智慧和心灵，规范学生的思维行为，美化学生的学习生活，培养和提高学生对数学美的理解、鉴赏、评价和创造的能力。

（二）数学美育的作用

数学美育是一种数学文化教育，是在数学的学习过程中精神世界层次上的素质教育。它可以在进行数学教育的同时教育学生树立美的理想，发展美的品格，培养美的情操，激发学习活力，促进智力开发，培养创新能力。数学科学虽然是以抽象思维为主，但也离不开形象思维和审美意识。从人类数学思维系统的发展来看数学的形象思维和审美意识是最早出现的，即抽象思维是在形象思维、审美意识的基础上发生和发展起来的。在数学教学中充分展示数学美的内容和形式，不仅可以深化学生对所学知识的理解和掌握，而且使学生在获得美的感受的同时，学习兴趣得到激发，思维品质得到培养，审美修养得到提高。

1. 提高学习兴趣

数学，由于它的抽象与严谨，常被学生看作枯燥乏味的学科敬而远之。因此，在数学教学中不断地激发学生的学习兴趣、坚定学好数学的信心是教学的一条重要原则，而要做到这一点，培养并不断提高学生的数学美感则是关键之一，把审美教育纳入数学教学，寓教于美，在美的享受中使心灵得到启迪，产生求知热情，形成学习的自觉性，这将是教学成功的最好基础。如概念的简洁性、统一性，命题的概括性、典型性，几何图形的对称性、和谐性，数学结构的完整性、协调性及数学创造中的新颖性、奇异性等，都是数学美的具体内容和形式。在教学中设计数学美的情景，引导学生走进美好情景，去审美、去享受、去探求，使他们在这些感受中明白其真谛，并激发求知欲和学习的兴趣，也在美的情感的陶冶中激发主体意识。例如对称性，是最能给人以美感的一种形式。

2. 促进学生思维发展

数学思维是人脑对客观事物的数量关系和空间形式的间接的和概括的认识。它是一种高级的神经生理活动，也是一种复杂的心理活动。数学思维的目的在于对事物的量和形等思维材料进行合理的加工改造，达到把握事物本质的数学联系，以便发现和解决实际问题，为人们的认识活动和生产活动服务。数学思维能力的强弱是与个体的智力发展水平密切相关的，思维能力是智力的核心，它在个体身上的表现就是思维品质。数学思维品质主要表现为广阔性、深刻性、灵活性、敏捷性、独创性和批判性等六个方面。

数学思维是形成数学美的重要基础，在数学教学中通过对数学美的追求，引导学生获得美感的同时，也可以培养学生的思维品质。经常地引导学生去追求数学美，就能不断地提高学生的思维水平。数学是思维的艺术体操，很多人都有这样的体会，为解决一道有趣的或很有价值的数学题，探求它的解题思路，寻找解题方法的思维过程犹如欣赏一部"无声的交响乐曲"，而陶醉于它所具有的"主旋律"和"节奏感"的美韵之中。准确而奇妙的思想方法也常常使人感到难以言及的美的享受。因此，在数学教学活动中，教师引导学生在五彩缤纷的数学宫殿里漫游，领略数学的美，使学生对数学产生强烈的情感，浓厚的兴趣和探讨的欲望，将美感渗透于数学教学的过程。这种审美心理活动能启迪和推动学生数学思维活动，触发智慧的美感，使学生的聪明才智得以充分发挥。

3. 使学生形成积极的情感态度

数学教学中的情感是指学生对数学学习所表现出的感情指向和情绪体验，是有兴趣、喜欢、兴奋、满意呢，还是讨厌、没兴趣、不高兴，这是学生学好数学的前提。数学教学中的态度是指一个人对待数学学习的倾向性，是积极的，还是消极的；是热情的，还是冷淡的。这是数学价值观的外在表现。数学情感态度需要培养，数学所蕴含的深刻美需要数学工作者去挖掘、去推陈出新。

学习者始终是朝着认知和情感两方面做出反应的，主体对外界信息的反应不仅决定于主体的认知结构，也依赖于其心理结构，以及兴趣、性格、动机、情感、意志等相互作用，构成个体学习过程的心理环境，它是影响意识指向的直接环境。数学的教学过程是认知因素与情感因素相互交织的过程，这种交织导致一些人厌恶、害怕数学，而一些人喜欢、热爱数学甚至献身数学。调动学生去求美、审美、创美，促进积极稳定的情感态度的形成，应该成为数学教育的重要任务之一。

以往的教学可能更多地关注数学学科知识，而较少关注学生在数学活动中的情感体验和精神世界。"一切为了学生成才"的办学宗旨就是为了促进每个学生的全面发展。数学学科应关注知识与能力、过程与方法、情感态度与价值观三个维度，因此，在教学中充分发挥数学美的教育功能，不光强调让学生认识到什么，还要注重让学生感受到什么、体验到什么，使学生在学到知识的同时，也形成积极的情感态度。

4. 使学生形成高尚的数学价值观

价值观的本质就是人对事物的价值特性的主观反映，其客观目的在于识别和分析事物的价值特性，以引导和控制人对有限的价值资源进行合理分配，以实现其最大的增长率。数学价值观就是人们对数学的价值的主观反映。数学和其他科学、艺术一样，是人类共同的精神财富，数学是人类智慧的结晶。它表达了人类思维中生动活泼的意念，表达了人类对客观世界深入细致的思考，以及人类追求完美和谐的愿望。数学与其他科学一样，具有两种价值：物质价值和精神价值。数学是人类从事实践活动的必要工具，可以帮助人们了解自身和完善自身。数学是科学的工具，在人类文明的历史进程中，已充分显示出实用价值。

数学更是一种文化，是人类智慧的结晶，其价值已渗透到人类社会的每一个角落。数学本质的这种双重性决定了作为教育任务的数学其价值取向是多极的。数学教育的任务，不仅是知识的传授、能力的培养，也是文化的熏陶、素质的培养。数学教育的价值体现在通过数学思想和精神提升人的精神生活，培养既有健全的人格，又有生产技能，既有明确生活目标、高尚审美情趣，又能创造、懂得生活的乐趣。

因此，通过对数学美的鉴赏和创造可以培养学生高尚的审美情趣，形成高尚的数学价值观。高等教学中的数学价值观就是要让学生在学习数学知识和应用数学方法时形成正确的数学意识和数学观念。数学观念与数学意识是指主体自动地、自觉地或自动化地从数学的角度观察分析现实问题，并用数学知识解释或解决的一种精神状态。数学绝不是一堆枯燥的公式，每个公式都包含了一种美，这种美既体现了人的理性自由创造，又是大自然本质的反映。通过教师的引导，使学生认识到数学美，能使学生形成正确的数学意识和数学观念，从而形成高尚的数学价值观。

5. 培养学生的创造能力

首先，对数学美感的追求是人们进行数学创造的动力来源之一。美的信息隐藏于数学知识中，随着信息的大量积累、分解和组合，达到一定程度时就会产生飞跃，出现顿悟或产生灵感，产生新的结论和思想。所以对美的不断追求促使人们不断地创造。

其次，数学美感是数学创造能力的一个有机组成部分。创造能力更多地表现为对已有成果是否满足，希望由已知推向未知，由复杂化为简单，将分散予以统一，这些都需要用美感去组合。

最后，数学美的方法也是数学创造的一种有效方法。数学美学方法的特点：直觉性、情感性、选择性及评价性。直觉是创造的开端，情感是创造的支持，选择是创造的指路灯，评价是创造的鉴定者。审美在数学创造中的作用、逻辑思维以及形象、灵感思维代替不了，在数学活动中应以美的感受去激励学生创造灵感。

事实上，许多数学家都是这样进行自己的研究工作的，数学美感对数学创造有很强的激励作用。这是因为不但数学美感对数学家来说是一种特殊的精神享受，鼓舞着他们去寻找数学中美的因素，而且因为数学美本身就是一种创造对象，数学的奇异美其实质就是突破传统的稳定去发现新的数学事实。因此，在教学中引导学生去追求数学美必然能引发他们的创造精神。在教学中，教师应充分展示教材的数学美，使学生受到美的熏陶，同时激发他们的创新意识，培养他们的创新能力。

第二节　高等数学教学在心理学上的应用

一、学习动机和审美情趣

学习动机是学习者学习活动的动因、推动力，是使学习者的学习活动得以进行的心理倾向，它是进行学习的必要条件，没有学习动机，学习就失去了动力，再好的教学也难以发挥其有效性。教学活动说到底是学习活动，因而，教育心理研究虽然对学习过程的认识多种多样，但现代教育心理学对于学习动机的重要性以及对学习动机的认识基本上是一致的。

动机产生于需要，良好的动机不产生于那种不可能满足或难以满足的需要，也不产生于唾手可得的需要。前者因为其可望不可即而令人灰心，后者因为太便当而易于满足。灰心感和满足感不能产生良好的动机，不可能使学习活动持续下去。最佳的动机往往是"刚好不致灰心失望的那种窘迫感"产生动机的需要有多种,学习动机也相应地有多种,主要有内在动机和外加动机两种。如果学习是为了满足学习者本身的需要而去解除窘迫感，那就是内在动机；如果学习是为了满足学习者以外的需要，为了解除外在压力，那就是外加动机。显然，依据外因是条件、内因是根据的原理，内在动机是学习的根据，当然比外加动机重要。这样说并不否认外加动机的重要性，因为如果学习者暂时还没有形成内在动机即没有学习的需要时，运用一定压力形成外加动机成为学习的条件。而且，正如外因在一定条件下可以转化成内因那样，只要创造一定条件，外加动机可以转化为内在动机。

由于学习者自身可以有各种需要，因而内在动机也有不同种类。一种是因生理需要而产生的动机，叫作内驱力，如饥饿、病痛等需要产生的；另一种是因心理需要而产生的动机，叫作内动力，如交往的需要，兴趣、情感、理想成就感等而产生的。显然，内驱力与内动力虽然都是内在动机，但是内动力比内驱力更持久、更稳定。因为，一旦生理需要被满足，便失去了动机；而且，如果动物有学习的内在动机，也都是这种内驱力，因此是低层次的动机。

在内动力中，兴趣和成就感来得更重要些。这是因为，虽然欲望和理想对于学习的进行可能更持久、更稳定，但是欲望来自兴趣，理想有待于成功去强化，对于青少年来说更是这样。如果将兴趣和成就感相比较，兴趣则更原始一些。因此，兴趣是追求目标的原始动机，在动机中处于中心地位，是动机中最活跃的成分。

兴趣有一般兴趣、乐趣、志趣三个不同发展阶段。一般兴趣是由某种情境引起的、参与探究某种事物或进行某种活动产生的一种心理倾向。兴趣被激发并得到巩固之后，便上升为乐趣。乐趣是具有愉悦的情绪体验的兴趣。乐趣进一步发展，有了对所参与的事物和活动有了认识尤其是对其社会意义有了明确认识以后，就成为主体意识的一部分而向意识内化了，这就是志趣。一般兴趣只是一种认识倾向，乐趣则带有情感的心理倾向，而志趣却是自觉的心理倾向。

审美趣味是一种审美能力，是对美的判断力。人对某事物或活动的兴趣是对该事物或活动的审美价值有所断定，能够在探究该事物或参与该活动中产生一种愉悦情感，形成审美体验。兴趣在审美活动中的培养、引导，先天素质的改变，有这样几种情况：他人的感化、自己的思考、习惯的养成和训练。在教师、父母、同学不断进行的活动中，由于从众心理的作用，别人感兴趣的事物或活动，他自己也会感兴趣，这就是"他人的感化"。在世界观的作用与他人的影响下，由于意识的反作用，对不感兴趣的事物或活动往往促使他去思考其中的原因。经过思考会发现其价值，也就产生了兴趣。这就是自己的思考培养了兴趣。本来，在兴趣与习惯之间，只有有兴趣才能去做形成习惯；但是，由于某种原因而习惯去做，在反复做的过程中也会产生兴趣，这就是习惯产生兴趣。训练培养兴趣同习惯培养兴趣一样，不同的是训练是"外加"的，是在他人迫使其进行训练的过程不断提高了兴趣；而习惯培养未必是外加的。数学教学艺术使数学和教学成为学生的审美活动，提高审美趣味，它在改变和培养学生学习数学的兴趣方面具有直接的效果，无论他人的感化还是其他情况都是这样。对数学教学来讲，数学教学艺术正是使其具有"感情色彩"和"智力感受"的最佳途径。

二、不同教育阶段的数学教学艺术

人的发展是全面发展与阶段发展的统一。教育为适应人的阶段发展进行阶段的教育。因而，在社会主义条件下实行的全面发展的教育是不同阶段全面发展的教育。

人的阶段发展是生理、心理的阶段发展。人的心理发展有四个阶段。这四个阶段的发展对于任何人来说都是不变的，不能超越的，个体间的不同只是在各阶段的转换有时间上的差异，而不是在这四个阶段上的不同。四个阶段的阶段性是连续变化的阶段性，是在连续变化之中出现的部分质的不同。人的心理发展的阶段性与连续性的矛盾成为人的心理发展的总趋势。

在学生智力发展的任何阶段，能以一些心理上简单的形式，把任何学科的任何课程教给任何学生；智力活动在任何地方都是相同的，无论是低年级学生还是从事研究的科学家，认知发展就不是阶段发展，而是认知方式的发展，是三种由低级向高级形式的发展。最低级的认知方式是动作性方式，其次是映象性方式，最高级的认知方式是想象性方式。动作性认知是说一个人知道做一件事是由会做这件事的一套动作构成的。这种方式不用言语或意向去认识现实事物而是用动作来反映这一认识，具有高度的操作性。映象性认知是说一个人认识事物是借助于感觉、意向，在头脑中形成事物的表象，由此认识事物的方式。例如，三角形形状的物体在头脑中形成的表象是对三角形的映像性认知，这种认知方式以人的意向为基础。一个意向代表了一个概念，但却是不完全确定其含义的概括性的形象。意向依赖于感觉的组织。想象性认知是说以抽象的、形式的方式来认识事物。例如，三角形的概念、三角形全等的定理等认知活动。这种认知方式的原始是语言，它高于经验，具有结构性质。

三、行为主义学习理论与强化教学艺术

（一）行为主义心理学对学习的看法

学习是学习者在学习情境下接受的刺激与引起的反应之间的联结，学习的过程是"试误"的过程，称其学习理论为联结主义。刺激用 S 表示，反应用 R 表示，学习就是这种 S—R 之间的联结。

学习要经过反复地练习；情境刺激与反应形成的联结，如果再加以练习或使用，则联结会加强；否则就会减弱。当情境刺激与反应之间联结建立的同时或随后，得到满意的结果，这个联结就会加强；联结建立的同时或随后，得到不满意的结果，这个联结就会减弱。

行为主义学习理论是从对动物的研究引申到人类学习的，将人类的一切学习归结为情境刺激与反应的联结或行为的改变，然有机械唯物论的倾向。把行为模式分成许多小单位，只重局部轻视整体的学习不仅不合乎格式塔学习理论，而且也不科学。但是，行为主义重视情境刺激和学习者反应的关系，以及相应的强化理论，对学习及教学都有重要的意义。

（二）强化教学艺术

强化一般有外强化与内强化两种。外强化是在学习者出现所要求的反应或行为以后，教师等他人给予的肯定、赞赏或奖励。这种外部的强化可能是满足学习者物质上的要求，也可能是满足其心理上的要求。内部强化是学习者出现所要求的反应或行为后，自己体验到的一种愉悦感、成功感等。这种强化主要是满足自身心理上的要求。学生做对了题受到老师的表扬、家长的夸赞，是外部强化；学生作题的答案正确或经过钻研，运用了很多技巧终于找到了解题的妙法，自身有一种愉快的体验，是内部强化。外部强化与内部强化都使学生的学习得以持续下去。

行为主义的强化理论立足于增强学习效果或提高反应、行为出现的概率，立足于加强学习动机和提高学习效果这两个互为因果的方面。

从加强学习动机的方面说，内在动机或内动力优于外加动机，在数学教学时教师应引导学生尽量将外部强化转化成为内部强化。这是因为内部强化是对自身学习获得满意效果时的一种愉悦的体验，是对自己学习成果的积极评价，能够强化内动力。外部强化转化成内部强化时，外部的肯定、赞赏和奖励转化成自身的体验，也在强化内动力。对于青少年学生，尤其要引导他们实现这种转化。在课堂提问中，不仅要求正确的答案，

而且要求比较各种解答、做法的差别，鉴别出简捷、巧妙的解法，启发他们在选优的过程中体验数学美，培养美的情感。不仅要求"对"而且要求"好"，把外部强化转化成内部强化。

从提高学习效果说，通过练习和强化，巩固知识，提高运用知识的准确性和敏捷性，熟练技能技巧，从而培养学生的能力和个性品质。在进行练习时，教师要把握重复练习题的数量恰好是学生能够掌握知识技能而开始感到厌烦的时候，重要的是练习内容。练习的内容应当是基础知识，即那些基本概念、基本公式、定理和基本的数学方法。至于数学能力，主要是通过需要相应能力的数学问题来体现。

练习作为强化的手段在我国有极大影响，"题海战术"就是这种思想。练习不应当是简单重复，练习的数量并非学习质量的决定性因素。通过简单的重复直到学会计算技能几乎变成了机械的计算，这样的方式正让路于把数作为某个集合的数量多少的特性来发现。因此，为了减少机械练习的盲目性，应当引导学生逐渐明确练习的目的，而且使学生将正确的范例留在意识中，注意练习的时间分配，讲究短时的分散练习，避免没时间集中练习可能带来的疲劳、厌烦和注意力降低。根据遗忘曲线，在最初遗忘的速度较快，因而练习时机的选择一般应在新知识、技能学习不久。此后，还要结合进一步的学习及时练习。在练习时，由于人们在单纯刺激下神经细胞的反应易于钝化，所以练习不应是简单的重复，而是要变换练习的内容、形式和方法，使学生，尤其是儿童，不断获得练习的兴趣。

第三节　高等数学教学在社会学上的应用

一、数学教学与学生的社会化

（一）数学教学的社会化功能

个人接受其所属社会的文化和规范，变成社会的有效成员，并形成独特自我的过程称为社会化。教育与社会化之间的关系：社会化是一般性的非正式的教育过程，而教育乃是特殊性的有计划的社会化过程。在今天看来，现今社会的有效成员不仅要接受社会文化和社会规范，而且要突破某种文化和规范的限制进行创造性的思维和实践。

教学，作为学校教育的主要方式，当然也具有这种社会化功能，它是一种特殊的、有计划的社会化过程。通过教学，使学生接受社会文化和社会规范，并进行创造性的思维和实践，同时形成自己的个性。

数学教学，是以数学为认知客体的教学。它也具有一般教学所具有的社会化功能。不过，作为这一社会化的特点是学生接受的是数学科学、数学技术和数学文化，以及相应的规范。

社会化过程是有条件的。一个人的社会化进程取决于这个人的个体状况，他所处的环境状况，以及个体与环境的交互作用的状况，个体身心发展状况是个人社会化的基础；环境对个人社会化进程以巨大的影响，其中给人以最大影响的社会文化单位是家庭、同辈团体、学校和大众媒体。

从学校教育的社会化功能这一角度来说，数学教学既是一种科学教育，也是一种技术教育，同时还是一种文化教育。

（二）社会化的机制——认同与模仿

儿童的社会化有各种机制，主要的是认同作用与模仿作用。在社会生活中，儿童通过观察成人或同辈人的行为，有着一种重复他人行为的倾向，当这种重复如果是无意而采取的，便是认同作用；当这种重复如果是有意而再现的，便是模仿作用。

在学校情境下，儿童的范型往往是教师。数学教师本身的形象和气质以及他所呈现的教学方式对儿童的行为有着决定性的意义。数学教师主要在课堂教学过程中展现他的形象与气质，如果他的外部形象整洁、精神、落落大方，对待学生和蔼可亲、要求严格而合理，言谈举止很有风度，那么作为范型，便能够补偿学生自身特质的不足，使学生产生认同作用，无意地采取教师的行为方式；或者产生模仿作用，有意地再现教师的行为方式。反过来，如果教师的外部形象不整洁、精神萎靡，对待学生声色俱厉、要求不严格或虽严但不合理，言谈举止毫无风度可言，那么，或者他作为范型，使学生产生认同或模仿，有意无意地重复不合乎社会期望的行为方式；或者使学生将其与正面对象比较，产生范型混乱，不利于学生的社会化。如果数学教学过程只是作为数学科学的教学，或只追求教学的科学性，不突出数学的美，不注意数学教学的技艺或艺术创造，数学教学所呈现的方式不具有形象性或艺术性，那么这种教学方式不能使学生产生美感，便不易引发学生对教学方式的认同或模仿。

因此，把数学及其教学作为审美对象的数学教学艺术，有利于树立正面的范型，使学生产生认同或模仿，易于在传播数学知识的同时，使学生接受社会认可的行为、观念和态度，起到社会化的作用。

二、数学教师的社会行为问题

教育的社会化功能主要是指学生的社会化，但是学生的社会化要求教师的社会化。教师的社会化归结为个人成为社会的有效教师即合格教师的这一关键问题上来。教师社会化的过程一般分为准备、职前培养和在职继续培训三个阶段。准备阶段是普通教育阶段，对教师的社会形象有个初步了解。职前培养通常在师范院校或大学的教育专业进行，这是教师社会化最集中的阶段。在这个阶段，教师知识技能、职业训练以及教师的社会角色和品质，通过教育习得在职培训是在做教学工作的同时继续社会化，是臻于完善的时期。

（一）与学生沟通的艺术

教学是一种特殊的认知活动，师生双边活动是这种认知活动的特殊性的表现之一，数学教学活动顺利进行的起点是数学教师与学生相沟通，因此讲究与学生沟通的艺术是数学教学艺术对教师社会行为的首要条件。

沟通的基本目的是了解，毫无了解必难以沟通。因此，应当在对学生有基本了解的情况下来沟通。在学生入学或新任几个班的数学课时，通过登记簿、情况介绍等了解学生的自然情况、学习情况、身体情况、思想状况，尤其是学生的突出特点、个人爱好，做到心中有数。这种了解是间接了解，在学生跟教师第一次个别接触时就使他认为教师已经了解了他的基本情况，比通过直接接触了解要好得多。如果第一堂课便能叫出全班学生的名字，学生便会产生一种亲切感。反过来，如果第一堂课只能叫出数学成绩不好的一两个学生名字，效果可能正好相反。

师生沟通如果是"问答式"，那么学生会处于"被询问者"的被动局面，情感的交流便不会充分，而"交谈式"则不同。教师对学生具有双重角色：既是"师"，作为学生认同或模仿的模式；又是"友"，作为学生平等合作的伙伴。"师"的角色是显然的，师生在沟通中学生明显地知道这一点；而"友"的角色却是隐蔽的，只有在沟通中使学生具有平等感，学生才能逐步认可。交谈式的沟通，师生相互谈自己的情况，共同捕捉感兴趣的共同点，在了解学生的同时，学生对教师也有所了解，才能建立一种师生间的伙伴关系。除了交谈式沟通之外，更好的是在共同活动中师生的合作。在合作的教学活动中，减少学生对教师的依赖，增加自律感。要避免共同活动中教师的命令，允许学生依自己的方式行事，这样的合作是平等的沟通。

教师在教学情境中尽量避免伤害学生的感情。如果学生做错了题，不能表现出蔑视的眼神或动作，而应当用友好的表情暗示他做错了；也可以用手指着他错的地方说，"你再仔细看看"。如果学生听课时在做别的事，应当避免在课堂上单独指出，可以泛指，眼睛别盯着他，让大家注意听讲；也可以课后单独友好地询问，问他是什么原因上课溜号。一定要指出学生的错误，也尽量不用指责的语言，而用中性的语言，比如"可能学习基础不好"之类。

（二）赞赏与批评的艺术

赞赏与批评是特殊的沟通，它们是通过教师对学生行为的评价来进行的沟通。赞赏是教师对学生的良好思想、行为给予好评和赞美，批评则是对受教育者的思想行为进行否定性评价。

赞赏的恰当与否对沟通会起到不同的作用，恰当的赞赏起着积极作用，不恰当的赞赏起着消极作用。恰当的赞赏是肯定学生的合乎社会规范的行为，但不涉及学生的个性品质；不恰当的赞赏是肯定不应当肯定的行为或虽应肯定但同时涉及了学生的个性品质。如果一个学生创造性地解决了一个数学问题，教师说"你这个方法真巧妙，很好"，就是恰当的赞赏；如果说"你这个方法真巧妙，你真是个好学生"，那就涉及了个性品质。后一种赞赏在肯定学生行为的同时也做出了"好学生"的评价；那么，没有想出这个巧妙方法的学生就成了"坏学生"了。即使是对这本人来说，将"巧妙的方法"与"好学生"等同起来也是不对的。对不应当肯定的行为的赞赏，其消极作用是不言而喻的。赞赏的这个区别在于"对事不对人"。具有这种赞赏艺术修养的是对学生行为客观、公正的态度。一般说来，学生虽未成年，但也有憎爱情感和矛盾感。因此，赞赏的根据是"事"，而不是做出此事的"人"。是对事的赞赏就不必涉及个人的品质，对待个人品质的评价必须谨慎。教师对学生在接近程度上有远近，有的可能喜欢些，有的一般，还有的可能较厌烦，可是在赞赏时切不可从这种感情出发。事实上，第一，形成教师的情感的主观印象未必可靠，而且学生是发展变化的，将学生分三等的做法本身就不正确。第二，在这一方面，可能这些学生表现好些；在另一方面，可能那些学生表现好些。只有对事不对人，不涉及学生的个人品质，避免成见，实事求是，赞赏才能起到积极的作用。否则，表扬了一个人，疏远了一大片。

赞赏对于不同的学生可能引起不同的效果。一般来说，对于在学校或班级地位较低的学生，教师的赞赏与其学习成绩成正相关；对于地位较高的学生，赞赏与其学习成绩相关性小，甚至负相关。这是由于地位较高的学生常常受到赞赏，视其为当然。而对于地位低的学生，由于得到好评而受到鼓励。

与赞赏相反的是批评，批评是对学生思想或行为的否定性评价。同样地，批评得恰当与否对沟通也会起到不同的作用。批评更不要涉及个人品质，如果某学生做不出而其他学生都会做的题，一般不能批评而是说："你看看是什么原因不会做？是题目没懂还是刚才没听明白？"如果是没有认真听讲，就说："请上课时集中精神"，或批评他"没用心听课怎么能会呢？"不应当批评说："你这个学生连这道题都做不出来，真笨！"对地位低的学生的批评也不能随便，因为经常批评对他视为当然；尤其是不应当否定的行为，一旦批评了，使他产生逆反心理，拉大了与教师的距离与赞赏相比，批评更加不能用"一贯"或"最"之类的评价。不能因为一考试打小抄而批评说"你这个孩子最坏"；也不能因为学生多次不完成作业而说"你一贯不完成作业"。同样地，批评也要具体，尽量避免笼统的批评。

（三）课堂管理的艺术

课堂管理是顺利进行教学活动的前提。它的目的是及时处理课堂内发生的各种事件，保证教学秩序，把学生的活动引向认知活动上来。

课堂管理有两种不同的手段，一种是运用疏导的手段进行管理，另一种是采用威胁和惩罚的手段进行管理。前者是常规管理，后者则是非常规的。有效的管理是常规管理，非常规管理往往因为学生的消极或对立而无效，至多被暂时压制下去。

疏导的手段有两种控制力量在起作用，一种是学生自我约束的内在控制，另一种是课堂纪律的外在控制。学生的自我约束是在明确了学习目标、为完成学习任务而进行的自我调节活动，把自己的行为控制在有利于完成学习任务的范围以内；课堂纪律则是从反面对影响学习活动的行为的限制。教师的疏导就是将不利于学习的行为引导到有利于学习的行为，把纪律的合理性与学生的自我约束统一起来。这样，既保证了教学秩序，又化解了学生的消极或对立。强调课堂纪律是为了保证教学秩序，不是为了纪律而纪律。常规管理的根本目的是发展学生的自我约束能力，只有将纪律转化为学生的自我控制力，把"他律"转化为"自律"，管理才能有效。

在处理课堂纪律和学生自我控制能力的关系上时，要讲究教育方式和主动方式。教育方式就是不去正面指出某学生违反了纪律，而是通过另一些学生克服困难遵守了纪律来教育他们。一个学生因晚起床而迟到，另一个学生家很远却按时到校，那么不必当面批评前者，而应表扬后者，这就是教育方式。有些学生不耐心听讲，只要他没有影响教学秩序，就不应当过多地指责他们，而应当通过教师生动的讲课来吸引他们的注意力，主动地承担起保证教学秩序的责任，这就是主动方式。

常规管理的疏导有说教、批评和制止三种形式。有人认为说教往往不起作用。实际上说教的要点是厉害分析，从违反课堂纪律能够产生的结果进行恰如其分的分析，使其明了危害。这样的说教不仅不能取消而且要提倡。那么问题是，第一，不能反反复复就那么几句话，而应"见好就收"；第二，不能空洞，泛泛而论，小题大做，而应实事求是。疏导不等于不批评，但要抓住典型事例，进行善意的批评。对一般的有碍课堂秩序的行为或暂时不明了的事件，只需制止或课后处理。正确运用这三种形式，哪些要说教哪些要批评哪些要制止，要看事情的性质、轻重以及发生的条件。而且目的是维护教学秩序，有利于数学教学活动，不是为了管理而管理。

由于数学概念的抽象、命题推演的严密和数学方法的技巧性等，对于课堂内的偶发事件，教师往往容易冲动，内心的冲动使心理不再平衡。这时要谨记，保持冷静才能实行常规管理。

三、师生关系

（一）善于组织班级

教师面对的学生首先是学生的班级与各种同辈团体，其次是学生个人、班级与同辈团体不同，班级是学校的正式组织，而同辈团体则是非正式的。处理好师生之间的人际关系首先要处理好教师与学生班级间的关系。

教育社会学认为，班级是由班主任（或辅导员）、专业教师和学生两种角色组成的，通过师生相互作用的过程实现某种功能，以达到教育、教学目标的一种社会体系。这种社会体系有什么功能呢？有社会化功能和选择功能，有人认为还有保护功能，还有人认为有个性化功能。社会化是指培养学生服从于社会的共同价值体系、在社会中尽他一定的角色义务等责任感，发展学生日后充当一定社会角色所需的知识技能和符合他人期望的能力。选择功能是指根据社会需要在社会上找到他所选择的位置以及社会对人的选择。保护功能是指对学生的照顾与服务。个性化功能是指发展学生个体的个性生理心理特征。

数学教师与学生班级之间是通过数学教学活动相互作用构成一个整体的，是通过数学知识、技能的传递培养学生充当一定社会角色的能力，为学生适应社会选择以及发展个性生理心理特征相互作用的。熟练的数学教学技艺和创造性的数学教学，不仅生动形象地传递数学知识与技能，而且表现了数学美和数学教学美，使数学教学具有感情色彩，给学生适应社会选择创造必备的条件。对一般学生而言，数学教学艺术能够培养学生学习数学的兴趣，以形式化、逻辑化的数学材料完善其认知结构；对于特殊爱好数学的学生而言，数学教学艺术能够提高他的形式化、逻辑化思维水平，促进其心理发展。反过来，必要的认知结构也符合社会共同的价值体系，在普及义务教育的条件下更是这样，较高的形式化、逻辑化的思维水平也便于进行社会选择，因此数学教学艺术有利于发挥班级作为社会体系的功能。

教育社会学还认为，影响班级社会体系内部行为的有各种因素。一个是体现社会文化的制度因素。另一个是体现个体素质与需要的个人因素。因此，教学情境中班级行为的变化相应地有两条途径：一条是人格的社会化，使个性倾向与社会需要相一致；另一条是社会角色的个性化，使社会需要与学生个性特点、能力发展等相结合。这两条途径的协调，取决于教师的"组织方式"即教师在组织班级活动时的组织方式。第一，"注重团体规范的方式"，把重点放在制度、角色期望方面即人格的社会化；不重视学生个人素质与需要；第二，"注重个人情感的方式"，把重点放在个人的期望与需要方面即社会角色的个性上，引导学生去寻找对其最有关的东西。第三，"强调动态权衡的方式"，既注重社会化又注重个性化两方面，在两方面的相互作用中寻求平衡，数学教学组织班级的数学教学活动，应当采取第三种方式，既要有统一的教学目标的要求，又要从每一个学生的实际出发。这就要求数学教师对教学大纲中规定的目标有一个正确的认识，把每一科的各单元以至各节课的教学目标转化为适应各种要求的数学问题。"问题是数学的心脏"，以问题带目标，以目标体现社会化要求。同时，问题及目标应当合理，合于班级学生的认知水平，才能为学生全体所接受。另外，每一个学生都要认同教学目标，将这些教学目标变成数学学习需要的一部分。

还有教育社会学还提出教学中教师与班级学生间互相作用的交互模式。师生班级教学有三种模式：教师中心、学生中心和知识中心。第一种，教师中心模式，以教师的教学为师生的主要活动，教师代表社会，以教师把握的社会要求、制度化的社会期望来直接影响学生，为了达到目标而达到目标，学生被动活动。这种交互模式易出现教师专横、学生消极甚至反抗。第二种，学生中心模式，教师从学生的素质和需要出发组织教学活动，教师处于辅导地位，以学生的学习动机来控制学生，采取民主参与的方式，教学目标是为了学生的发展。这种交互模式有利于发挥学生的积极性，但易与社会目标相背离。第三种，知识中心模式，强调系统知识的重要性。师生教学是手段而非目的，目的是掌握所需要的知识。

数学教学既要传授知识，又要发展学生的智能、还要起到教师的主导作用。数学教学艺术要求协调教师、学生、知识之间的关系，发挥三者各自的长处，克服其弊端。

（二）师生的交互作用

教师与学生在数学教学情境下相互交流信息与感情，相互发生作用。探讨数学教学艺术与师生交互作用的关系，就要掌握师生交互行为、师生交互方式、师生交互模式、师生关系的维持等对数学教学的意义。

师生交互行为。交互行为分为两类：一是教师对学生行为的控制，二是教师对学生行为的整合。前者称为"控制型"，是教师通过命令、提醒等来控制学生的行为。后者称为"整合型"，是教师同意学生的行为、赞赏满意的行为、接受学生的不同意见、对学生进行有效的协助。在数学教学中，控制型使学生的学习被动，往往呈现较多的困难。整合型能够整合教师与学生的正确意见和行为，师生双方及时交流信息和感情，学生学习主动，乐意解决问题。这两类交互行为都可能在数学课堂出现，对学生学习的影响却大不一样。数学教师应当慎用控制型多用整合型。

师生交互方式。里维特和巴维拉斯曾分析了五人小团体交互的方式有五种：链式、轮式、环式、全通道式与Y式，其中，轮式中有一个居中的领导者，其他成员只与这个领导者发生行为关系。显然这种方式最贴近师生课堂教学的交互方式。可见，师生交互方式应当接近于轮式的扩充。虽然这种方式有稳定的组织，但是学生之间的沟通不足，在"老师讲学生听，老师问学生答"的传统讲授法数学教学中，师生的交互方式就是这样。但是，在讨论方式或有意义呈现教学的课堂里，这种轮式交互方式便需要加以必要的改造，那就是要适当吸收全通道交互方式的优点，使学生间有一定的交互活动，以适应他们学习上的需要。

教师的七类行为分别是：第一类，接纳，接纳学生表现得积极或消极的语言、情绪；第二类，赞赏，赞赏学生表现的行为；第三类，接受或利用学生的想法；第四类，问问题，提出问题让学生回答。这四类是教师对学生间接影响的行为。第五类，讲解，讲述事实和意见，表示教师自己的看法；第六类，指令，给学生以指示、命令或要求，让学生遵从；第七类，批评或维护权威，批评，以改变学生的行为，为教师的权威辩护。这几类是教师对学生直接影响的行为。学生的行为是第八类，反应，由教师引起的学生做出的反应；第九类，自发行为，由学生主动做出的行为。

教学过程分为三个阶段，每个阶段两步，以便分别研究教师的行为在不同阶段对学生行为的作用。第一阶段是教学的前阶段，第一步，问题的引起与提出，第二步，了解问题的重要性；第二阶段是教学的中阶段，是第三、四步，第三步，分析各因素间的关系，第四步，解决问题；第三阶段是教学的后阶段，是第五、六步，第五步，评价或测量，第六步，应用新的知识于其他问题并做出解释。

在教学的前阶段，教师的直接影响即教师的第五类至第七类行为，会使学生的依赖性增加，而且学生成绩降低；反之，教师的间接影响即教师的第一类至第四类行为会减少学生的依赖性，而且学业成绩提高。在教学的后阶段，教师的直接影响不会增加学生的依赖性，而会提高学业成绩。

数学教学过程中，教师应参照弗兰德斯关于师生交互作用模式的研究，善于运用对学生的直接影响和间接影响，在教学过程的不同阶段恰当地施加不同的影响。无论概念教学、命题教学还是问题解法教学，在导入新课和进行教学目标教育的第一阶段，应当运用教师对学生的间接影响，接受学生的感受并利用学生的想法，赞赏学生的有益意见或者提出问题让学生回答。这样来减少学生对教师的依赖，激励学习动机，增强学习的主动性。但是，在评价、训练或强化教学的教学后阶段，则可以对学生施以直接影响，进行讲解和指令。对于教学的中阶段，即分析问题和解决问题的阶段，应依具体情境交替施以直接影响或间接影响。这个阶段比较复杂。若这个教学阶段有前阶段的性质，就是说虽然是分析解决问题，但具有了解问题的性质，则类似于第一阶段；若这个教学阶段有后阶段的性质，就是说虽然是分析解决问题，但具有评价的性质，则类似于第三阶段。

师生关系的维持。师生关系是人际关系中最微妙的形态之一，如何维持好师生关系是极为重要的。师生关系的维持有许多因素，其中最主要的是教学目标和班级的气氛。

教学目标是教育目标在教学领域的体现，它同时成为学生的学习目标和课程编订的课程目标。教学目标既有社会要求，又要促进学生的身心发展。在教学计划体系中，教学目标主要在教学大纲中规定。因此，作为师生教学活动出发点和归宿的教学目标，是维持师生关系的纽带。数学教师不仅要根据教学大纲的规定深入研究课本上的教学内容，将规定的教学目标分解成各节课堂教学的具体目标；还要根据教学班学生的认知发展的实际，将目标的提出合理化，让所有的学生认同。这样，作为师生教学活动努力的共同目标，将加强师生之间的关系。

班级气氛除了学生的班风等本身的基础之外，在课堂教学中往往取决于教师的"领导方式"。教师对学生不是隶属体制下的领导与被领导、上级与下级的关系；但是教师与学生的角色构成的社会关系在班级中，数学课堂教学中教师的主导作用又有"导"的一面，因而具有领导方式的因素。

数学教师在课堂教学中应当依靠自己的领导方式促进正常的班级气氛。在教学中遇到困惑的时候，如果仍然能坚持民主方式，那么他与学生的关系会得以维持。

第四节　高等数学教学的语言应用

一、数学语言与数学教学语言

（一）数学语言

数学语言是科学语言，和其他科学语言一样它是为数学目的服务的。几乎任何一个数学术语、符号都有它一套漫长而曲折的历史。因而它与日常用语有着深刻的历史渊源，数的书写就是一个例子。

数学的符号与其他语言都是用来表示量化模式的。它是数学科学、数学技术和数学文化的结晶，是认识量化模式的有力工具。从这个角度说，数学教学就是传播数学语言，培养学生使用数学语言的能力，提高学生用数学语言分析和解决问题的能力。因而数学语言具有它自己的特点，这些特点表现在：

第一，它是特定的语言，是用来认识与处理量化模式方面问题的特殊语言，虽然自然语言包括日常用语与科学用语，数学语言属于科学用语，但它与其他的诸如哲学、自然科学、社会科学、行为科学、思维科学等语有不同。这种特定语言的特定性并不妨碍其广泛使用。

第二，它是准确的，具有确定性而少歧义。俗语说"一就是一，二就是二"是说该是什么就是什么，用数字"一""二"来表达这个意思就说明数学语言的确定性。日常用语的语音、词汇和语法都会随着语言环境的不同而有多种解释，甚至在一些社会科学中如教育学中的许多用语都是这样。"教育"这个词本身就有多种解释，有时会造成歧义。数学语言包括概念、命题的表述以及推理过程的表述都没有这种情况。

（二）数学教学语言

数学教学除了运用数学语言以表现数学教学内容以外，还要运用数学教学语言。如前所述，数学教学语言有日常用语和数学教学用语，它们在数学教学中的作用是不同的。

数学教学用语主要是用来将数学语言"转述"成学生所熟悉的语言，以增强数学语言的表现力；而数学教学中的日常用语主要用来进行组织教学，使教学活动顺利进行。

任何语言和任何方言都能够表达特定社会所需要表达的任何事物，但是用某些语言来表达特定的事物还需要"转述"。数学语言是一种特殊语言，向学生表达数学事实和数学方法时需要将数学语言转述成学生的语言。学生的语言是已经为学生内化了的语言，用它来转述数学语言能使数学语言内化，从而使数学语言所表现的数学内容内化为学生的认知结构。在此之后，内化了的数学语言又可成为学生的语言，它又可以用来转述新的数学语言。数学教学用语就是这样不断地用学生的语言转述数学语言，它的作用就是这种转述作用。

数学教学中教师所使用的日常用语，是用来进行组织教学的。组织教学是教学的组织活动，保持教学秩序，处理教学中的偶发事件，把学生的行为引向认识活动上来的控制与管理。为了组织教学，教师常要向学生发出一些指令、要求。"同学们，不要说话了"就是指示学生要静下来，把学生的注意力引向一元一次方程的求解上。日常用语应当是学生明白的语言，不需要再转述。如果教师在组织教学时使用的语言过于成人化，不为学生所领悟，就起不到组织教学的作用。随着学生言语的发展，教学中的日常用语逐渐"成人化"，因而教学中的日常用语也要与学生的言语发展水平相一致。

二、学生的言语发展与数学教学

（一）言语与思维

在语言学和心理学中，为了研究人类的尤其是学生的思维发展和语言发展，把个体在运用和掌握语言的过程中所用的语言称为"言语"。如果把语言归结为社会现象的话，那么个体的言语就是一种心理现象、个体化的现象，这种现象是在个体与他人进行交际时产生的。一个人用汉语与人家说话，说的"语"是汉语；所说的"话"（言）就是这个人的言语。说出来的"话"（言语）是汉语（语言）的使用和掌握，是个体对语言的掌握。简单地说，言语就是说话，是用语言说话。中国人用的是同一种语言，但可以说出大量的不同的言语；即使在数学教学中用数学语言，也可以说出许多不同的言语来。第一节里的"语言"，如果指"说话"，都可以换成"言语"。研究学生怎样使用语言就是研究学生的言语发展。

学生的言语发展与学生的思维发展的关系，就是语言和思维的关系。关于语言与思维的关系有各种不同的看法。

思维和语言"具有同样的历史"，"精神"注定要受物质的"纠缠"，物质在这里表现为震动着的空气层、声音，简言之，即语言。这就是思维和语言的区别与联系。思维和语言属于两个范畴，思维精神，是语言的"内核"。语言是物质，是思维的"物质外壳"。思维要受语言的"纠缠"，二者密不可分。没有语言，就不可能有人的理性思维；没有思维，也就不需要作为思维活动承担者的工具和外化手段的语言。

思维是人的心理现象。它与注意、观察、记忆、想象等其他心理现象的区别是它具有创造性，创造性是思维的特征。苏联学者依思维的创造性的高低将思维分为再现性思维和创造性思维。再现性思维的特征是思维的创造性较低，这种思维往往在主体解决熟悉结构的课题时产生；创造性思维是获得的产物有高度的新颖性，创造性较高，这种思维往往在主体遇到不熟悉的情境中产生。这两种思维的区分不是绝对的。因为"创造性的高低"很难衡量。任何思维都有创造性，再现性思维是创造性思维的基础，没有在熟悉的情境中的规律性认识，在不熟悉的情境中难以有什么创造。因而，任何思维都是再现性思维与创造性思维的结合。从心理学的观点看，科学家和学生的创造性思维没有什么区别，科学家发现规律与学生的发现性学习有着共同的心理规律。但他们探求新规律的条件不同：科学家进行探求的条件是非常复杂、多样的真实现实；而学生在学习中探求接触的不是现实条件而是一种情境，在这种情境中许多所需要的特征已被揭示出来，而次要的特征都被舍弃了。因而，苏联学者将科学家的创造性思维叫作独创性思维，将学生的创造性思维叫作始创性思维。

依思维中意识介入的程度分为直觉—实践思维和言语—逻辑思维。直觉—实践思维是在直观情境分析和解决具体的实践课题，具体对象或它们模型的现实动作的过程中产生的，这一点大大地减轻了对未知东西的探求，但这个探求的过程本身是在明确的意识的范围之外，是直觉地实现的。比如，在骑自行车时，"骑自行车"这一直观情境中，分析和解决骑自行车这一具体的课题，是在一套动作中进行的思维，这个过程是在明确的意识之外进行的，因而是直觉—实践思维。言语—逻辑思维是在认识的情境中分析和解决抽象的理论课题，在进行理性的思考的过程中产生的，这个过程有明确的意识的介入。任何思维也都或多或少地有意识的介入，纯粹的毫无意识的思维并不存在，因而直觉—实践思维中意识的介入少一些或不明确；言语—逻辑思维意识的介入多一些或很明确。因而，任何思维也都是直觉—实践思维与言语—逻辑思维的结合。虽然直觉也是一种认识，但是主要通过动作、实践而不是通过理性的认识，因此直觉—实践思维还一时找不到言语来表达。与此不同的是，言语—逻辑思维由于意识的明显介入，主要通过理性活动来认识，能够准确地用言语来表达。由于有这种差别，人们往往把创造性思维与直觉—实践思维联系起来，把再现性思维与言语—逻辑思维联系起来。直觉—实践思维简称直觉思维，言语—逻辑思维简称逻辑思维。

（二）学生的内部言语与数学教学

语言有口头语言与书面语言两种形式；言语除了口头言语和书面语言以外，还有内部言语。口头言语是口头运用的语言，书面语言是用文字表达的语言，口头言语和书面语言又叫作外部言语。

内部言语是个体在进行逻辑思维、独立思维时，对自己的思维活动本身进行分析、批判。以极快的速度在头脑中所使用的语言，内部言语比起口头和书面语言，主要有以下特点：第一，内部言语的发音是隐蔽的，有时出声有时不出声。小学生或逻辑思维水平低的学生可能出声，思维水平高的则不出声。虽不出声，却在头脑中"发声"，这一点可由唇、口、舌等电流记录证明。即使出声也与口头言语不同，不那么响亮、连续，近乎嘟嘟嚷嚷时隐时现。第二，内部言语不是用来对外交流，而是用来对自己要说的、要做的进行思考，对自己活动的分析、批判。当它有一定成熟意思后才表现为口头言语或书面语言。是"自己对自己说话"，在学生答题、做题、写文章的过程中会观察到这种内部言语活动，因此它不像口头、书面语言那么流利，有时有些杂乱。第三，内部言语"说"得很快，很简洁，只是口头、书面等外部言语的一些片段。外部言语表达的意思通常完整，以句为单位，而内部言语却往往通过一个词或短句来表达同一个意思。因此，比起外部言语来内部言语"说"得很快。在头脑里用内部言语打成的"初稿"到了外部说或写的时候就要扩大许多倍。

内部言语具有与口头、书面语言不同的特点，使内部言语居于更重要的地位。那就是内部言语是口头、书面语言的内部根源，是逻辑思维的直接承担者和工具，逻辑思维通过内部言语内化。内部言语不仅是逻辑思维的物质基础，而且是思维发展水平的标志。思维活动越复杂越需要复杂的内部言语活动，发展学生的逻辑思维能力直接表现为发展学生的内部言语水平；发展了学生的内部言语也就提高了学生的逻辑思维乃至整个思维水平。

内部言语是外部言语的根源，它与逻辑思维有更直接的联系，因此要注意学生内部言语能力的培养。数学教学通过发展学生的内部言语内化数学语言来发展学生的逻辑思维，进而发展直觉思维。为此，数学教师应当对学生的内部言语采取正确的态度，鼓励并引导学生大胆用内部言语进行数学思维，努力用正确的口头言语表达内部言语，用规范的书面语言表述内部言语。

第一，学生的内部言语在外部是可以通过仔细观察发现的。鼓励学生的内部言语除了可以先心算后用外部言语表达外，还可以采取其他一些做法。比如可以先让学生起立，再问问题，让他立刻解答，这就逼迫他先"想"后做，这个"想"就是进行内部言语活动，不过在这样做的时候，教师不能带有"考核"的意图，而要使学生明白是教师对学生的鼓励。因此，无论答案正确与否，教师都要赞同他大胆"想"的行为。

第二，教师的积极引导。学生一般不懂得内部言语的重要意义，往往认为那是遇到数学问题时的"胡思乱想"。教师在课内外活动中应当向学生进行内部言语的示范，当然是出声的。也可以运用手势等非言语活动来表达内部言语活动。通过积极引导，使学生的逻辑思维与内部言语同步进行，用内部言语进行逻辑思维。

第三，教师要帮助学生将内部言语表述成正确的口头言语，使书面表述规范化。处于低水平逻辑思维的学生，其内部言语也比较混乱。纠正他错误思维的方法只能用外部言语的正确表述进行。即使是正确的内部言语，由于内部言语和外部言语的区别，用外部言语来表述的时候也可能出现困难。

至于发展学生的言语以发展学生的直觉思维等非逻辑思维的问题，也已引起了人们的重视。国内学者也提出了"培养学生的非逻辑思维能力也是数学教学的重要任务"的主张，而且因为逻辑思维是直觉思维的基础，任何逻辑方法都要借助于直觉，二者是相辅相成、互为补充的。因此，发展学生的言语尤其是内部言语不仅对发展学生的逻辑思维有直接的作用，而且对培养学生的直觉思维等非逻辑思维也是十分重要的。

三、教师的课堂语言

课堂语言分为口头语言和板书，它是教师的数学修养和艺术修养的直接表现。掌握和使用语言的艺术对数学教学效果起着最为直接的作用。

（一）数学语言与教学语言的对立统一

数学教师在课堂上的口语言，无论是教学用语还是数学用语，既要讲究数学科学的科学性又要考虑学生的言语发展。因此，应当正确处理教学语言与数学语言的关系。

数学语言是科学语言，数学词汇是数学对象的抽象，有着确定的含义，用以表现形式化的数学思维材料；数学词语是数学对象相互关系的概括，有着严密的含义，用以表现逻辑化的数学思维材料；数学语句是表现数学思想方法的工具，用以表现形式化、逻辑化的数学思维材料。但是，数学教学语言是教学语言，又应当具有具体形象的性质、描述的性质以及现实的性质。因而，数学教师的口头语言应当是确定性、严密性、逻辑性与具象性、描述性、现实性的对立统一。而且，讲解课程内容还应当是规定性与启发性的对立统一。

（二）口头语言的情感表现

数学课堂口头语言的运用不是单靠处理数学语言科学性与学生口语发展之间的关系就能完成的，重要的是以此为基础提高语言的表现力和感染力，表现某种情感。这种表现力来源于运用语言的技巧和修辞手法，依靠的是教学艺术修养的不断提高。

1. 运用语言的技巧

语言技巧是运用诸如节奏、强弱、速度和韵律的技巧。

节奏是运动的对象在时间上某种要素的有规则的反复，这种反复不是外部机械的，而是表现对象内部的秩序。有规则的反复能够引起人的意识的注意，节奏产生美感。火车轮子与铁轨撞击产生的有节奏的声响，表现了火车运动在时间上的规律性；音乐中的节拍表现了重音的周期重复，也是一种节奏。语言的节奏类似于音乐中的节奏，有规则反复的要素可以是声音的强弱，可以是字的间隔的长短，也可以是韵律。语言的节奏不是人们臆造出来的，而是语言本身包含的情感色彩在时间秩序上的体现。因此，语言的节奏表现的情感色彩增强了它的表现力。

在讲究语言技巧的运用，提高口头语言表现力的时候，要注意下列问题。

第一，表现情感不是描述情感。表现情感是用语言表现对象的个性特征，内部秩序性。在"如果……那么…"的命题中，"如果"在这个条件下，"那么"所说的结论成立，表现了内部的逻辑规律。描述则是概括。在日常生活中，表现害怕是用动作，说平时说不出来而害怕时脱口而出的话及害怕的表情等；如果不做动作，平常的表情，只说一些形容害怕的话来描述，"哎呀！我太害怕了！我简直怕得要死了！"别人也不会认为他害怕。因此，数学教学中过多地使用形容词、副词是一种危险。第二，用语言表现情感，是由语言表述的对象本身的情感色彩决定的，不是人为的，因此不要为了表现而表现。对赋予其情感色彩的数学语言更是如此，首先是它的科学性，其次是根据内部的逻辑关系和学生内化的程度来赋予某种情感。

2. 掌握修辞的手法

数学教学的口头语言可以运用各种修辞手法，比如形容、形象、反语、象征、修饰等，来提高表现力。

无论运用语言的技巧还是采用各种修辞的手法，在数学教学口头语言中尽量避免拖泥带水，与数学教学无关的话；不说学生听不懂的话，或把学生没学过的数学知识拿来炫耀一番；力戒滥用辞藻、花里胡哨，华而不实的"巧话"；不挖苦讥笑、趣味低级，有碍于精神文明的"不卫生"的"粗话"；不能千篇一律地说一类话，陈词滥调、生搬口号、八股味浓，否则是"套话"；在情绪波动中要保持镇定的情绪，避免受学生的刺激说"气话"。废话、玄话、巧话、粗话、套话、气话，或者与学生认识活动无关，或者伤害学生，不仅降低了语言的表现力，还不利于学生言语的发展，这是一定要防止的。

参考文献

[1] 郑振华. 高中数学课程基础与教学方法研究 [M]. 长春：吉林人民出版社 ,2021.

[2] 梅晓明. 高中数学过程性教学探析 [M]. 上海：同济大学出版社 ,2021.

[3] 汤强. 实践取向的高中数学教学研究 [M]. 成都：西南交通大学出版社 ,2021.

[4] 孙丙虎. 高中数学教学育人价值探究 [M]. 长春：吉林大学出版社 ,2021.

[5] 张建新. 核心素养视域下的高中数学课堂教学策略研究 [M]. 吉林大学出版社有限责任公司 ,2021.

[6] 扈希峰. 基于深度学习的高中数学教学设计研究 [M]. 吉林人民出版社 ,2021.

[7] 林玉慈. 高中数学课程中的逻辑推理及教学策略研究 [M]. 长春：吉林大学出版社 ,2021.

[8] 张健. 高中数学课堂教学的实践与反思 [M]. 哈尔滨：哈尔滨工业大学出版社 ,2021.

[9] 张欣. 高等数学教学理论与应用研究 [M]. 延吉：延边大学出版社 ,2020.

[10] 李燕丽, 刘桃凤. 立德树人在高等数学教学中的实践 [M]. 长春: 吉林大学出版社 ,2020.

[11] 陈业勤. 高等数学课程与教学论 [M]. 西安：西北工业大学出版社 ,2020.

[12] 李奇芳. 高等数学教育教学研究 [M]. 吉林出版集团股份有限公司 ,2020.

[13] 吴建平. 高等数学教育教学的研究与探索 [M]. 哈尔滨：哈尔滨地图出版社 ,2020.

[14] 史悦, 李晓莉. 高等数学 [M]. 北京：北京邮电大学出版社 ,2020.

[15] 陈长娟, 刘慧君. 高等数学 [M]. 成都：电子科技大学出版社 ,2020.

[16] 常发友. 数学建模与高中数学教学 [M]. 长春：吉林人民出版社 ,2020.

[17] 李秋明, 王国江. 走进核心素养的高中数学 [M]. 上海：同济大学出版社 ,2020.

[18] 董天龙. 高中数学教育的实践与思考 [M]. 青岛：中国海洋大学出版社 ,2020.

[19] 王华. 高中数学核心知识的认知与教学策略 [M]. 上海：上海教育出版社 ,2020.

[20] 孙云霞. 高中数学项目式教学实践研究 [M]. 济南：山东科学技术出版社 ,2020.

[21] 魏平义, 潘静. 高中数学基本理念思考与实践教学 [M]. 长春：吉林人民出版社 ,2020.

[22] 储继迅, 王萍. 高等数学教学设计 [M]. 北京：机械工业出版社 ,2019.

[23] 范林元. 高等数学教学与思维能力培养 [M]. 延边大学出版社 ,2019.

[24] 杨丽娜. 高等数学教学艺术与实践 [M]. 北京：石油工业出版社 ,2019.

[25] 张俊忠. 数学史融入高中数学教育研究 [M]. 贵阳：贵州科技出版社 ,2019.

[26] 李世明. 高中数学思想渗透策略的探讨 [M]. 长春：吉林人民出版社 ,2019.

[27] 乐兴贵 . 高中数学课堂教学策略研究 [M]. 延吉：延边大学出版社 ,2019.

[28] 刘志红 . 高中数学教与学的实践与研究 [M]. 北京：光明日报出版社 ,2019.

[29] 叶美雄，贺功保 . 高中数学竞赛培训教程初等代数 [M]. 哈尔滨：哈尔滨工业大学出版社 ,2019.

[30] 于健，赵新 . 大数据下高中数学教学研究 [M]. 长春：吉林人民出版社 ,2019.

[31] 田园 . 高等数学的教学改革策略研究 [M]. 北京：新华出版社 ,2018.

[32] 谢颖 . 高等数学教学改革与实践 [M]. 长春：吉林大学出版社 ,2017.

[33] 周晓燕 . 高职高等数学的教学改革 [M]. 天津：天津科学技术出版社 ,2017.

[34] 朱光艳 . 高等数学教学与思维能力培养研究 [M]. 西安：西安交通大学出版社 ,2017.